111 GRÜNDE, EIN HAUS ZU BAUEN

ANDREAS HEIL

111 GRÜNDE, EIN HAUS ZU BAUEN

EINE LIEBESERKLÄRUNG AN DIE EIGENEN VIER WÄNDE

MIT ILLUSTRATIONEN VON JANA MOSKITO

SCHWARZKOPF & SCHWARZKOPF

INHALT

Weil sich durch den Hausbau alles ändert – Weil eine Wohnung viel zu klein ist – Weil es eine wichtige Entscheidung ist – Weil Bauherr und Bauherrin sein etwas Besonderes ist – Weil Planen Spaß machen kann – Weil es die anderen auch können – Weil Kaufen viel zu kompliziert ist – Weil man dann einen Anhänger benötigt – Weil man verhandeln lernt – Weil es ein Grund ist, aufs Land zu ziehen – Weil man es einmal richtig machen kann – Weil sonst die anderen bauen – Weil der Einkaufsbummel andere Dimensionen hat – Weil es zu wenig Spießer gibt – Weil Hausbauer die perfekten Grundstücke finden

Weil es einfach aufregend ist – Weil ein Dixi-Klo der Startschuss ist – Weil man fast nichts tun muss – Weil man die Straße sperren darf – Weil Handwerker nette Leute sind – Weil man den anderen beim Arbeiten zusehen kann – Weil jeder einmal mit einer Nagelpistole spielen sollte – Weil man einmal im Leben so richtig verzweifeln muss – Weil Männer Werkzeug brauchen – Weil ein Motorsägenlehrgang nur zwei Tage dauert – Weil ein Richtspruch Segen bringt – Weil Bauleiter Probleme lösen – Weil man am Ende des Tages weiß, was man geleistet hat – Weil ein Gutachter jeden Cent wert ist – Weil dann doch alles irgendwie klappt – Weil es mit der Schlüsselübergabe erst beginnt – Weil es auf dem Bau keine Neider gibt – Weil es beim Bauen kurzfristige Entscheidungen gibt – Weil es irgendwann fertig ist

Weil ein Haus ein Stückchen Unabhängigkeit ist – Weil man hierzulande noch selbst bauen kann – Weil man endlich etwas richtig Eige-

nes hat – Weil das eigene Haus das Traumhaus ist – Weil man nachts staubsaugen kann – Weil man die Haustüre abschließen kann– Weil man sich die Fliesen selbst aussuchen kann – Weil ein Kamin dazugehört – Weil Steckdosen endlich am richtigen Platz sind – Weil manche Häuser um die Treppe gebaut werden – Weil die Parkplatzsuche der Vergangenheit angehört – Weil Dienstleister dann ihre wahren Gesichter zeigen – Weil Gerümpel in den Keller gehört – Weil das eigene Haus eine Lebensaufgabe ist – Weil sich Frauen Küchen wünschen – Weil die Mülltonne einem allein gehört – Weil es überall Netzwerkkabel gibt – Weil man Häuser automatisieren kann – Weil man Sonnenenergie nutzen kann – Weil man Tiefbauer sein kann – Weil man alles reparieren kann – Weil die Heizung nicht um halb elf abgestellt wird – Weil man keine Sorgen haben muss, rausgeworfen zu werden – Weil das eigene Haus immer sauberer ist – Weil Mieten nur Geliehen ist – Weil Nachbarn besser sind als Hausbewohner – Weil man endlich nach Hause kommt – Weil man im eigenen Haus lebt, nicht nur wohnt – Weil ein Haus etwas Einmaliges ist

4. MEINE FAMILIE UND ICH

Weil Schwiegerväter gerne helfen – Weil der Mann lernt nachzugeben – Weil die Frau ihren Mann stehen kann – Weil es zwei Waschbecken gibt – Weil der Kaffee sonntags besser schmeckt – Weil man Musik so laut hören kann, wie man will – Weil die Frau dann endlich Platz für Nippes hat – Weil man zu zweit leichter baut – Weil man sich aufs Kochen freut – Weil man Gastgeber wird – Weil Hausbauer Trendsetter sind – Weil man Freunde einladen kann – Weil die Ehe dann ewig hält – Weil es auch beim Hausbau romantische Momente gibt – Weil Kinder im eigenen Haus aufwachsen sollen – Weil man nette Menschen kennenlernt – Weil sich dann die wahren Freunde zeigen – Weil Small Talk leichter wird – Weil Sex im eigenen Haus viel besser ist – Weil man mit den Herausforderungen wächst – Weil es die Eltern stolz macht – Weil man nachhaltiger lebt

DIREKT VON DER BAUSTELLE

Eigentlich hatte ich gemeinsam mit meiner Frau vor, in den nächsten Jahren nach Schweden zu ziehen. Wir dachten dabei an die ländliche Gegend. Ein typisches Schwedenhaus. Und da war es. Das Haus. Diese Holzhäuser stammen übrigens aus Norwegen, nicht aus Schweden. Das wussten wir aber damals noch nicht, ist jetzt aber auch nicht sonderlich wichtig. An einem Frühlingsnachmittag, bei einem Spaziergang mit unserem Hund, kam uns dann der Gedanke, warum nicht hier bauen. Da sprach so einiges dafür. Nach Schweden können wir auch noch in ein paar Jahren. Das läuft uns ja nicht weg, so ein großes Land. Der Entschluss war demnach schnell gefasst.

Und so begann die Odyssee, die alle Bauherren nur zu gut kennen. Ein Grundstück finden, einen Bauträger ausfindig machen, Haus bauen, dazwischen immer wieder Bücher wälzen. Wir haben viele Bücher gelesen, Fachbücher, überwiegend über Baumängel, Kostenfallen, und Pfusch auf dem Bau. Viele Gründe, nicht zu bauen. Nichts was motiviert. Kein einziges Wort, warum man überhaupt bauen sollte, kaum etwas über die schönen Seiten am Hausbau. Das hat uns zum Glück nicht abgeschreckt. Inzwischen haben wir ein schönes Häuschen, im nordischen Stil. Kein Holzhaus, sondern Klinker. Und nicht in Schweden. Aber immerhin sind wir aufs Land gezogen.

Nur wenige Dinge sind bei uns schiefgelaufen, nichts, was am Ende nicht behoben wurde. Gleichzeitig sind wir in die geheimnisvolle Welt der Bauherren eingetreten. Eine Welt, in der wir Einblick in andere Bauvorhaben erhalten haben, eine Welt in der es uns regelmäßig schaudern lässt. Mit Unverständnis beobachten wir beratungsresistente, eigenwillige oder naive Bauherren. Die Katastrophe ist quasi vorprogrammiert. Wir sind nicht vom Fach, haben uns das nötigste Wissen jedoch angeeignet, haben uns nicht übernommen und haben auf die Ratschläge der Experte gehört. Dabei haben wir viel erlebt und gelernt.

Es war naheliegend, all das in einem Buch zusammenzutragen. Ein Buch, das zukünftige Bauherren motivieren und über die eine oder andere Durststrecke während der Bauphase hinweghelfen soll. Ein Buch, das dem Unentschlossenen den letzten Ruck zu den eigenen vier Wänden geben kann oder ein Buch, das einem die Zeit vertreibt. Ein Buch, in dem sich ehemalige Bauherren wiederfinden können oder das sich geplagte Mieter zur Genüge führen wollen. Teilweise mit Humor und nicht immer ganz ernst zu nehmen, gibt es Tipps und Ratschläge, wie man den Hausbau leichter übersteht. Ohne Gewähr und auf eigene Gefahr, das versteht sich von selbst. Für Nebenwirkungen fragen Sie auf jeden Fall Ihren Bauleiter oder Architekten.

Wir würden uns freuen, wenn das Buch zukünftige Bauherren und Bauherrinnen, vor oder während ihrem Bau, begleitet, genau so wie es uns begleitet hat, denn das Manuskript ist während unserer eigenen Bauphase entstanden. Wir wissen also wovon wir sprechen. Zwischen Holzbalken, Gipskartonplatten, Spachtelmasse, Fliesenkleber und Tapetenkleister durfte immer wieder die Tastatur herhalten. So waren die Erinnerungen immer frisch, auch wenn Baustaub und Reste von Fugenmörtel zwischen den Tasten klemmte.

Alle Erlebnisse sind wahr und stammen aus erster Hand. Es sind schließlich auch alles echte Gründe. Jeder einzelne von uns geprüft und sozusagen auf die Bausubstanz getestet. Ähnlichkeiten zu lebenden Personen sind natürlich rein zufällig. Wer sich trotzdem wiederfindet, keine Sorge, die Namen wurden geändert, wir haben nicht vergessen, wie sie wirklich heißen. Inzwischen steht das Haus, die Baustelle ist keine mehr. Wir wohnen bereits seit einigen Monaten in unserem neuen Haus. Würden wir wieder bauen? Ohne Zweifel, heute noch mehr als damals. Warum, das erfahren Sie auf den folgenden Seiten …

KAPITEL 1

VOR DEM BAU

WEIL SICH DURCH DEN HAUSBAU ALLES ÄNDERT

Gleichgültig, was einen bewegt, ob man alleine baut oder mit der Familie, ein Haus zu bauen verändert alles. Ein Grundstück wird gekauft, Verträge werden unterschrieben, Vereinbarungen getroffen. Normalerweise ändern sich der Wohnort, die Straße, die Hausnummer. Natürlich nur, wenn nicht gerade im Hinterhof gebaut wird. Aber auch dann ändert sich alles, alles außer der Anschrift eben. Bei vielen Menschen ändert sich auch der Arbeitsplatz. Bei manchen ist wiederum die Arbeit Grund für den Hausbau. Vielleicht ist die neue Arbeitsstätte genau dort, wo einen die Sehnsucht hintreibt. Den einen zieht es aufs Land, den anderen treibt es eher in die Stadt. Dabei ist unwesentlich, ob es sich um ein Einfamilienhaus, ein Mehrgenerationenhaus, ein rustikales Holzhaus oder eine moderne Stadtvilla handelt. Selbst für den Bauträger ändert sich einiges, und sei es nur der Kontostand.

Dabei gilt es einiges zu bedenken: Der Freundes- und Bekanntenkreis wird sich vermutlich ändern. Anfahrtszeiten zu Familie und Freunden werden länger oder auch kürzer. Manch einer baut nämlich auch näher an der Familie. Und dann gibt es noch die Möglichkeit, in einem fremden Land zu bauen. Hier ändert sich natürlich noch einiges mehr. Angefangen von der Sprache bis hin zu den sozialen und kulturellen Gegebenheiten ist plötzlich alles neu.

Gerade diese Veränderung macht jedoch den Reiz des Hausbaus aus. Da es sich nicht nur um eine neue Wohnung für die kommenden zwei bis drei Jahre handelt, sondern um den Ort, an dem man hoffentlich bis ins hohe Alter seine Zeit verbringen kann.

Es gibt kein Zurück, keinen Plan B. Die alte Wohnung wird gekündigt, hoffentlich mit zeitlichem Puffer. Denn eines ist klar, auch die Baufertigstellung ändert sich nur allzu gerne. Aber irgendwann lässt sich am Umzugstermin nichts mehr rütteln. Dann gilt es, ins kalte Wasser zu springen und mit einem kräftigen Atemzug ins Unbekannte abzutauchen.

Bei vielen ändern sich auch die Finanzen. Da werden vielerorts Kredite aufgenommen und Finanzierungen abgeschlossen. Grundsätzlich verändert sich damit auch oft die eigene Einstellung zu Geld.

Um es mit dem, leicht abgewandelten, Werbeslogan der kalifornischen Firma Apple aus dem Jahr 2015 auszudrücken: »Alles, was sich ändert, ist alles«. Wer also bereit dafür ist, oder sich danach sehnt, dass sich in seinem Leben so einiges ändert, der hat einen perfekten Grund gefunden, ein Haus zu bauen. Aber keine Angst, wie bei allem wird sich, auch hier, nach einer gewissen Zeit eine Gewohnheit einstellen. Eine Art Alltag, auf den man sich jedoch freuen kann.

2. GRUND

WEIL EINE WOHNUNG VIEL ZU KLEIN IST

Eine Wohnung ist eine feine Sache. Die erste eigene Wohnung ist etwas ganz Besonderes. Dabei muss einem die Wohnung noch nicht einmal ganz alleine gehören. So manch einer geht den Umweg über eine Wohngemeinschaft. Auch eine geteilte Wohnung ist besser als »Hotel Mama«. Je nach Blickwinkel ist auch das Zuhause bei den Eltern eine Art Wohngemeinschaft. Anstatt mit Fremden jedoch mit Eltern und Geschwistern. Dabei herrschen in einer familiären WG gänzlich andere Regierungsformen als in der quasi-anarchischen Studentengemeinschaft: Despotismus oder Dyarchie sind die vorherrschenden Organisationsformen in einer Familie in unseren Breitengraden. Demokratie sucht man man derweil vergebens. Dabei geht, wie mit jeglicher Art von Regierungsform üblich, auch in der Familie unweigerlich die Zuteilung von Raum einher. Bereits im Mittelalter wurde von der aristokratischen Schicht Land an die Untergebenen zugewiesen, verteilt, verpachtet oder geschenkt. Ab und an soll es auch Fälle gegeben haben, in denen dieses Land mit, meistens mehr als weniger, Gewalt wieder zurückverlangt wurde. Glücklicherweise ein Zustand, der sich im familiären Umfeld, heutzutage nur selten ereignet.

Mit Raum verhält es sich nun jedoch wie mit Speicherplatz in einem Computer. Oder auch der Bandbreite des eigenen Internetanschlusses. Egal, wie viel es hiervon gibt, es ist einfach nie genug. Grund hierfür ist das Mooresche Gesetz, nach dem sich in der Informationstechnologie, die Komplexität der Schaltkreise in regelmäßigen Abständen verdoppelt. Während verfügbarer Speicherplatz und Bandbreite stetig anwachsen, stehen die Daten diesem Wachstum jedoch nichts nach. In rauen Mengen lauern diese hinter der nächsten Ecke, um jedes bisschen Platz zu belegen.

Und genau so scheint es sich auch mit dem Platz in einer Wohnung zu verhalten. Mit einem kleinen Unterschied: Im Gegensatz zum Wachstum von Computerschaltkreisen bleibt der Raum in einer Wohnung unveränderlich. Jedoch lauert auch hier alles Mögliche, um bei der erstbesten Gelegenheit, auch noch das letzte Fleckchen freien Platzes in Beschlag zu nehmen. Zwar waren Eltern in der Regel vor allem anderen da, und halten somit quasi das Hausrecht in Form einer der zuvor genannten Regierungsformen inne, aber von welch Absurdität ist die Tatsache geprägt, dass die meisten Elternschlafzimmer wesentlich größer als die Kinderzimmer sind, und das, obwohl das Kind wesentlich mehr Zeit in selbigem verbringt als die Eltern im eigenen Schlafzimmer.

Wenn es um den Nachwuchs geht, sollte man auch die Geschwister in die Gleichung mit aufnehmen. Auch Geschwister brauchen Platz! Und davon nicht wenig. Wehe dem unlängst glücklichen Einzelkind, das urplötzlich sein Zimmer teilen muss. Die Mär vom Bruder oder Schwesterchen, das alsbald aus dem kugelrunden Bauch entspringt und Harmonie und Glückseligkeit in das

Familienbild bringt. Ein Trugbild, zumindest aus der raumtechnischen Perspektive des Erstgeborenen betrachtet.

Aber auch bei glücklichen Pärchen oder gar Alleinstehenden ist der Platz in der Wohnung endlich. Ob nun die Konsumgesellschaft daran schuld ist oder die ureigenen Gene des Menschen als Jäger und Sammler dafür Sorge tragen, die Wohnung füllt sich mit Allerlei Unnützem. Nur sehr wenige Menschen schaffen es, all dem zu entsagen und wie Leo Babuta[1] mit nur 300 oder weniger Dingen, ihr Leben zu genießen. Wohin also mit all dem Zeug? Der Kellerraum ist bis zum Bersten gefüllt, der Dachboden voll, und plötzlich steht ein Kinderwagen im Hausflur. Für das große Geschwisterchen bedeutet dies … na ja das Thema hatten wir ja schon.

Mit einer sich ändernden Familienplanung oder dem Wandel der Lebensweise ändert sich also der »Bedarf an Wohnraum«, wie es in der Fachsprache so schön heißt. Verschlechtern möchte man seine Stellung ja auch nicht. Also muss mehr von diesem Wohnraum her. Der scheint eine gute Sache zu sein. Konsequenterweise in Form einer größeren Wohnung. Ein Anbau ist in den meisten Fällen nicht möglich. Ausnahmen bestätigen jedoch die Regel, und schon so manch ein Wanddurchbruch ins Nachbargebäude sorgte für eine nahezu magische Vervielfachung der Wohnräume. Heutige Brandvorschriften und andere Regularien dürften dem aber einen Riegel oder besser gesagt eine Brandschutzmauer vorschieben. Also bleibt, als vermeidlicher Ausweg, nur eine größere Wohnung. Eine größere Wohnung bedeutet oftmals eine höhere Miete. Wer hier spart, erkauft sich dies durch schlechtere oder ältere Bausubstanz und endet dann vielleicht mit höheren Heizkosten oder zusätzlichen Renovierungen. Alternativ können Abstriche an der Lage dem Mietpreis zuträglich sein. Alles in allem verhält es sich aber wie mit dem aus dem Projektmanagement bekannten magischen Dreieck[2]. Wie man es dreht und wendet, die Ziele konkurrieren miteinander, und die Maximierung eines Ziels führt gleichermaßen zum Verlust an anderer Stelle.

Nüchtern betrachtet, handelt es sich dabei um Erste-Welt-Probleme, aber auch die Planungstheorie der sozialistischen Stadt[3] hat nicht geholfen, gerade diese Probleme zu lösen.

Der Ausweg heißt bauen: Ob es nun der Schnitt der Wohnung, der mangelnde Platz oder einfach nur der Kinderwagen im Hausflur ist – raus aus der Wohnung, rein ins eigene Haus und das Problem in die nächste Generation verlagern.

3. GRUND

WEIL ES EINE WICHTIGE ENTSCHEIDUNG IST

Entscheiden ist, nach Gablers Wirtschaftslexikon, eine Aktion aus einer Menge verfügbarer Maßnahmen. So wird es, zumindest von Prof. Winter, dem leitenden Ministerialrat, in zuvor genanntem Nachschlagewerk definiert. Tatsächlich ist Bauen eine der wohl größten Maßnahmen, die für den Einzelnen in unserer Gesellschaft möglich sind. »Ich gründe einen eigenen Staat«, wie es einige wenige in der gesellschaftskritischen Dokumentation Empire Me von Paul Poet vorgemacht haben, oder »Ich baue mir ein Raumschiff«, wie es Elon Musk, Gründer von SpaceX und Tesla Motors einfach gemacht hat, sind Aussagen, die nicht jeder treffen kann. »Ich kaufe mir ein neues Auto« ist dann eher eine der größeren Entscheidungen in der heutigen Gesellschaft. Vielleicht auch ein zweites. Auch Heirat und eventuell die Scheidung gehören zu den einschneidenden Entscheidungen, wobei Letztere wiederum Auswirkungen auf die Anzahl der Autos hat. Gleiches gilt auch für das Haus. So viel sei nur als Warnung in den Raum gestellt.

»Ich baue ein Haus«, das ist die Entscheidung, die heute noch einen Unterschied macht. Dieser Schritt in die letztendliche Selbstständigkeit und -verantwortung ist eine wichtige Entscheidung, die einem niemand mehr streitig macht. Wie kommt man also zu der Entscheidung zu bauen? Die Auswahl der verfügbaren Maßnahmen ist erschreckend einfach: Zur Miete wohnen oder eine Eigentumswohnung, ein Haus kaufen oder bauen? Wohnsitzlos einmal ausgenommen, sind dies die Alternativen, aus denen es zu entscheiden gilt. Raus aus der Mietfalle oder der Kinderwagen im Hausflur sind nur beispielhafte Gründe, die gegen Miete und Eigentumswohnung sprechen. Mieter und Eigentümer über und unter einem, der lärmende Wellensittich in der Wohnung nebenan, der seine Tiraden zur späten Abendstunde zum Besten gibt, noch ein weiterer. Im Sinne der Quizshow *Wer wird Millionär* war das schon der 50:50-Joker. Übrig sind noch die Möglichkeiten, ein Haus zu kaufen oder ein Haus zu bauen. Mit dem Kaufen ist es dann so eine Sache. »Es ist bereits schwer genug, eine Mietwohnung zu finden, die einem vom Grundriss zusagt. Wie soll es dann erst mit einem Haus gelingen, das ein Vielfaches dieser Investitionssumme bedeutet?«, flüstert die Stimme des Telefonjokers einem dann ins Ohr. »Antwort D«, ein Haus bauen, ist also die richtige Antwort. So oder so ähnlich wird die Entscheidung meist wohl stattfinden. Denn rein nüchtern betrachtet, ist der Hausbau, für die Eigennutzung aus betriebswirtschaftlicher Sicht, keine Investition mit hohem Return on Investment. So lernt es zumindest der BWL-Student im ersten Studiensemester. Trotzdem entscheidet sich alljährlich jeder 600. Münsteraner dazu, ein Haus zu bauen. Im Gegensatz hierzu kann sich in Düsseldorf nur einer von 8.000 Einwohnern dieser Entscheidung hingeben[4]. Schuld ist jetzt nicht eine mangelnde Qualität der Hochschulen in der Region. Die Rechnung führt niemals zu einer sinnvolleren Entscheidung. Das Haus selbst kostet, hier wie dort, annähernd den gleichen Betrag. Die Entscheidungsfindung ist dabei gar nicht so wichtig. Die kann im Bett, beim Frühstück, beim abendlichen Spaziergang mit dem Hund oder alleine unter der Dusche fallen. Hat man sich erst einmal entschieden, geht es recht schnell. Da wird der Termin bei der Bank vereinbart, das Musterhaus besucht und im Internet recherchiert. Dabei ist es schon fast erschreckend, wie blauäugig manch einer mit dieser Entscheidung voranschreitet. Zumindest in unserem Bekanntenkreis haben sich die meisten signifikant besser beim Autokauf als beim Hausbau informiert. Da rennen Lieschen Müller und Max Mustermann los, unterzeichnen die Darlehensverträge, kaufen das Grundstück und unterschreiben den Vertrag für den Hausbau. Anderen wird die Entscheidung wiederum aufgezwängt. Anders als beim Autokauf ist beim Hausbau, oder besser gesagt beim Grundstückskauf, die Zeit der entscheidende Faktor: Wer zuerst kommt, der baut zuerst. Grundstücke gehen weg wie warme Semmeln. Vor allem die finanziell erschwinglichen sind begehrt. Ausschlaggebender Faktor bei der Entscheidungsfindung ist natürlich neben dem Preis auch die Lage. Mit guter Infrastrukturanbindung oder eher am Waldrand, im urbanen Einzugsgebiet oder doch ein Haus als verschrobener Waldschrat? Hat man erst einmal das Plätzchen gefunden, das dem eigenen Charakter zusagt, und alles passt, ist zweifelslos Handeln angesagt, um den Zuschlag zu erhalten. Dabei ist der Kauf von einer Gemeinde meist formell und oftmals mit einer Art Bewerbung verbunden. Auf dem Amt wird vorgesprochen, Unterlagen werden eingereicht, und bei mehreren Bewerbern wird nach dem sozialen Stand bewertet. Hierfür haben manche Gemeinde eigens Tabellen zur Auswertung: alleine, mit Partner, Kinder, Gehalt, eine Finanzierungsbestätigung von der Bank. Alles fließt in die Entscheidung ein. Erschwerend kommt hinzu, dass aus öffentlicher Hand gekaufte Grundstücke oftmals eine Bauverpflichtung mit sich bringen. Dabei verpflichtet sich der Käufer, das Haus binnen einer im Vertrag genannten Frist zu bauen oder gar fertigzustellen. Sollte dies nicht der Fall sein, behält sich die Gemeinde das Rückkaufsrecht vor. »Geld zurück«, heißt es dann für die nicht gewordenen Bauherren. Ein Privatkauf ist da schon einfacher. Geld für Ware. Abzüglich einer saftigen Provision für den Makler.

Kaum einer macht nach der Entscheidung einen Rückzieher. Ist die Entscheidung erst einmal gefallen, wird das Vorhaben Bau durchgezogen. Irgendwann wiegt die aufgewendete Zeit, oder auch das bereits investierte Geld, jeden Zweifel auf. Im Poker heißt das dann »pot comitted«, da kommt man nicht mehr raus. Anders als im Poker geht man in aller Regel beim Hausbau jedoch nicht leer aus.

4. GRUND

WEIL BAUHERR UND BAUHERRIN SEIN ETWAS BESONDERES IST

Es soll ja Baustellen geben, auf denen die Bauherrschaft niemals persönlich in Erscheinung tritt. Allerdings lässt sich diese Spezies so einiges entgehen. Nicht nur, dass Zimmerleute, Maurer, Monteure und Installateure den Bauherrn und die Bauherrin diese als solche tatsächlich ansprechen, auch sollte man sich schnell daran gewöhnen, dass von selbigen in der dritten Person gesprochen wird. Eine Steigerung der subjektiv empfundenen Hochachtung gäbe es wohl nur noch durch die Anwendung des Pluralis Majestatis. Es wird nach dem Bauherrn gefragt und geschickt, und der Polier gibt die Anweisung, den Wünschen des Bauherrn oder der Bauherrin Folge zu leisten. Sätze der Form »Der Bauherr wünscht …« und »… möchte die Bauherrin«, geben den selbigen, zumindest für die Zeit des Bauvorhabens, ein durchaus besonderes Gefühl. Für den Handwerker auf Montage steckt dahinter ein gewisses Maß an Pragmatismus: Er muss sich nicht auf jeder Baustelle neue Namen merken. Und trotzdem: Keine Diskussion und kein Hinterfragen, der Bauherr hat das Sagen. Der Bauherr bestellt Personen in die entsprechenden Positionen und vergibt Aufträge. Eine befristete Managementposition sozusagen. Architekt, Bauleiter oder Handwerker, alle arbeiten dem Bauherrn zu.

Nicht nur von den Handwerkern, auch von Familie, Freunden und Bekannten wird man schnell in einen neuen Stand gehoben.

Die erlauchte Gesellschaft derjenigen, die gebaut haben. Dabei geht es weniger um den Besitz eines Hauses, sondern um die Tatsache, dass man selbst gebaut hat. Fast als hätte man die Baugrube mit bloßen Händen ausgehoben und Stein für Stein einzeln, höchstpersönlich, gesetzt. Das Heerschar an Handwerkern, die am Bau beteiligt waren, spielt angesichts der heroischen Taten des Bauherrn nur eine untergeordnete Rolle. Selbst wenn sich die eigenen Leistungen lediglich auf die Kreditverhandlung und die Unterschriften auf Notar- und Kaufvertrag beschränken und man sich niemals auf der Baustelle blicken lässt, gehört man zum erlesenen Kreis derer, die selbst gebaut haben. Das möchte man nicht missen.

Mit dem Quasititel einhergehende Verpflichtungen verblassen dabei schnell. Wie mit jeder Position erkauft die Bauherrschaft diese mit entsprechenden Pflichten. Die Verantwortung für Sicherheit und Verkehrssicherheit, eine nach dem geltenden Recht, aber für den Laien doch eher gesetzlich nebulös geregelte Pflicht. Anzeigen bei der Baurechtsbehörde, Unterschriften im Dutzend und Entscheidung im Minutentakt werden zum ständigen Begleiter. Zum Glück hat die Wirtschaft dies längst erkannt und bietet mit der Bauherrenhaftpflichtversicherung ein nicht nur langes Wort, sondern die Möglichkeit, sich fast sorglos auf das Wesentliche zu konzentrieren: einmal Bauherr und Bauherrin zu sein. Den Zeitraum gilt es übrigens ausgiebig zu genießen. Ist das Dach erst einmal eingedeckt und rollt der Umzugswagen vor, dann ändert sich die Rolle von Bauherr in Hausbesitzer. Zu diesem Zeitpunkt verlieren auch Bauherrenhaftpflicht- und Rohbaufeuerschutzversicherung ihre Gültigkeit. Aber auch zum neuen Rang gibt es dann die entsprechende Gebäude- und Hausratversicherung. Egal was kommt, der Bauherr und die Bauherrin können sich gelassen in ihrer Position zurücklehnen.

WEIL PLANEN SPASS MACHEN KANN

Als Bauherr in der dritten Generation hat es sich ergeben, dass plötzlich die Planungsunterlagen von Eltern und Großeltern auf dem Tisch lagen. Leicht vergilbtes Papier, ein Hauch von Alt, eine Mischung aus sich langsam zersetzendem Papier und in die Jahre gekommenem Staub, das sind die Planungsunterlagen aus den 1950ern. Tatsächlich, eine Antiquität aus dem letzten Jahrtausend. Akribisch korrekt, mit dem Lineal gezogene Tintenstriche, Normschrift, alles Handarbeit. Alles Dinge, die man heute nicht mehr auf einem Bauantrag findet. Damals muss Planen noch richtig Spaß gemacht haben. Dank rechnerunterstütztem Entwurf, oder auch Computer Aided Design, kurz CAD genannt, ist ein Haus mit wenigen Mausklicks entworfen, gedruckt und quasi fertig geplant. Wo ist da der Spaß? Da denkt sich vermutlich auch der eine oder andere Architekt, ob die Jahre des Entbehrens an der Universität hierfür wirklich notwendig waren, oder ob man hierfür heutzutage nicht überqualifiziert ist. Es wird ja sowieso alles von der Maschine erledigt. Früher wurde die Statik vermutlich mit dem Taschenrechner getippt. Heutzutage spuckt der Laserdrucker 500 Seiten Statikberechnung in wenigen Minuten aus.

Was bleibt also für die Bauherren? Wider Erwarten der Spaß! Während der Hausbau, einschließlich der Planung, zur industriellen Fertigungsdisziplin wurde, gilt es für die Bauherren, den Bleistift zu spitzen. Butterbrotpapier im Maße A3 ist dabei ein Geheimtipp, um Pläne abzuzeichnen und dabei zu modifizieren. Ganze Räume, Treppen und Wände können gezeichnet, ausgeschnitten und arrangiert werden. Hier kommen Erinnerungen an die Kindheit auf, Anziehpuppen-Bücher, in denen ausgeschnittene Kleidungsstücke auf spärlich bekleidete Puppenfiguren gelegt werden. Ein Relikt aus längst vergangener Zeit.

Auch profanes, kariertes Papier und ein Geodreieck sind dabei unerlässliche Planungshelfer, um den Wunschgrundriss zu skizzieren. Wem das alles zu langweilig ist, der sollte unbedingt die Großpackung Farbstifte auspacken und bereits den gesamten Plan farbig ausgestalten. Malen nach Zahlen für Erwachsene. Wer mehr Spaß an der digitalen Welt findet, kann heute bereits dreidimensionale Abbilder seines neuen Zuhauses gestalten. Beispielsweise ist Google SketchUp[5] ein Werkzeug, das zwischenzeitlich bei Bauherren jeden Alters große Beliebtheit findet. Der Liebe zum Detail sind hier keine Grenzen gesetzt. Ganze Abende und Nächte kann man so mit dem Planen verbringen.

Ein weiterer Plan, der vermutlich vor allem bei den Bauherrinnen großen Anklang findet, ist der Gartenplan. Pflanzen, Wege, Terrasse, Blumen, Bäume, Gartenstühle, Grillecke, Letzteres eher für die Bauherren, vielleicht ein Pavillon … alles, was eben so in einen Garten gehört, gilt es, natürlich wieder mit Buntstiften bewaffnet, zu visualisieren. Ein Außenplan ist auch Bestandteil des Bauantrags. Wer sich also ausgiebig damit im Vorfeld beschäftigt hat, egal ob mit oder ohne Buntstifte, kann hier bereits eine perfekte Vorlage für den Architekten liefern. Bei all dem Planen sollte man sich jedoch seiner Sache nie zu sicher sein. Wie schon der schweizerische Schriftsteller Friedrich Dürrenmatt wusste: »Je planmäßiger die Menschen vorgehen, desto wirksamer trifft sie der Zufall.« So soll sich auch der angehende Bauherr bewusst sein, dass Pläne im Hausbau stets durchkreuzt werden. Umplanung steht auf der Tagesordnung. Bauleiter sind Meister darin, und wer sich von vorneherein darauf einlässt und spontane Änderungen begrüßt, sollte auch während des Hausbaus keine Probleme damit haben, die vorgefertigten Pläne geringfügig zu justieren, ohne den Spaß zu verlieren.

WEIL ES DIE ANDEREN AUCH KÖNNEN

Bevor wir mit unserem eigenen Hausbau begonnen hatten, hätten wir niemals gedacht, wie viele Menschen ein Haus bauen, denen man es unter keinen Umständen zutraut. Wir erinnern uns noch gut an unseren ersten Tag, an dem wir eine Musterhausausstellung besuchten. Da gab es diesen einen Mann, alleine, ohne Begleitung, der mit den Worten »Verkaufen Sie das Haus?« auf den Verkäufer zuging. Kein »Hallo«, kein »Guten Tag«. Kurzum, ein ausgewachsener Mangel an Sozialkompetenz. Aber auch das nachfolgende Gespräch ließ uns die Hände über dem Kopf zusammenschlagen. Er hatte wohl vor Kurzem ein Grundstück geerbt. Jetzt möchte er ein Haus darauf bauen. Ohne sich weiter über die Freuden des Hausbaus informiert zu haben. Auf die Rückfrage des Verkäufers, ob das Grundstück bereits erschlossen sei, wusste er nichts mit der Frage anzufangen. In der Tat wird das volle Ausmaß an Unfähigkeit und Unbeholfenheit »der anderen« erst ersichtlich, sobald man sich mit seinem eigenen Hausbau beschäftigt. Bis zu jenem Zeitpunkt, an dem man selbst beginnt zu bauen, scheint es, als ob sich alle Bauherren in einem Paralleluniversum befänden. Weit weg von der eigenen Realität. Unzugänglich für normale Menschen. Erst mit der Vertragsunterschrift öffnet sich der Zugang in dieses geheime Reich, und damit ein Einblick, was die anderen denn so alles veranstalten. Vielleicht interessiert man sich im normalen Leben dafür überhaupt nicht. Warum sollte man sich auch mit diesem Thema beschäftigen? Das holt einen natürlich ein, sobald es dann einmal so weit ist. »Unwissenheit am Bau«, so lässt sich das Phänomen beschreiben. Da sieht man Keller, die nicht abgedichtet werden, Dächer, die nicht ordentlich gedeckt wurden, und Kaufverträge, die vor dem Unterzeichnen nicht gelesen wurden. Halb fertige Häuser gibt es auch. In der Nachbarschaft haben wir ein Fundament, das vor vier Monaten gegossen wurde. Die Baustelle sieht halb fertig aus. Abgesehen davon, dass das Haus noch fehlt, ist selbst das Fundament noch nicht fertig. Der Baustrom ist bereits angeschlossen. Der Spaß kostet seit vier Monaten Grundgebühr. Auf einer anderen Baustelle beobachteten wir, wie die Erdarbeiten in eisigen Wintermonaten durchgeführt wurden. Aufgrund der Beschaffenheit des Bodens wird davon im Bodengutachten abgeraten. »Darf nicht bei Frost durchgeführt werden …«, das ist der originale Wortlaut. Wir nehmen an, hier liegt überhaupt kein Gutachten vor. Hier wurde an der falschen Stelle gespart. An einem anderen Haus fehlt der Putz. Die Holzverschalung ist bereits seit Jahren der Witterung ausgesetzt. Große schwarze Flächen deuten auf Schimmelbefall und vermodertes Holz hin. Im gleichen Haus haben Spatzen begonnen, den Bauschaum zwischen dem Dachgebälk herauszupicken und dort zu nisten. Fünf Brutstätten haben wir gezählt. Bei uns wurde keine einzige Dose Bauschaum verwendet. Es geht auch ohne. In einem anderen Haus wurden die Fenster falsch geliefert. Maßanfertigungen. Leider nach dem falschen Maß. 30 Zentimeter zu niedrig, der Fensterbauer hat die Fenster trotzdem montiert. Zweimal, die falschen konnten ja auf keinen Fall bleiben.

Bei vielen Dingen auf dem Bau ist es wirklich nicht notwendig, Architekt oder Bauingenieur zu sein. Auch als Bauherr mit normalem Menschenverstand sollte vieles ganz klar auf der Hand liegen. Es scheint, dass bei »den anderen« beim Bau so einiges aussetzt. Nicht nur die Lust, auch der Verstand macht wohl meist als Erstes Brotzeit. Verständlich, es ist ja sehr anstrengend auf dem Bau. Aber egal was alles schiefgeht, »die anderen« schaffen es doch immer wieder, das Haus fertigzustellen. Manchmal dauerte es einfach länger, oder es wird erforderlich, selbst Hand anzulegen. Wer es sich also nicht zutraut zu bauen, muss einfach nur versuchen, einen Blick in das verborgene Universum der Bauherren zu werfen. Was die anderen schaffen, schafft man selbst doch auch. Vielleicht sogar ohne genau die gleichen Fehler zu machen.

WEIL KAUFEN VIEL ZU KOMPLIZIERT IST

Herr M., ein guter Bekannter, ist schon seit Langem auf der Suche nach einer schönen Bleibe. Alleinstehend, hat er lange Zeit sein Dasein in seiner Zweizimmerwohnung gefristet.

Nach einer Heirat, einer erfolgreichen Haushaltszusammenführung und dem Umzug in eine Vierzimmerwohnung nebst Tiefgaragenstellplatz sieht nun alles anders aus. Das Familienglück ist auf dem Höhepunkt, und den Katzen geht es in der neuen Wohnung auch gut. Ein richtiges Gefühl der Zufriedenheit stellt sich jedoch nicht ein.

Etwas Eigenes muss her, denn die Sache mit den Katzen und der Wohnung im fünften OG verträgt sich leider nicht so gut. Also werden Anzeigen der ansässigen Immobilienhändler durchforstet und das Internet nach spannenden Anzeigen durchstöbert.

Wer sich nun freut, dass das seit 2015 in Kraft getretene »Bestellerprinzip« auch beim Hauskauf greift, erliegt leider einem Trugschluss. Die Regelung, nach der der Makler vom Wohnungssuchenden kein Geld mehr fordern darf, erstreckt sich nur auf den Bereich der Mietwohnung. Grundlage hierfür ist das Mietrechtsnovellierungsgesetz. Der Hauskäufer kommt somit nicht aus der Pflicht, auch weiterhin ein ordentliches Sümmchen an den Makler zu entrichten. Wer also plant, für 300.000 Euro ein Grundstück samt Haus zu kaufen, darf mit zusätzlichen 20.000 Euro für den Makler rechnen. Ein Betrag, den Herrn M. dann lieber in eine Doppelgarage steckt oder vielleicht doch in einen Keller investiert. Diese Freiheit hat der angehende Bauherr gegenüber dem Käufer. Mit 20.000 Euro kann man eben viel beim Hausbau anstellen – oder eben einfach nur einen Makler bezahlen.

Nicht nur das Geld, sondern auch das Kaufobjekt an sich ist so eine Sache. Es muss einfach passen. Anders als eine Jeans, mit der man früher in die Badewanne stieg, um die perfekte Passform zu erzielen, lässt sich ein gekauftes Haus nicht so einfach anpassen. Renovieren und Umbauen sind ein langwieriger Prozess. Außerdem weiß man ja nie, was einen so in den alten Gemäuern erwartet.

Nach 24 Montagen vergeblicher Suche und zahlreichen Hausbesichtigungen wird Familie M. jetzt doch selbst bauen. Ein schönes Haus, das beiden gefiel, lag zu nah an der Hauptverkehrsstraße. Bei einem anderen hätte die Renovierung der in die Jahre gekommenen Nachtspeicheröfen ein kleines Vermögen gekostet. Überhaupt waren es die vielen Kleinigkeiten, die immer wieder, bei jeder einzelnen Besichtigung, gestört hatten. Hier war es der schwarze Marmorfußboden, dort die unheimlich kleinen Badezimmer. Die Liste lässt sich nahezu endlos fortsetzen. Das Problem, gerade wenn man zu zweit auf der Suche ist: Es gilt nicht nur, einen Kompromiss einzugehen, sondern auch noch das passende Haus für diesen Kompromiss zu finden.

Das eigene Haus wird nun nach dem Geschmack des jungvermählten Paares entstehen. Natürlich mussten beide auch in diesem Fall einen Kompromiss eingehen, aber um dieses gemeinsame Verständnis herum wird nun ein ganz neues Haus gebaut. Ein Haus, in dem beide dem anderen etwas zugestehen. Die beiden freuen sich schon auf das neue Zuhause, das nun perfekt zu den eigenen Wünschen passt. Auch die Katzen freuen sich auf den Garten, selbst wenn sie das heute noch gar nicht wissen.

8. GRUND

WEIL MAN DANN EINEN ANHÄNGER BENÖTIGT

Wer baut, benötigt einen Anhänger. Das ist keine gut gemeinte Empfehlung, das ist Fakt. Ein absolutes Must-have in der modernen »Bauszene«. Wir haben dafür sogar extra eine Anhängerkupplung nachrüsten lassen. Wer nicht schon in dessen Besitz ist, sollte dann noch den Führerschein der Klasse BE nachholen. Denn nur mit einem eigenen Anhänger ist man ein richtiger Bauherr. Grundsätzlich stellt sich bei vielen die Frage nach einem Baustellenfahrzeug oder eher einem Anhänger. Ersteres plant man ausschließlich für die Dauer des Baus anzuschaffen. Hier eignet sich alles mit einer größeren Ladefläche – vom VW Bulli bis hin zum Pick-up. Nur günstig sollte es eben sein. Je größer, desto besser, und gerade eine neue TÜV-Plakette, das hält zwei Jahre. Bis der TÜV abgelaufen ist, steht das Haus. Dann kann man das Fahrzeug schnell wieder abstoßen.

Nachhaltiger ist da schon der Anhänger. Gerade mit einem eigenen Haus und eventuell einem Garten wird man immer wieder in die Verlegenheit kommen, mit mehr Ladung als verfügbarem Stauraum im Auto konfrontiert zu sein. Diese Frage nach einem Anhänger stellte sich uns bereits sehr früh, zu Beginn des Bauvorhabens. Da musste das Grundstück von jeder Menge Gestrüpp und einem Baum befreit werden. Ein halbes Dutzend Fahrten zum örtlichen Häckselplatz war angesagt. Danach ging es nahtlos an das Entrümpeln der alten Wohnung, denn Dachboden und Keller wollten in feinster Ordnung hinterlassen werden. Während des Bau mussten gleich mehrere Ladungen Bauholz vom Bauplatz gefahren werden. Immer wieder galt es, Baumaterial und Werkzeug herbeizuschaffen. Es ist kaum vorstellbar, wie viele Werkzeuge nicht in den Kofferraum eines handelsüblichen Pkw passen. Auch scheint es so, als seien die meisten Baumaterialien, die es zu oder von der Baustelle zu transportieren gilt, immer wenigstens zehn Zentimeter länger, als in das eigene Auto passen. Irgendwann – nach dem Bau – kommt dann letztendlich der Umzug. Auch in dieser Phase ist es praktisch, auf den Anhänger zurückgreifen zu können. Und auch nach dem Hausbau wird es noch unzählige Gelegenheiten geben, bei denen ein Anhänger gelegen kommt. Die Notwendigkeit eines Anhängers steigt proportional mit der Entfernung, mit der es einen mit dem Hausbau in das Hinterland verschlägt. Je weiter weg, desto dringender wird das Vehikel benötigt.

Natürlich sollte beim Hausbau gleich ein Stellplatz für den Hänger eingeplant werden. So ein Anhänger eignet sich dann auch perfekt für die vorübergehende Aufbewahrung allerlei Gerätschaften, für die sonst kein Platz wäre. Einzig und alleine von der Aufbewahrung leicht verderblicher Güter unter eine Plane sollte abgesehen werden. Kompost, Fallobst oder dergleichen sollten in den Sommermonaten, aus naheliegenden Gründen, tunlichst nicht im Anhänger gelagert werden.

Ein Anhänger ist natürlich auch ein perfektes Mittel, neue soziale Kontakte zu knüpfen. Nicht nur bei der eigenen Familie, sondern auch bei den neuen Nachbarn kann man mit dem Anhänger punkten. Diese haben sich nämlich in aller Regel keinen Anhänger angeschafft, oder sie haben sich leider für das Baustellenfahrzeug entschieden. Auch die 40–50 Euro Haftpflichtversicherung sollten bei einem Bauvorhaben nicht sonderlich ins Gewicht fallen, ebenso wenig wie die Anschaffungskosten von »nur« ein paar Hundert Euro.

Ausstattungsfetischisten kommen ebenfalls auf ihre Kosten. Spriegel und Plane, Stützrad, Unterlegkeile, montier- und abschließbare Werkzeugkiste, Stützfüße, Netz, Spanngurte und Kantenschutz sind nur einige der Zubehörteile, die in ihrer Summe schon bald den Anschaffungswert des Anhängers übersteigen. Speziell Spanngurte und Kantenschutz werden in der Umzugsphase in rauen Mengen benötigt. Um ein Einschneiden der Ladung zu vermeiden, wird der Kantenschutz verwendet. Der Spanngurt, über den Kantenschutz geführt, hat so keine Möglichkeit, das Umzugsgut zu beschädigen. Für den Mann, der alles hat, ist Zubehör für den Anhänger das perfekte Geschenk vor oder während der Bauphase. Und wer nun sagt, er bräuchte das nicht, weiß es eben einfach noch nicht besser, bis der Nachbar mit seinem Anhänger aushilft. Denn der hat sicherlich einen.

WEIL MAN VERHANDELN LERNT

Ein Haus zu bauen, das bedeutet verhandeln lernen. Daran geht leider kein Weg vorbei. Wer diese Tatsache ignoriert, verliert schlichtweg Geld. Dabei ist es nicht notwendig, sofort auf das Harvard-Konzept[6] zurückzugreifen. Wer sich von vorneherein jedoch im Klaren ist, dass man bis an das Ende der Bauphase verhandeln muss, hat ein wesentlich entspanntes Leben. Die erste und längste Verhandlungsphase findet vermutlich mit dem Partner statt. Nicht dem Baupartner, sondern dem Lebenspartner. Wer Glück oder, je nach Standpunkt, Pech hat, wird diese Verhandlung ein Leben lang führen. Hier gilt es, Kompromisse einzugehen und gemeinsam eine Lösung zu finden. Anders sieht es schon aus, wenn es um das Haus als solches geht. Beim Finanzierungsgespräch sollte auf jeden Fall verhandelt werden. Uns hat geholfen, Zinssätze von konkurrierenden Kreditinstituten vorzulegen. So konnten einige Nachkommastellen des Zinssatzes justiert werden. Grundsätzlich sollte man alles, was sich im monetären Bereich abspielt, für eine Verhandlung in Betracht ziehen. Auch angehende Konflikte sollten frühzeitig in Verhandlungen enden, am besten lange vor der Eskalation. »Alle Kriege enden mit Verhandlungen. Warum also nicht gleich verhandeln?«, gab bereits der indische Außenminister Jawaharal Nehru zu bedenken. Konflikte wird es während der Bauphase genügend geben. Verhandeln kann hier schnell zur Entspannung der Situation als auch der Nerven führen. Auch über die erbrachte Leistung sollte man in Verhandlung treten. Egal, ob es um eine Nachbesserung, eine Garantieleistung oder einfach ein Extra geht. Allerdings sollte man sich nicht auf ein konkretes Ziel versteifen. Wer sachlich und ergebnisoffen in die Verhandlung geht, wird nur selten enttäuscht. Überhaupt ist die Verhandlung im Naturalienbereich mehr als empfehlenswert. Oft ist es einfacher, um das verwendete Material oder eine zusätzliche Installation zu verhandeln, als um einen Nachlass oder Rabatt zu pokern.

Als Bauherr ist man bei Verhandlungen nicht allzu selten im Nachteil. Da verhandeln die Gewerke regelmäßig untereinander, und Bauunternehmer und Dienstleister üben dies permanent mit den Bauherren. Das macht dergleichen zu Experten in dieser Domäne: »Darf ich vorstellen! Müller ist der werte Name. Bauträger und Verhandlungsexperte von Beruf!« Da wüsste gleich jeder Bauherr, woran er sei.

Verhandelt wird von Angesicht zu Angesicht, am Telefon, per Brief und E-Mail. Situativ wird sich oft die Gelegenheit ergeben, etwas auszuhandeln. Wer also hier die Chance wittert, sollte nach ihr greifen. Mit etwas Übung lernt man schnell, ob der Verhandlungspartner dieser Bezeichnung gerecht wird oder stur auf seiner Position beharrt. Der Hausbau ist also die perfekte Gelegenheit, sein Verhandlungsgeschick zu trainieren. Das Tolle daran: Es gibt nichts zu verlieren, nur zu gewinnen. Weniger Kosten, mehr Leistung, Extras und und und. Wer sich vor Augen hält, dass auch ohne Verhandlung das Haus fertiggestellt wird, kann ganz ohne Druck in die Verhandlungen gehen.

Die grundlegende Einstellung ist dabei eine wichtige Voraussetzung. Am Beispiel der Finanzierungsgespräche wird dies deutlich. Viele angehende Bauherren treten als Bittsteller auf. Finanzierung im sechsstelligen Bereich, lebenslange Kredite, die grundlegende Sorge, ob der Kredit überhaupt bewilligt wird, das ist die falsche Grundhaltung. Hier gilt es, kurzerhand die Einstellung zu ändern. Man ist Kunde, der ein Produkt kaufen möchte. Denn nichts anderes ist ein Kredit. Mit dieser Einstellung verhandelt man mit dem Kreditgeber auf Augenhöhe. Er gibt den Preis vor, man selbst möchte zu einem möglichst günstigen Preis einkaufen. Wer das so nicht glauben möchte, sollte nun einmal die Webseiten und Prospekte der großen deutschen Finanzinstitute näher betrachten: »Produkte für Privatkunden«, »Online-Produkte« und Produktfinder auf Internetseiten können hier gefunden werden. Das Bild von Frankie Yale, einem der Mentoren des berüchtigten Gangsterbosses Al Capone, dessen Hauptgeschäftsfeld überteuerte Kredite und Erpressung waren, trifft schlicht und ergreifend nicht auf Banken zu. Während Yale Opfer eines Drive-by-Shootings wurde, ist in heutigen Zeiten eine solche Konsequenz bei der Verhandlung mit dem Finanzberater seltener der Fall. Also trauen Sie sich in die Verhandlung, denn auch die Bank wird aufgrund einer fehlgeschlagenen Verhandlung den Zinssatz nicht um einen halben Prozentpunkt erhöhen. Er wird im schlimmsten Fall einfach gleich bleiben. Am Ende hat man daher nichts verloren.

10. GRUND

WEIL ES EIN GRUND IST, AUFS LAND ZU ZIEHEN

Ein Blick in den Bericht des Statistischen Landesamtes von Rheinland-Pfalz aus dem Jahr 2013[7] offenbart es: Von insgesamt 6.600 Käufen neu erschlossenen Baulands wurden 2.300 in Gemeinden mit weniger als 2.000 Einwohnern getätigt. In solchen mit über 100.000 Einwohnern gab es hingegen nur 260 Käufe. In Städten mit über 200.000 Einwohnern nur acht Stück. Natürlich sind die Kosten für ein Grundstück in Städten wesentlich höher, und Platz ist rar. Der meiste Platz ist außerhalb verfügbar. Aber auch wenn die Gemeinden außerhalb über mehr Fläche verfügen, regeln auch hier Angebot und Nachfrage den Markt. Würde niemand aufs Land ziehen wollen, würden sich die Erschließungskosten für baureifes Land für die Gemeinden nicht rechnen. Unser Grundstück, in einem Sechshundertseelendorf, ist so weit ab vom Schuss, dass die Gemeinde zweimal den Quadratmeterpreis senken musste.

Dabei gibt es 111 Gründe, aufs Land zu ziehen[8], und der Traum vom eigenen Haus ist davon nur einer. Auf dem Land ist mehr Platz, die Menschen sind freundlicher, und man kennt die Nachbarn. Wir haben vor Kurzem vergessen, am Auto das Fenster zu schließen. Im Laufe des Tages klingelte es an der Haustüre. »Ihr Fenster an der Beifahrertür ist noch offen. Und es fängt gerade langsam an zu regnen«, meinte der wohlgesinnte Spaziergänger. Wann hat das letzte Mal jemand an der Wohnung im 3. OG in einem Wohnhaus in der Stadt geklingelt, weil das Autofenster am Auto drei Häuser-blocks weiter offen war? Wunschdenken, zumindest in der ano-nymen Stadt. Da muss man eher froh sein, dass am Tag danach noch alles im Auto ist. Erst kürzlich haben wir vergessen, das Auto abzuschließen. Wieder einmal strömender Regen. Also schnell ins Haus. Dummerweise lag in der Mittelkonsole des Wagens das Portemonnaie. Geld war keines darin, aber Führerschein, Ausweise und jede Menge Kundenkarten von Baumärkten, deren Verlust einen beim Hausbau schwer getroffen hätte. Bemerkt hatte ich es erst, als wir am kommenden Morgen wieder zur Arbeit fuhren. Zum Glück verhält sich die Kriminalität in Relation zur Größe der Gemeinde. Je größer, desto höher die Kriminalität. Ländliche Ge-biete sind weniger betroffen als große Städte[9]. Die Sache mit dem Aufs-Land-Ziehen war also eine gute Entscheidung. Nicht nur auf-grund der geringeren Kriminalität. Hier hilft man sich gegenseitig, grüßt sich und unterhält sich auch einmal mit den Nachbarn von nebenan.

11. GRUND

WEIL MAN ES EINMAL RICHTIG MACHEN KANN

Klaus-Jürgen Bauer, Architekt aus Berufung, ist mit der Entwick-lung im Bauwesen nicht sonderlich einverstanden[10]. Polystorol ist die Ursache seines Unmuts. Vorzugsweise Altbauten werden nach und nach mit dem weißen Wundermittel aus den 50ern vor Kälte und Hitze abgeschirmt. Die Idee ist simpel. Das überwiegend aus Luft bestehende Material ist nahezu unschlagbar in einer ganz speziellen Eigenschaft: Der ursprünglich als Verpackungsmaterial gedachte Werkstoff wird im Hausbau zur Dämmung eingesetzt. Häuser verpacken, das liegt ja quasi auf der Hand. Dabei stellt sich die Frage, ob denn all die Häuser, die heute mit Styroporplatten verkleidet werden, damals tatsächlich so schlecht gebaut wurden. Heute werden Neubauten, laut Bauer, oftmals zweimal gebaut. Das erste Mal aus dem eigentlichen Baumaterial, das zweite Mal mit der Isolation. Ob und wie die zusätzliche Isolation tatsächlich einen Mehrwert bringt, scheint oftmals ein Streitthema zu sein. Und wie in allen Bereichen im heutigen Leben gibt es Studien dafür als auch dagegen.

Wir selbst haben am Elternhaus diese fragwürdige Entwicklung erlebt. Vor 15 Jahren wurde die erste Schicht Styropor auf die Fassade aufgebracht. Ganze 100 Millimeter Dämmmaterial auf zahlreichen Quadratmetern. Tatsächlich konnte man in kalten Wintermonaten spüren, dass die Wände nicht mehr so schnell abkühlten. Das Teufelszeug wirkte! Das aufgebrachte Dämmmaterial hatte natürlich auch Nachteile. Während der Altbau ursprünglich diffusionsoffen war, galt es, nach der Dämmung die Sache mit dem Luftaustausch abzuschreiben. Bei der diffusionsoffenen Bauweise werden die Schichten von innen nach außen immer luftdurchlässiger. Somit kann Luft und damit auch Feuchtigkeit nach außen strömen. Klebt nun quadratmeterweise Styropor auf der Wand, können Luft und Wasser maximal in die Wand, aber nicht mehr nach außen gelangen. Außerdem haben Altbauten selten eine Lüftungsanlage. 15 Jahre später haben wir nun erfahren, dass die damals aufgebrachten zehn Zentimeter Dämmung 2015 nicht mehr genügen. Um die Dämmung positiv der Energiebilanz eines Hauses zuzurechnen, sind heute mindestens 200 Millimeter Dämmung erforderlich. 50 Jahre hat das Häuschen nun Wind und Wetter getrotzt, bis es den neusten Anforderungen nach gedämmt wurde, weil Opa das damals wohl nicht richtig gemacht hat. Der weiße Kunststoff wurde damals nämlich erst erfunden. Nur wenige Jahre später wird gesagt, die damals aufgebrachte Dämmung genügt nicht. Aber, die weißen Styroporplatten gelten ab 2016 als Sondermüll. Lückenloser Nachweis der Entsorgungswege gibt es als Bonus obendrein vom Gesetzgeber als Vorschrift. Weder in den Kunststoffabfall noch in den Baumischabfall dürfen die Platten gelangen. Und wehe dem, der das fragliche Zeug auf seinem Neubau findet. Da darf die Sondermüllentsorgung gleich zu Beginn beantragt werden.

Ein Hausbau gibt Gelegenheit, all diesen Problemen aus dem Weg zu gehen und alles richtig zu machen. Die richtige Bauweise und die Auswahl nachhaltiger Materialien vorausgesetzt. Michael, ein Arbeitskollege, stand vor Kurzem ebenfalls vor der Qual der Wahl des richtigen Bauträgers. Auch er hat sich für eine diffusionsoffene Bauweise entschieden. Ganz ohne Polystyrol. »Das kommt mir nicht ins Haus«, sagte er mit einem Lächeln, erfreut über sein Wortspiel.

WEIL SONST DIE ANDEREN BAUEN

Wer sich nicht in der glücklichen Situation befindet, ein Baugrundstück als Geschenk zu erhalten oder, auch wenn es eine weniger glückliche Situation darstellt, zu erben, wird sich letzten Endes auf den Wettstreit um ein Baugrundstück einlassen müssen. Eine einfache, wenn auch nicht die günstigste Art, an Bauland zu gelangen, ist der Weg über die Bauträger. Diese kaufen Bauland und verkaufen dieses, inklusive des zu bauenden Hauses, an den Interessenten. Je nach Bauträger hat man hierbei die Möglichkeit, den Haustyp auszuwählen oder auf die Architektur Einfluss zu nehmen. Gegen Aufpreis, wohlgemerkt! Je nach Lage ist bei diesen Angeboten nicht zwingend Eile angesagt. Hier ist es nämlich wie mit einem altmodischen Herrenanzug. Die Kombination aus Ober- und Unterteil muss erst einmal zusagen. Dabei kann es unter Umständen vorkommen, dass die Kombination aus Bauträger und Grundstück zu einem regelrechten Ladenhüter wird, ähnlich einer schlechten Anzugskombination.

Fast genauso einfach scheint der Gang zum Makler, der sich, anstelle des Bauinteressenten, auf die Suche nach einem passenden Grundstück macht. Natürlich immer gegen eine entsprechende Entlohnung. Der Vorteil: Der Makler kennt den Markt, und mit etwas Glück auch Quellen, die sonst dem dahergelaufenen Interessenten verschlossen sind. Mit genügend Ausdauer kann sich der Bauinteressierte aber auch selbst auf die Suche machen. Anzeigen in Lokalzeitungen wälzen, die zahlreichen Immobilienportale im Internet durchsuchen und Angebote von Gemeinden durchforsten.

Speziell die letztere Variante schürt den Wettbewerb durch unterschiedlichste Kaufbedingungen. So wird in der Gemeinde Ried der beste Bewerber mittels eines Punktesystems ermittelt[11]. Gemeindeansässige Bewerber, also jene, die bereits mehr als fünf Jahre in der Gemeinde wohnen, erhalten zwei Punkte. Wer bereits in genau dem Ortsteil wohnt, in dem das neue Baugebiet liegt, erhält pro dort verbrachtes Jahr zehn Punkte. Wer früher einmal in der Gemeinde wohnte und nun dort bauen möchte, erhält pro Jahr, das er einst in der Gemeinde verbrachte, wieder zwei Punkte. Kinder bis sechs Jahre werden mit je 20 Punkten bewertet, ältere Kinder entsprechend geringer. Ehrenamtliche Tätigkeit wird mit je einem Punkt pro Jahr vergütet. Wer übrigens weniger als fünf Jahre in der Gemeinde sesshaft ist oder von außerhalb stammt, wird beim Bewerberverfahren überhaupt nicht berücksichtigt. Während das Bewertungs- und Vergabeverfahren an Komplexität ein wenig an das Regelwerk eines Pen-&-Paper-Rollenspiel erinnert, ist es dabei nur halb so spaßig, aber mindestens genauso aufregend. Hat man die Bewerbung, egal nach welchen Spielregeln, erst einmal bei der

Gemeinde eingereicht, gilt es, die Entscheidung der zuständigen Gremien abzuwarten. Hat man dieses Spiel aber letztendlich gewonnen, ist die Freude groß, wenn endlich der Gang zum Notar ansteht, um den Kaufvertrag zu unterzeichnen. Man ist Sieger.

WEIL DER EINKAUFSBUMMEL ANDERE DIMENSIONEN HAT

Normale Menschen gehen samstags shoppen. Schaufensterbummel und in Geschäften stöbern, Preise vergleichen, sich über Produkte informieren und Angebote abstauben. Eine ganz gewöhnliche Einkaufstour. Bauherren sind nicht normal. Nicht in dieser Beziehung. Bauherren schlendern durch den Baustoffhandel, Bau- und Gartenmärkte und besuchen Fertighauscenter. Es gibt Bauwütige, die vor dem Hausbau so ziemlich jede Fertighausausstellung besucht haben, die es hierzulande gibt. Bauträger haben meist nur ein Haus pro Gelände. Mehrere Hundert Kilometer voneinander entfernt. Das ist für manche Bauherren normal. Andere fahren Musterhäuser ab. Auch hier können durchaus größere Kurztrips durch die Republik angesagt sein. Besonders Hartgesottene fahren gerade fertiggestellte Häuser ab. Viele Bauträger bieten einen Tag der offenen Tür an. Zum Reinschnuppern, Stöbern und »Nur-mal-Umschauen«. Mit einem kleinen Umtrunk wird das Gebäude dann schmackhaft gemacht. Zurück kehrt man dann mit jeder Menge Prospekten und Katalogen als Reiselektüre. Ein Prozess, der sich über mehrere Monate hinziehen kann. Später im Bauverlauf wird der Baustoffhandel und Baumarkt zum favorisierten Einkaufsziel. Die meisten Baumärkte bieten inzwischen Kundenbindungsprogramme an. Gestaffelte Rabatte, bis zu zehn Prozent bei einem Jahresumsatz von über 1.000 Euro. Lachhaft für echte Bauherren. Der geübte Hausbauer schafft es, diese Summe bei einem einzigen Be-

such umzusetzen. Wir besitzen inzwischen von jedem Baumarkt in der Umgebung Kundenkarten. Die Goldene, das versteht sich von selbst. Bei manchen Händlern erhalten wir bereits die identischen Rabatte wie Handwerkerbetriebe.

Gartenausstellungen, Sanitärfachhandel, Fliesengeschäfte, der Einkaufsbummel auf endlos scheinenden Ausstellungsflächen wird normal. Anders als beim normalen Einkaufsbummel, lässt man sich die Ware überdies liefern. Ein zwar meist teurer, aber notwendiger Luxus, da nicht jeder Bauherr über einen eigenen Lkw verfügt. Überhaupt werden während des Hausbaus Lkw von Speditionen und Lieferdiensten das Haus, oder das was einmal sein wird, öfter anfahren als das Postauto das gesamte Jahr nach dem Einzug. Daher empfiehlt es sich auch, groß und unverkennbar die zukünftige Hausnummer aufzustellen. Es wäre nicht das erste Mal, dass die Spedition die Ware zwei Bauplätze nebenan abgestellt hat. »Lieferung frei Bordsteinkante« hat in so einem Fall einen Haken, insbesondere, wenn die Lieferung vier Tonnen wiegt und auf dem falschen Grundstück steht.

Wer selbst einkauft, kauft mit dem Anhänger ein. Da passt ordentlich was rein, und dem Nachbarn kann man auch eine Kleinigkeit mitbringen. Beispielsweise zehn Sack Zement. Eingekauft wird auch immer zu zweit. Fast alles, was für den Hausbau gekauft wird, ist sperrig, schwer und tut unheimlich weh, wenn es auf den Fuß fällt. Was sich im ersten Moment ungeheuer anstrengend anhört, macht allerdings richtig viel Spaß. Fünf Kubikmeter Kies, zehn Paletten Mauersteine, zwei Lkw-Ladungen Fertigzement. Das ist eine Einkaufsliste, die man nur kennt, wenn man ein Haus baut. Das darf man ruhig genießen. Denn nach dem Hausbau sehen die Einkaufslisten, im Vergleich dazu, wieder ziemlich langweilig aus. Zwei Gurken, Milch und Klopapier. Der normale Supermarktalltag holt einen schnell genug wieder ein.

WEIL ES ZU WENIG SPIESSER GIBT

Wer kennt sie nicht, die Werbespots der Bausparkasse LBS[12], musikalisch unterlegt mit Beethovens *Ode an die Freude*, und den daran angelehnten Titel »Ode an die Spießigkeit«, dessen Slogan »Entdecken auch Sie den Spießer in sich« sich eindringlich und mit gutem Erfolg in eines jeden Gedächtnis einbrennt. Dabei ist die Herkunft des Wortes »Spießer« alles andere als negativ belegt. Früher rotteten sich Bewohner einer Stadt mit Spießen bewaffnet zusammen, selbige gegen Eindringlinge von außen zu schützen. Zum Glück muss heute keiner mehr mit Spieß und Lanze seinen Grund und Boden verteidigen. Trotzdem, ein wenig Spießbürgertum bricht wohl in jedem Hausbesitzer früher oder später durch. Das hat auch Konrad Adenauer bereits festgestellt. Mit dem Gedankengang »Wer ein Haus baut, der macht keine Revolution«[13] lag er gar nicht so falsch. Auch wir haben uns schon frühzeitig über die Einfriedung des Grundstückes Gedanken gemacht. Ob es nun der Gartenzaun, der Sichtschutz oder die Hecke ist, es scheint, als ob »Spießer sein« jedem im Blut liege. Man möchte ja auch irgendwann zur Ruhe kommen. Da bietet ein Haus das richtige Umfeld. Eine Schutz-

sphäre für den Spießer, zur individuellen Selbstverwirklichung. Beim echten Spießer gehört dann auch gleich ein Hund zum Haus. Ein Deutscher Schäferhund oder ein Dachshund, abhängig vom zur Verfügung stehenden Platz[14]. Gleichwohl der Dackel eher zur Belustigung, weniger zum Schutz geeignet ist, sorgt ein Hund, gleich welche Rasse, für die nötige Sicherheit im Spießerleben. Wie die Kölner Studie aus dem Jahr 2011 zeigt, scheitern nämlich 1,29 Prozent der Einbrüche an einem Hund[15].

Ob mit oder ohne Hund, vorbei sind die Zeiten, in denen die WG-Tür jedem offen stand. Rückzug ist angesagt, die Zustände einer Jugendherberge in den eigenen vier Wänden gehören nun der Vergangenheit an. Wo früher Tür und Fenster offen standen, wird heute ein Riegel vorgeschoben. Die neuste Art der Spießbürgerlichkeit wird nun auch Cocooning genannt. Der Rückzug in die eigenen vier Wände, ins Privatleben. Das Leben entschleunigen, das Sein wichtiger als das Haben, alles Phänomene dieser neumodischen Bewegung, die oftmals mit dem Wunsch verbunden ist, sich selbst zu verwirklichen. Raus aus der Stadt, weg aufs Land. Raus aus der Wohnung, rein ins Haus und endlich Spießer sein.

15. GRUND

WEIL HAUSBAUER DIE PERFEKTEN GRUNDSTÜCKE FINDEN

Der Hausbau fängt immer mit einem Grundstück an. Ohne Baugrund kein Hausbau. Ganz einfach. Die Suche nach dem richtigen Grundstück gleicht dabei der Suche nach der Nadel im Heuhaufen. Da kann man durchaus einen Satz Reifen auf der Straße lassen, bis das richtige Grundstück gefunden ist. Aber Ausnahmen bestätigen die Regel. So manch ein Glückspilz bekommt das Grundstück aus den Reihen der Familie. Da sagt man wohl nicht Nein und macht vielleicht auch hinsichtlich der Lage einen kleinen Abstrich. Das kann man wettmachen. Hausbauer sind Individualisten. Das Reihenhaus kommt für die wenigsten infrage. Das ist Sache der Bauträger, die Grundstücke kaufen, mit möglichst vielen Wohneinheiten bebauen und dann veräußern. »Hausbau Light« sozusagen. Man kauft ja nur. Manchmal geht es aber nicht anders. Vielleicht gibt es sonst in der Nähe keine anderen Grundstücke, dann muss man in den sauren Apfel beißen und eine Doppelhaushälfte bauen. Eine Doppelhaushälfte ist immerhin besser als überhaupt kein eigenes Haus, auch wenn der Bau schon fast einer Art Gruppenzwang gleicht. Die Gestaltungsmöglichkeiten sind hier meist eingeschränkt. Aber, immerhin, man baut sein eigenes Haus.

Mit entsprechend Geduld findet sich jedoch meist das ideale Grundstück. Darf es näher an der Stadt oder draußen auf dem Land sein? In der Nähe von Wasser oder eher oben auf dem Berg? Viel Garten für Naturliebhaber oder eher weniger für all jene, denen der grüne Daumen fehlt? Wer wenig Haus baut, der geht auch manchmal Kompromisse ein. Für das Traumgrundstück ein paar Kilometer weiter zur Arbeit fahren? Einen nicht einleuchtenden Bebauungsplan in Kauf nehmen? Was akzeptiert man nicht alles für ein eigenes Stück Land. Die richtig, also wirklich richtig Hartnäckigen finden jedoch die richtig tollen Grundstücke. Meistens die, vor denen Bauträger zurückschrecken. Am Ende soll für die ja meist etwas dabei herumkommen. Das Risiko für Mehrausgaben und die Herausforderung, dann einen Käufer zu finden, der das »ganz besondere« Grundstück möchte, lässt die meisten Bauträger hiervon Abstand halten. Umso besser für den gewillten Bauherrn. Solch besondere Grundstücke bedürfen oft einer genauso besonderen Planung. Im Nachbardorf wurde das halbe Grundstück aus dem Hang gegraben. An anderer Stelle musste das halbe Grundstück aufgeschüttet werden. Vielleicht haben die beiden sich abgesprochen. Lohnenswert wäre es allemal gewesen, hätten sie den Aushub einfach getauscht. Dafür gibt es in vielen Regionen Tauschbörsen. Klingt absurd, ist aber wahr. Zwei Lkw-Ladungen Mutterboden für eine Ladung Lehm. Bauherren werden kreativ, wenn es darum geht, das Beste aus dem Grundstück rauszuholen. Das perfekte Grundstück, das ist Liebe auf den ersten Blick. Gibt's nicht? Dachten wir auch. Gibt's aber sehr wohl. Beim ersten Grundstück waren wir noch nicht sicher. Tagein, tagaus haben wir gegrübelt: Passt die Lage, gefällt die Aussicht, wie ist die Nachbarschaft? Wir haben jeden Tag gesagt: »Rufen wir morgen an?«, aber daraus wurde morgen dann doch nichts. So zieht es sich in die Länge, wie ein Kaugummi, der am Schuh klebt. Unangenehm, aber wegmachen möchte man es ja auch wieder nicht. Man läuft einfach weiter, in der Hoffnung, das verteilt sich mit der Zeit. »Vielleicht kauft es ja jemand anderes …«, dann wäre das Problem gelöst. Das zweite war perfekt. Die Lage, der Preis. Ein paar Tage später war das Grundstück reserviert. Das erste hatten wir schon vergessen. Hätten wir das zweite nicht genommen, würden wir uns heute noch ärgern. Und siehe da, genauso geht es einem unserer neuen Nachbarn. Wochenende für Wochenende schleichen sie um ihr neues Kleinod. Wir schmunzeln. Haben wir damals genauso gemacht. Auch bei denen ist es wohl Liebe auf den ersten Blick. Uns gefällt deren Grundstück überhaupt nicht. Unser Grundstück gefällt uns viel besser, obwohl es nur einen Steinwurf weit entfernt ist. Beide sind perfekt, für jeden von uns.

KAPITEL 2

WÄHREND DES BAUS

WEIL ES EINFACH AUFREGEND IST

In der Medizin ist Aufregung eine Körperreaktion auf bevorstehende oder auch unvorhergesehene Ereignisse. Von beidem gibt es genügend während der Bauphase. Selbst das ruhigste Gemüt wird beim Hausbau mindestens einmal in Aufregung versetzt, sei es nun ob der bevorstehenden Richtung oder aufgrund eines Nahezufiaskos. Ein Merkmal der Aufregung ist unter anderem der unbewusste Drang, dem Urreflex des Weglaufens nachzugeben. Aber auch Versprecher und der ungeschickte Umgang mit Gegenständen aller möglichen Art, auf dem Bau bevorzugt Werkzeug, sind erkennbare Symptome der Aufregung.

Was heißt das also für die Bauherren? Aufregung sorgt für erhöhte Verletzungsgefahr bei Eigenleistungen, unmittelbare Absturzgefahr vom Gerüst und unzählige Momente ausgeprägter Situationskomik, wenn eben besagter Bauherr dem zuvor genannten Urtrieb nachgibt und mit fuchtelnden Armen Hals über Kopf den Bauplatz verlässt.

Ein gesundes Maß, beispielsweise verpackt in Vorfreude, sollte sich jedoch jeder gönnen. Von der Natur ist die Aufregung schließlich dafür gedacht, sich auf eine Situation vollständig zu konzentrieren. So ist die Aufregung, hinsichtlich der anstehenden Richtung eines Fertighauses, mehr als angebracht. Hier darf man sein Mitleid durchaus all jenen schenken, die diesen besonderen Moment verpassen. Dieser und ähnliche Momente sollten also gänzlich den positiven Aspekten der Aufregung zuträglich sein.

Anders sieht es mit den unvorhergesehen aus. Hier gilt es, Ruhe zu bewahren. Je früher man sich bewusst macht, dass auf einer Baustelle so einiges schiefgehen wird, desto weniger muss man sich dem vereinnahmenden Wesen der Aufregung hingeben. Ein guter Bauleiter sollte hier schon einmal einiges bewirken. Auch ein unabhängiger Gutachter, entweder über den Bauherren Schutzbund[16] oder anderen Prüfungsinstituten der Privatwirtschaft, hilft, Aufregung am Bau durch die sogenannte baubegleitende Qualitätskontrolle zu vermeiden. Dann ist es zwar nur halb so aufregend, was in diesem Fall jedoch nicht das Schlechteste ist.

WEIL EIN DIXI-KLO DER STARTSCHUSS IST

Eines Morgens hat unser zukünftiger Nachbar ein Foto per Smartphone geschickt. Das Dixi-Klo wurde geliefert. Das war er also! Der Startschuss zum Bau. Ohne den aufmerksamen Nachbarn hätten wir diesen glatt überhört. Einsam und verlassen stand das Dixi so auf dem Bauplatz und ließ das kommende Treiben auf dem Grund und Boden nur erahnen.

Das Dixi war leider undicht. Es wurde nach zwei Wochen gleich wieder ausgetauscht. Das wurde bei der Routinefahrt des Dienstleisters erledigt. Dieser schaut wöchentlich mit einem Tankwagen vorbei, pumpt das Dixi aus und bestückt es mit einer neuen Ladung blauer Chemie. Unser Bauträger hat das arrangiert. Andere hatten weniger Glück. So wurde beim Bau unseres Nachbarn keine Bedürfnisstätte bereitgestellt. So kam es also des Öfteren vor, dass es an unserer Tür geklopft hat, mit der eher rhetorischen Frage, ob man unser Dixi benutzen dürfe. Nur bösartige Menschen würden in dem Fall diese Bitte ausschlagen, obgleich uns selbst die Freizügigkeit fast Probleme beschert hatte. Ein Dixi hat, selbst bei wöchentlicher Leerung, nur ein gewisses Maß an Kapazität. Unsere Handwerker haben in blumiger Sprache dargelegt, was denn alles so die Folgen sein könnten, wäre ebendiese Kapazitätsgrenze dank der hohen Laufkundschaft erreicht.

Die BG Bau hat sogar einen eigenen Baustein mit der Nummer A173[17], der die Anzahl der Bedürfnisstände abhängig von der Anzahl der Bauarbeiter regelt. Das macht durchaus Sinn angesichts des limitierten Fassungsvermögens.

Wie auch immer, so eine mobile Bedürfnisstätte ist eine feine Sache. Unser Dixi hat uns dann gleich einige Monate begleitet, und am Ende ist uns gar nicht aufgefallen, dass es plötzlich wieder weg war. Auch in diesem Fall war es unser aufmerksamer Nachbar, der uns darauf hingewiesen hat. Seither fällt uns jedoch immer wieder auf, wenn auf einem Grundstück ein verlassenes Dixi steht. Da wissen wir gleich, hier geht es bald los. Ein Dixi kann Grund für Heiterkeit und Abenteuer auf der Baustelle sein. Während Bekannte auf dem Weg zu ihrem Baugrundstück waren, wurden sie von mehreren Einsatzfahrzeugen der örtlichen Feuerwehr überholt. Da stockt das Herz. Die ersten Gedanken gelten der Baustelle. »Hoffentlich ist nichts passiert. Hoffentlich steht der Rohbau nicht in Brand. Hoffentlich hat sich kein Bauarbeiter verletzt«, alles Gedanken, die dem besorgten Bauherrn in einer solchen Situation durch den Kopf schießen. Tatsächlich war das Dixi Auslöser des Großeinsatzes. Der gesamte Fuhrpark der örtlichen Feuerwehr war ausgerückt. »Großeinsatz. Dixi-Klo in Brand«, stand auf dem Pager des Feuerwehrmanns, der dies, mit einem Schmunzeln im Gesicht, der inzwischen erleichterten Bauherrin zeigte. Diese Art von Aufregung hat man sich bei Baubeginn sicherlich nicht vorgestellt. Aber auch hier war das Dixi erst der Startschuss zu all dem, was noch kommen wird.

WEIL MAN FAST NICHTS TUN MUSS

Natürlich ist »nichts tun« bei einem Hausbau durchaus untertrieben. Einige Kleinigkeiten gibt es für jeden Bauherrn zu tun. Grundstück kaufen, Bauvertrag abschließen, Hausübergabe und der Einzug. Mit dem entsprechenden Kleingeld ausgestattet und einem ordentlichen Plan, kann – stellt man sich nicht gerade sonderlich ungeschickt an – man nahezu allem auf und um dem Hausbau entgehen. Heute sieht man sich überwiegend mit vier Ausbaustufen konfrontiert. Das Ausbauhaus ist meist die »kleinste« Variante, die beispielsweise von Fertighausherstellern angeboten wird. Das Sparmodell unter den Fertighäusern verlangt dem Hausbauer das größte handwerkliche Geschick ab. Hier müssen die Heizung installiert, die Elektroinstallation verlegt und die Lüftungsanlagen eingebaut werden. Manche Fertighausfirmen liefern sogar das Baumaterial für den Innenausbau an. Dämmmaterial, Trockenbauteile und Holzverkleidungen darf der Bauherr hier selbst einbringen. Wer nach möglichst wenig Berührungspunkten mit der Baustelle strebt, sollte also diese Variante tunlichst meiden.

Die zweite Ausbaustufe umfasst meist den Rohbau. Hier darf sich der zukünftige Hausbesitzer um die Fliesen, Sanitäranlagen und die Küche kümmern oder kümmern lassen. Hier bietet sich selten die Möglichkeit, von den vorgegebenen und manchmal eingeschränkten Angeboten abzuweichen. Es gilt, handwerkliches Können gegenüber organisatorischem Talent zur Handwerkerkoordination abzuwägen. »Selbst machen oder machen lassen?«, das ist hier die Frage.

In der oftmals Dritten angebotenen Stufe sind auch diese Arbeiten erledigt. Dem versierten Hobbyhandwerker obliegt hier oft noch das Verlegen von Bodenbelägen nach eigenem Geschmack und Können und das Streichen oder Tapezieren von Wänden.

Das ultimative Glück für den Sofortgenießer ist jedoch, das Haus schlüsselfertig zu erhalten. Hier muss nur noch eingezogen werden. Nicht nur der Rohbau steht, sondern auch der Innenausbau ist dann erledigt. Nagelneue Bodenbeläge, gestrichene Wände. Eventuell auch schon die Einbauküche. Den Umzug lässt man dann vom spezialisierten Transportunternehmen erledigen. Die Lösung für alle, die nichts tun wollen. Das funktioniert, auch beim Hausbau. Wenn man möchte, muss man also fast nichts tun.

WEIL MAN DIE STRASSE SPERREN DARF

Einmal Polizist spielen und den Verkehr umleiten. Kein Problem, hierfür gilt es nur, ein Haus zu bauen. Was einem hierbei in die Hand spielt, ist der § 45 der Straßenverkehrsordnung. Natürlich, wie könnte es anders sein, gibt es hierzulande ein Formular, welches eingereicht, an ein Amt, dem Bauherren ermöglicht, die Straße zu sperren. Selbstverständlich gibt es hierfür allerhand Regeln zu beachten, und Gebühren, wie könnte es anders sein, werden obendrein fällig. Auch die Sperrung selbst kostet Geld. Schilder müssen geliehen oder gemietet und unter Umständen eine Baufirma mit der Aufstellung und Prüfung beauftragt werden. Im städtischen Umfeld ist das eher ein heißes Eisen, auf dem Land hingegen wird es eher pragmatisch gehandhabt. Je nach Baumaßnahme ist die Sperrung ein Glanzstück an Projektmanagement und Timing. Um überhaupt die Erlaubnis zu erhalten, müssen Pläne eingereicht werden, wo welche Fahrzeuge und Ladung stehen werden. Als wüsste man das bereits Wochen vor dem Baubeginn. Überdies ist ein Zeitplan vorzulegen, wann welche Fahrzeuge an- und abfahren. Wer sich jetzt schon etwas mit dem Thema Bau befasst hat, sollte wissen, dass nichts nach Plan läuft. Unsere Sperrung war von morgens sieben Uhr bis zum Folgetag um 14 Uhr genehmigt. Das letzte Schild wurde um 13:56 Uhr, von uns höchstpersönlich, abgebaut. »Just in time«, sozusagen. Im Vorfeld galt es noch, die Nachbarn zu informieren, beispielsweise, dass am Vorabend das Auto vielleicht an einer anderen Stelle geparkt wird, sonst wäre ein unfreiwilliger Urlaubstag erforderlich.

In den meisten Fällen dürfte es jedoch überhaupt nicht notwendig sein, überhaupt jemanden über die Sperrung zu informieren. Eine Straßensperrung wird angekündigt, in der Lokalzeitung, in Amtsblättern und auf den Internetseiten der Gemeinde. Die Sperrung an sich dürfte in den wenigsten Fällen für Aufmerksamkeit sorgen. Es scheint jedoch ein Naturgesetz zu sein, dass durch die Ankündigung am Tag der Sperrung deutlich mehr Verkehr vor Ort zu sein scheint als an jedem anderen Tag. Tatsächlich fallen die Massen an Besuchern dann nicht mehr in die Kategorie der Schaulustigen. Diese finden sich nämlich spontan zur Beobachtung eines Ereignisses ein. Die Sperrung ist eine Ankündigung. Sozusagen eine Einladung zur Beobachtung. Da geschieht etwas Großes. Da müssen alle hin. Und hier schließt sich der Kreis. Es scheint, als ob die Sperrung nicht notwendig sei, um den Verkehr umzuleiten, sondern um die Schaulustigen vom Ort des Geschehens fernzuhalten. Das können wir zwischenzeitlich empirisch belegen. Bei Nachbarhäusern, die in einer Sackgasse gebaut wurden, daher keine Sperrung notwendig war und somit keine Ankündigung erfolgte, blieben die Schaulustigen aus. »Quod erat demonstrandum«, würde der Mathematiker jetzt sagen. Die Sperrung ist im Übrigen ein echter Meilenstein. Wer wie wir eigenhändig die Schilder abbaut, hat eine Etappe geschafft. Das erhabene Gefühl, den Verkehr jetzt wieder seine geordneten Bahnen fließen zu lassen. Das Gefühl sollte man sich, wenn möglich, auf keinen Fall nehmen lassen.

WEIL HANDWERKER NETTE LEUTE SIND

Nachdem Bank- und Verkaufsgespräche überstanden waren, gab es einen Termin mit dem Architekten. Unser Architekt schaut sich gerne die Baustellen an, um die Ausrichtung und Höhe des Gebäudes nochmals zu prüfen, nur um sicher zu sein, dass das, was auf dem Papier so entsteht, auch wirklich passt. Das kann mit oder ohne Bauherrschaft geschehen. Mit etwas Glück hat man dann auch schon den eigenen Bauleiter kennengelernt, vielleicht sogar bei einem vorherigen Termin, wenn der Bauleiter sich einen Überblick verschafft.

Mit der Baustellenabsprache geht es dann so richtig los. Hier kommen Bauleiter, Erdarbeiter, Rohbauer und der Vermessungsingenieur zusammen. Inmitten aller Fachausdrücke und Absprachen, ganz alleine und verloren, der Bauherr. Nicht einschüchtern lassen, heißt hier die Devise, denn eigentlich sind das alles ganz nette Menschen.

Ähnlich verhält es sich mit den Handwerkern, Bautrupps und Kolonnen, die, nur kurze Zeit später, nach und nach die Baustelle besuchen. Auch hier darf man sich, von blumiger Sprache und zeitweisen bildhaften Ausdrücken, nicht abschrecken lassen. Es lohnt sich allemal, die Handwerker näher kennenzulernen. Gerade bei Zimmerleuten und Maurern, die Tage oder Wochen auf der Baustelle zugegen sind, bietet sich oft die Gelegenheit für einen Plausch. Geschichten gibt es ja zuhauf von den Montagen zu berichten. Die Jungs kommen viel rum, haben viel zu erzählen. Wir haben die Zimmerleute fast täglich mit Leckereien versorgt. Wasser, Tee und Kaffee, belegte Brötchen, süße Stücke wurden dankend entgegengenommen. Wir haben uns einfach gedacht, wer lecker Essen hat, kann auch gut arbeiten. Hier kann man Späßchen machen und ein gutes Verhältnis aufbauen. Wie man schon seit dem 13. Jahrhundert

in der Redensart sagt: »Wie man es in den Wald ruft, so schallt es heraus.« So wurde uns durchaus der eine oder andere Extrawunsch erfüllt, der vermutlich den meisten Bauherren verwehrt blieb. Auch die restlichen Monteure haben sich gefreut, bedankt und sind auch gerne wiedergekommen. »Vielen Dank für lecker Speis und Trank«, haben wir mehr als einmal wohlwollend vernommen. »Tatsächlich lassen die meisten Bauherren heutzutage nichts mehr springen«, berichtet uns einer unserer Zimmerleute aus der Berliner Gegend mit dem, für die Hauptstadt so typischen Akzent. Früher war das wohl anders. Da galt die Verpflegung, unter anderem während des Richtfestes als Teil der Entlohnung der Handwerksburschen. Gerade wer Eigenleistung plant, sollte die Handwerker auf seiner Seite wissen. Da ist es egal, ob es eine kleine Hilfestellung oder ein wertvoller Tipp ist, denn Handwerker sind nette Leute.

21. GRUND

WEIL MAN DEN ANDEREN BEIM ARBEITEN ZUSEHEN KANN

Noch am Vorabend der Richtung wird der Gartenpavillon aufgestellt. Da die Nachbarn noch nicht mit dem Bau begonnen haben, kann das weiße Zelt mit Heringen auf dem Nachbargrundstück aufgebaut werden. Wo zukünftig geschniegelte Reihenhäuser stehen werden, wartet heute unberührtes Bauland mit kniehohen Wiesenblumen auf. Die Idee mit dem Pavillon war gar nicht so schlecht. Für den Tag der Richtung ist, laut Vorhersage für den kommenden Tag, nicht das beste Wetter zu erwarten. Es wird aber auch nicht zu kalt oder zu windig. So kann das Spektakel seinen Lauf nehmen.

Der Bauherr richtet das Erlebnis der Hausrichtung als höchstpersönlichen Feiertag aus. Neben dem Pavillon wurde reichlich Essen und Trinken organisiert und die gesamte Familie geladen. Campingstühle und -liegen wurden adrett positioniert und Eis für die Kühlbox an der nächsten Tankstelle gekauft. Drei Tage lang konnte man so den Bautrupp bei der Richtung des Hauses beobachten. »Anderen beim Arbeiten zuschauen ...«, säuselt der Bauherr mit verschmitztem Blick. Da er kein Unmensch ist, wurden die Arbeiter natürlich mit Speis und Trank beglückt. Man wollte ja schließlich, dass ordentlich gearbeitet wird. Natürlich durften an dieser Stelle auch Fotoapparat und Camcorder nicht fehlen, um das Erlebnis für die Nachwelt festzuhalten.

Wer es also geschickt anstellt, erhält gleich zwei Dinge auf einmal: ein eigenes Haus und jede Menge Unterhaltung. Wenn die schweren Laster anrollen, der Autokran die ersten Fertighausteile hebt oder die Betonpumpe Kubikmeter um Kubikmeter Fertigbeton in den Erdboden verfrachtet, auf einer Baustelle gibt es immer viel Spannendes zu beobachten. Für den einen sind die akrobatischen Leistungen der Zimmerleute auf dem Dachstuhl spannend, für die anderen die großen und schweren Maschinen faszinierend. Und selbst wer keinen Bezug zu den ausgeführten Arbeiten findet, kann sich einen schönen Tag mit der Familie machen. Auch mit den neuen Nachbarn, sofern es bereits welche gibt, kann man dann bereits ins Gespräch kommen. Denn auch Nachbarn schauen unheimlich gerne anderen bei der Arbeit zu.

22. GRUND

WEIL JEDER EINMAL MIT EINER NAGELPISTOLE SPIELEN SOLLTE

Während unsere Zimmerleute auf dem Bau waren, haben wir sie jeden Tag besucht. Entweder, um etwas zum Essen vorbeizubringen, oder einfach, weil wir unendlich neugierig waren. Die Männer haben es mit Gelassenheit hingenommen und sich sogar darüber ausgelassen, dass es viele Baustellen gäbe, bei denen sich die Bauherren kein einziges Mal blicken lassen. Danke der vielen Tipps und Tricks, die wir in der Zeit gelernt haben, fühlen wir uns schon fast in der Lage, das nächste Haus komplett alleine zu zimmern. Allerdings hat sich die Arbeitsweise der Zimmerleute in den letzten hundert Jahren durchaus geändert. Wer das Bild des Amischen im Kopf trägt, mit Hut und weißem Hemd, der in bemerkenswerter Weise mit Hämmern einen Dachstuhl zaubert, wird von heutigen Zimmerleuten eher enttäuscht werden. Hier hat der industrielle Fortschritt auch auf dem Dachstuhl Einzug gehalten. Benzinbetriebene knatternde Kettensägen, elektrische kreischende Kreissägen und druckluftbetriebene hämmernde Nagelpistolen gehören wohl heute zur Standardausstattung eines Zimmermanns. Da werden Dachstühle nicht mehr genagelt, sondern zusammengeschossen. Was zunächst nach mutwilliger Abrissarbeit klingt, kann eher als ein Akt der Bewehrungseinbringung in das Holz verstanden werden. Nägel werden dabei mit der Nagelpistole, oder, wie wir gelernt haben, mit dem Druckluftnagler, in das Holz geschossen. Dabei können, je nach Gerät, bis zu 20 Nägel die Minute mit bis zu acht Bar verschossen werden. Die Präzision sei, bei dieser Geschwindigkeit, jedoch infrage gestellt. Wie es der Zufall so wollte, hatten wir die Gelegenheit, selbst Hand anzulegen, und wir durften mit dem Druckluftnagler einige Latten befestigen. Druckluftkompressor und Nagelpistole spielen dabei in gänzlich anderen Klassen als die für ein paar Euro erhältlichen Hobbygeräte aus dem nahe gelegenen Baumarkt. Trotzdem, oder gerade deswegen, galt es, die Chance zu ergreifen und am eigenen Haus mitzubauen. Natürlich suchte der erfahrene Zimmermann eine Stelle aus, die bei falschem – und wohl auch abzusehendem – Umgang mit dem Werkzeug durch den Bauherrn am wenigsten Schaden davontragen würde. Statisch tragende Bauteile waren also für den Bauherrn tabu. Das Ergebnis waren Doppelschläge, die aufgrund des Rückschlags der Maschine den Balken neben dem Nagel mit einer zusätzlichen Delle versahen. Die durch den Bauherrn besonders verzierten Balken wurden unter

Trockenbauplatten verborgen, jedoch nicht ohne das wohlwollende Wissen, dass dieser Balken von einem selbst »geschossen« wurde.

Je nach Vorlieben kann man sich durchaus überlegen, was man denn gerne ausprobieren möchte. Diese Gelegenheit ergibt sich vielleicht niemals wieder. Neben dem Arbeiten mit Holz werden beispielsweise noch Maurerarbeiten, Betongießen oder Erdarbeiten mit dem Bagger, wenn auch nicht immer offiziell, angeboten. Natürlich immer die korrekte Schutzausrüstung und Einweisung vorausgesetzt, ist die eigene Baustelle ein gewaltiger Abenteuerspielplatz für den Bauherrn – und manchmal auch für die Bauherrin. Da hier die Gewährleistung des Bauträgers und eventuell auch versicherungstechnische Belange eine Rolle spielen, sollte dem Beispiel nicht allzu leichtfertig Folge geleistet werden. Aber um ehrlich zu sein, es gibt Häuser, die wie bei unserem Nachbarn fast ausschließlich in Eigenleistung erbracht werden. Hier darf man sich den Druckluftnagler für den täglichen Einsatz getrost ans Holster hängen.

23. GRUND

WEIL MAN EINMAL IM LEBEN SO RICHTIG VERZWEIFELN MUSS

Laut der Prüfinstitution DEKRA wird durch Pfusch am Bau jährlich ein Schaden in Höhe von 1,4 Milliarden Euro verursacht. Außerdem wurden laut dem Statistischen Bundesamt 2015 mehr als 70.000 Einfamilienhäuser neu errichtet[18]. Rein rechnerisch dürfte somit jeder Bauherr mit gut und gerne 20.000 Euro Pfuschbeseitigung rechnen. Der Pfusch scheint bereits eine solche Tradition zu haben, dass es ganze Buchreihen zum Thema gibt. Ein Blick in Kuhlmeys *Kostenfalle Hausbau*[19] bestätigt diese Annahme.

Viele Köche verderben nun einmal den Brei, und im Hausbau greifen derart viele Gewerke ineinander, dass immer etwas schiefgehen kann – und leider auch wird. Selbst bei den teuersten Projekten, mit den vermeintlich besten Architekten und Bauleitern, kann immer etwas aus dem Ruder laufen. Das Projekt BER, der Flughafen Berlin-Brandenburg, ist hierfür wohl das bekannteste und zugleich auch traurigste Beispiel. Mehrkosten in Milliardenhöhe, Hunderte Wände eingerissen und neu gebaut, kilometerweise Kabel neu verlegt, einsturzgefährdete Decken und 1.000 falsch gepflanzte Bäume sind nur einige der Mängel, die zu einem bodenlosen Fass an Mehrkosten führen.

Auch bei uns sind so einige Dinge schiefgelaufen. Wie wir mit der Zeit erfahren haben, erging es jedem Bauherrn in unserem Umfeld so oder so ähnlich. Vielleicht hatten wir alle auch einfach nur Pech. Vielleicht klappt das ja überall sonst reibungslos. Wir bezweifeln das jedoch. Je mehr man plant, und je mehr man sich auf diesen Plan versteift, desto eher sucht einen die Verzweiflung heim. Wer im Übrigen meint, wenn er sich aus dem Ganzen heraushält, dann würde nichts schiefgehen, dem sei versichert: weit gefehlt! Der Pfusch kommt ans Tageslicht. Wenn nicht heute, dann in zwei, fünf oder zehn Jahren. Wenn das erste Rohr verstopft ist, die Wand ausblüht oder der Boden absackt. Dann doch lieber bereits während des Hausbaus das absolute Maß der Verzweiflung erfahren. Das hat auch Vorteile. Zum einen ist es oftmals möglich, die Verzweiflung mit Geld zu bewerfen. Zu Beginn des Hausbaus ist Geld noch reichlich da. Der Kredit ist noch nicht aufgebraucht. Für ein paar Tausend Euro mehr kann man sich freikaufen. Sozusagen eine Art Ablass am Bau. Das befreit, und auf lange Zeit ist dies vielleicht sogar eine gute Investition. Zum anderen gilt der Gedanke des englischen Politikers und Schriftstellers Sir Winston Churchill, es sei von großem Vorteil, die Fehler, aus denen man lernen kann, recht früh zu machen. Das gilt im Leben wie im Hausbau. Auf alle Fälle wird das Leben nach dem Hausbau entspannter. Man lernt, mit Unvorhergesehenem umzugehen, sich aus der vollständigen Hoffnungslosigkeit, wie die Verzweiflung im Duden umschrieben wird, aufzuraffen und letztendlich nach vorne zu blicken. Eine Eigenschaft, die der Bauherr noch nicht zwingend besitzt, der Hausbesitzer, nach dem Bau, jedoch sehr wohl. Unsere neue Nachbarin hat dies noch nicht gelernt. Bereits beim ersten Termin mit dem Erdarbeiter wurde, wild gestikulierend, diskutiert. »Zu hoch, zu tief, zu lang«. Ganz so genau wollen wir es aber auch gar nicht wissen. Wir haben sozusagen inzwischen das Zen im Hausbau erreicht. Da gibt es nicht mehr viel, was uns verzweifeln lassen könnte. Wir nehmen es gelassen hin.

24. GRUND

WEIL MÄNNER WERKZEUG BRAUCHEN

Tim Taylor, Protagonist einer US-amerikanischen Sitcom, ist selbst ernannter Heimwerkerkönig und TV-Moderator der Heimwerkersendung *Tooltime*. Gesponsert durch die imaginäre Firma »Binford Tools«, sägt, hämmert, schraubt und nagelt sich Tim durch mehr als 200 Episoden der Serie *Hört mal, wer da hämmert*. Das Repertoire an überdimensionierten Maschinen, mit denen der Hauptdarsteller versucht, allerlei teils profane Aufgaben rund ums eigene Heim zu lösen, scheint nahezu unerschöpflich.

Warum jemand all diese Maschinen besitzen sollte, war uns, bisher stets in einer Mietwohnung lebend, nicht zwingend ersichtlich. Das ändert sich alles mit dem Hausbau. Die Frage »Wozu benötige ich das?« wird gewissermaßen mit dem Kaufvertrag des Hauses aus dem Wortschatz gestrichen und durch die Frage »Was brauch ich noch?« ersetzt. Überhaupt sollte beim Grundstückskauf, die Lage des Bauplatzes strategisch in der Nähe von gleich mehreren Baumärkten und Baustoffhändlern gewählt werden. Kundenkarten sind, das ist natürlich keine Frage, frühzeitig mit der Unterschrift zum Kaufvertrag des Hauses in sämtlichen Baumärkten zu beantragen. Der Datenschutz ist hier aufs Sträflichste zu vernachlässigen. Sie bauen jetzt, für so etwas wie Datenschutz ist jetzt keine Zeit mehr. Name, vorherige Anschrift und unter Umständen die Telefonnummer sind sowieso auf der in aller Öffentlichkeit auszubringenden Baufreigabe vermerkt.

Die Anschaffungsliste für Werkzeug ergibt sich fast wie von selbst. Die Kettensäge ist für das Zerkleinern von Bauholz unabdingbar. Außerdem war sie das bevorzugteste Werkzeug unserer Zimmerleute, die in der Lage sind, so allerlei mit der Kettensäge zu reparieren. Später kann sie für den Schnitt der Obstbäume genutzt werden. Eine kleinere Version sollte also reichen. Dann sollte von vorneherein die Standardausrüstung bedacht werden: Schaufel, Spaten, Rechen. Letzteren haben wir zum Richtfest von den Schwiegereltern in Kombination mit einem Straßenbesen geschenkt bekommen. Im ersten Moment wussten wir nicht wirklich, was wir damit anfangen sollten. Ein Rechen. Bei einer Mietwohnung mit Balkon nicht zwingend das sinnvollste Werkzeug. Inzwischen ist es das meistgenutzte Werkzeug rund ums Haus. 400 Quadratmeter voller Sand, Lehm und Schotter erfordern ständige Bearbeitung. Das wird auch noch eine ganze Zeit lang so bleiben. Steine sind des Bauherren Fluch. Neben der Komplettausstattung zum Streichen, Verputzen und Gipsen gehört zwischenzeitlich auch ein umfassender Werkzeugkoffer für Elektroinstallationen zur Grundausstattung. Weiterhin musste das Baukonto für Bohrmaschine, Kreissäge und Stichsäge herhalten. Da die Firma »Binford« leider nur in der zuvor genannten TV-Serie existiert, mussten Werkzeuge alteingesessener inländischer Unternehmen herhalten. Hier lohnt es sich durchaus, auf Qualität zu achten. Ein guter Freund mit eigenem Schreinereibetrieb erzählte uns, sein Vater hätte ihn mit dem Spruch »Wir sind zu arm, um uns billiges Werkzeug zu kaufen« erzogen. Den meisten ist eher die Binsenweisheit »Wer billig kauft, kauft zwei Mal« bekannt. Hochwertiges Arbeitsgerät aus belastbarem Material schont die Nerven und langfristig auch den Geldbeutel.

Auch wenn es gerade während des Hausbaus nicht immer leicht-fällt, für gutes Werkzeug sollte man etwas tiefer in die Tasche grei-fen. So stehen auch bei uns noch diverse Anschaffungen an. Unter anderem sind nun noch ein Häcksler, ein Rasenmäher und eine Gartenfräse notwendig, denn im nächsten Frühjahr warten auf uns Garten und Vorgarten. Einen Rüttler können wir, zum Glück, vom befreundeten Landschaftsgärtner ausleihen. Einen Laster und einen Bagger hat dieser glücklicherweise ebenfalls. In der Tat gibt es Bau-herren, die sich für den Hausbau auch einmal einen kleinen Bagger zugelegt haben, das hat uns der freundliche Mitarbeiter der Tiefbau-firma erzählt, die uns die Hausanschlüsse verlegt hatte. Nicht ganz ohne Eigennutz floss diese Information, denn er hatte unmittelbar versucht, uns einen solchen Bagger zu vermitteln. Unser Nachbar hat einen Betonmischer, wir dafür einen Nassschneider für groß-formatige Fliesen und Steinplatten. Einen Profischleifer, zur Wand-bearbeitung, haben wir uns ebenfalls zugelegt. Die Schnittmenge an in der direkt angrenzenden Nachbarschaft vorhandenen Maschinen ist im Übrigen überraschend gering, und man findet immer das be-nötigte Werkzeug zum Ausleihen. Selbst unser Erdarbeiter wurde in der Nachbarschaft fündig, als für eine 20-cm-Bohrung im Abwasser-schacht eine Kernbohrmaschine nebst Bohrkrone gesucht wurde.

Wer also Tim Taylors Leitspruch »Mehr Power!« Folge leisten möchte, sollte sich unbedingt ein Haus bauen. Ab dem ersten Mo-ment an gibt es nämlich für die Männer immer eine Ausrede für mehr, größeres und leistungsfähigeres Werkzeug.

25. GRUND

WEIL EIN MOTORSÄGENLEHRGANG NUR ZWEI TAGE DAUERT

Eigentlich sind Maschinen nicht mein Ding. Allerdings standen auf unserem frisch erworbenen Grundstück zwei abgängige Bäume. Abgängig bedeutet in diesem Fall, wir durften diese fällen. Ein Glück, sonst stünde heute ein Baum inmitten unseres Hauses. Natürlich kam uns hier Mutter Natur zuvor und spaltete einen 20 Meter hohen, alten Birnbaum während eines heftigen Sturms der Länge nach auf. Zwei Tage nach dem Notarvertrag waren Rechte und Pflichten bereits an uns als neue Grundbesitzer übergegangen. Zum Glück ging der Baum haarscharf an des Nachbarn Schornstein vorbei auf den Boden. Verletzt wurde niemand, das Ganze hätte ganz böse ins Auge gehen können. Hier waren wir auch das erste Mal froh, eine Bauherrenhaftpflichtversicherung abgeschlossen zu haben. Während es den zu Bruch gegangenen Baum zu entsorgen galt, sollte auch der zweite Baum gefällt werden. Ein Bekannter hat uns dabei geholfen. Was der kann, kann ich auch, dachte ich mir und buchte den nächstmöglichen Motorsägengrundlehrgang. Der dauert nur zwei Tage. Neben Aufbau und Funktionsweise einer Motorsäge lernt der geneigte Lehrgangsteilnehmer sogenannte Regelfälltechniken und natürlich den sicheren Umgang mit der Motorsäge. Die zwei Tage beinhalten mindestens das Fällen eines Baumes. Wer Glück hat, darf auch öfter ran. Bei uns durften wir drei Bäume fällen. Die Kausalitätskette Hausbau, Grundstückskauf, Baum auf dem Grundstück, Baum muss weg und Kettensägenlehrgang trifft natürlich nicht bei jedem zu. Und bei manch einem mit einem Baum auf dem Grundstück erübrigt sich dies auch nach der Begegnung mit einem 12,5-Tonnen-Bagger. Ich hatte die Gelegenheit genutzt, etwas Neues zu lernen. Zwei wertvoll investierte Tage, denn später durften wir insgesamt sechs Anhängerladungen Bauholz entsorgen, wobei natürlich die Kettensäge eine entscheidende Rolle spielt.

Einer unserer Nachbarn lernte Bagger fahren, ein anderer mit dem Bobcat umzugehen. Letzteres ist vielmehr dem Namen Schaufellader gängig. Ich selbst hatte vor dem Bau keine Ahnung, wie ein Betonmischer zu bedienen ist. Heute bediene ich das Gerät im Schlaf. Lediglich für eine Fahrt mit dem Autokran ergab sich keine

Gelegenheit, aber da ist es doch besser, die Profis wuchten die tonnenschweren Bauteile an den richtigen Platz.

WEIL EIN RICHTSPRUCH SEGEN BRINGT

Früher war das so: Hat der Bauherr kein Richtfest veranstaltet und die Zimmerleute mit zünftiger Verpflegung versorgt, haben diese sich mit einem Besen anstelle eines Richtbaums auf dem Dachgiebel gerächt. Zusätzlich haben sie eine leere Flasche im Giebel verbaut, sodass bei Wind und Sturm das Pfeifen den knausrigen Bauherrn, von dort an, an seinen Geiz erinnern sollte. Dabei wurde in frühen Zeiten der Baumwipfel als Beschwichtigung der Waldgeister auf einem Haus angebracht. Um diese wohlwollend zu stimmen, so heißt es. Verständlich, denn wer will schon für den Rest seines Daseins mies gelaunte Waldgeister in der Nachbarschaft vorfinden. Den Baum zu organisieren obliegt im Übrigen dem Bauherrn, und nicht, wie allzu oft fälschlich angenommen, dem Bauträger. Am besten, man kennt jemanden mit einem kleinen Privatwald, hat im Vorgarten der Eltern, so wie wir, ein kleines Bäumchen stehen, das bereitwillig geopfert wird, oder feiert seine Richtung einfach um die Weihnachtszeit. Beim illegalen Abholzen sollte man sich nicht erwischen lassen, auch wenn es durchaus einen »gewissen Kick« verschaffen mag. Der Baum erfüllte, außer für die Geister, auch für die Zimmerlaute einen Zweck. Diese banden ihre Tücher, in denen sie ihr Hab und Gut aufbewahrten, an den Baum, in der Hoffnung, der Bauherr ließ entsprechend Käse, Wurst und Brot springen. Die Verpflegung galt als Teil der Entlohnung für die Zimmerleute. Heute wird der Baum oder der Richtkranz, dieser Tradition folgend, mit bunten Kreppbändern geschmückt. Wurst und Käse sollte man darin jedoch nicht einwickeln.

Für die Bauherren ist das Richtfest auch eine gute Gelegenheit, die neue Nachbarschaft auszukundschaften. Wo ist der nächste Bäcker, eine gute Metzgerei, wo kann dies und das gekauft oder geliehen werden. Während der Vorbereitungen gilt es nämlich, all jenes herauszufinden. Falls alles nicht hilft, gibt es in der Region bestimmt einen Supermarkt oder je nach geplanter Größe des Festes auch einen Großhändler.

Die Zimmerleute tragen in der Regel einen Richtspruch vor, der dem Bauherrn, und früher auch dem Architekten, Glück bringen sollte. Obendrein durfte früher der Bauherr den letzten Nagel einschlagen. Auf manchen Baustellen ist das heute noch so. Nach dem Richtspruch wirft der Zimmermann ein Glas vom Dach, in der Hoffnung, dass es am Boden zerschellt. Auch das soll Glück bringen. Danach wird getrunken, gegessen und gefeiert, also sollte der Bauherr für ausreichend Versorgung sorgen. Wer das Richtfest überstanden und die Spuren der Feier beseitigt hatte, sollte von Glück nur so überschüttet sein.

Rein organisatorisch sollte neben Essen und Trinken selbstverständlich auch für das ganze Drumherum gesorgt sein. Tische und Stühle sollten vorhanden sein, Festzeltgarnituren eignen sich hier besonders gut. Da in aller Regel im Rohbau gefeiert wird, sollte gerade in der kalten Jahreszeit ein Heizlüfter oder eine Gasheizung organisiert werden und, wenn nicht sowieso schon vor Ort, ein Dixi in Erwägung gezogen werden. Nichts ist schlimmer als eine Feier, in der alle verkniffen auf den Bänken sitzen und das Ende der Feier alsbald herbeisehen.

In Zeiten von Fertighäusern muss man für die Ausrichtung eines Richtfests ein wahres Organisationstalent sein. Die Wände stehen innerhalb von ein, zwei Tagen, am zweiten oder dritten Tag kommt der Dachstuhl, und dann gilt es schon zu feiern. In der Zeit sollte bereits alles zuvor Genannte organisiert werden. Inklusive des Baums, das versteht sich von selbst. Trotz der organisatorischen Herausforderung und der heutigen Schnelllebigkeit bietet sich diese Gelegenheit an, sich zumindest an einem Abend bei den Zimmerleuten und anderen Handwerken, die bereits vor Ort sind, zu bedanken. Ein Richtfest kann nicht jeder ausrichten, denn dazu muss man ein Haus bauen. Und die Chance auf den durch die Zimmerleute erteilten Segen ist ebenfalls keine vertane Gelegenheit, selbst wenn sich diese heutzutage nicht mehr mit eingemauerten Flaschen rächen. Zumindest der Feier wegen lohnt es sich. Es gibt Gerüchte, dass das eine oder andere Richtfest wahrhaft legendäre Ausmaße angenommen hat. So haben es zumindest unsere Handwerker berichtet.

27. GRUND

WEIL BAULEITER PROBLEME LÖSEN

Wie viele andere unbedarfte Bauwillige hatten auch wir keine Erfahrung mit Bauleitern, deren Aufgabe oder was ein Bauleiter denn so alles macht. Den ersten, indirekten Kontakt mit dem Bauleiter hat man meist mit dem Bauantrag. Dort ist dieser namentlich erwähnt. Wir erhielten nach Einreichen des Bauantrags ein Schreiben vom Bauunternehmer, auf welchem dieser angekündigt wurde, mit Telefonnummer und der Bitte, bei Problemen und Fragen auf diesen zuzugehen. Etwas unschlüssig haben wir erst einmal abgewartet, uns waren die Abläufe beim Hausbau noch nicht geläufig. In der Tat erhielten wir einige Tage später einen Anruf. Unser Bauleiter hat sich telefonisch vorgestellt und uns informiert, er besichtige heute die Baustelle, welche damals noch eine grüne, sich des Hausbaus nicht bewusste Wiese war. Wir hatten bereits im Vorfeld zahlreiche Fotos geliefert und waren hier erst einmal verwundert, insbesondere, da auch der Architekt bereits den Bauplatz besichtigt hatte. Erst im Nachhinein verstehen wir, wie wichtig der Termin tatsächlich war. Dazu gehört auch, dass der Bauleiter die Strecke zum Haus in Augenschein nimmt. Eine Strecke, die im späteren Verlauf von zahlreichen Transportern und Lkw befahren wird. Autokräne, Betontransporter, tonnenschwere Vehikel müssen den Weg zum Haus finden. Gerade bei einem Fertighaus müssen ganze Hauswände in ihrer gesamten Länge um Ecken und Kurven manövriert werden. Bei einem anderen Bauherrn hatte dies, aufgrund der idyllischen Lage des Grundstücks, Mehrkosten im fünfstelligen Bereich bedeutet. In einem solchen Fall wird jedes einzelne Hausteil mit einem Autokran abgeladen, auf ein kleineres Fahrzeug geladen und durch die verwinkelten Straßen und Gassen gelotst. Kein Problem bei uns, da musste nur geklärt werden, wo das Baumaterial neben dem Grundstück abgestellt werden konnte.

Während so ein Bauleiter die Baumaßnahmen koordiniert, ist er sowohl für den Zeitplan und die Kosten auf der Baustelle verantwortlich. Dinge, die der Bauherr meist nur indirekt spürt. Gerade bei kleineren Bauprojekten, wie einem Einfamilienhaus, sind Bauleiter nicht die ganze Zeit vor Ort, sondern statten dem Vorarbeiter oder dem Polier nur ab und an einen Besuch ab. So manch eine Baufirma limitiert die Anzahl der Baustellentermine sogar, um Kosten zu sparen, heißt es, und bei anderen tritt der Bauleiter nur auf dem Papier in Erscheinung. Den letzten Fall mussten wir in der Nachbarschaft erleben, und das geplagte Paar musste all jene Aufgaben, die einem Bauleiter zustehen, höchstpersönlich übernehmen. Je früher man sich also mit seinem Bauleiter abspricht, desto besser. Wir hatten Glück, unser Bauleiter war oft vor Ort und löste alle Probleme für uns. Wir hatten das Gefühl, er arbeite für uns und nicht für die Baufirma, was auch irgendwie stimmt, denn am Ende zahlt der Bauherr auch das Gehalt des Bauleiters. Der Bauleiter, eine Anlaufstelle für entnervte Bauherren, ein Projektmanager, der dafür Sorge trägt, dass alles seine geordneten Wege geht, und der Ratgeber, wenn der unerfahrene Bauherr nicht mehr weiterweiß. Mit der richtigen Unterstützung durch einen Bauleiter muss man sich kaum mehr Sorgen um den Hausbau zu machen, denn Bauleiter lösen Probleme.

WEIL MAN AM ENDE DES TAGES WEISS, WAS MAN GELEISTET HAT

Die Arbeiten rund ums Haus sind bereits während der Bauphase nahezu unerschöpflich. Insbesondere, wenn Eigenleistungen geplant sind, sollte man sich auf einiges an Arbeit gefasst machen. Malern, Tapezieren, Bodenbeläge verlegen, das sind alles typische Aufgaben, die auch der Laie mit durchaus zufriedenstellendem Erfolg erbringen kann. Allerdings sollte man diese Arbeiten nicht unterschätzen. Wer bei der Bank mit der Muskelhypothek punkten möchte, sollte hier maximal 20.000 bis 25.000 Euro ansetzen. Mehr lässt sich nach Feierabend und am Wochenende kaum realisieren. Der Fachmann benötigt oft nur ein Zehntel der Zeit. Unser Bauträger bietet standardmäßig an, dass die Malerarbeiten an der Hausfassade in Eigenleistung erbracht werden können. Diesen Spaß wollten wir uns auf keinen Fall nehmen lassen. Zwei Mann, pro Hausseite jeweils einen Tag, das macht knappe acht Tage plus Material. Wir haben uns sagen lassen, der Profi schafft das an einem Tag. Da ist für die Malerkolonne nicht einmal eine Übernachtung drin.

Manche Arbeiten bleiben aber an einem hängen, egal wie man sich dreht und wendet. Nachdem unser Fliesenleger abgesprungen war und obendrein die Fliesen mit drei Monaten Verspätung geliefert wurden, hieß es in die Hände spucken. Läuft!, denkt man sich da, dauert nur einfach etwas länger. Photovoltaikanlage installieren? Hat die beauftragte Firma innerhalb eines Tages geschafft. Der Nachbar ist bereits seit Wochen dabei, mit akrobatischen Höchstleistungen die Halterungen am Dach zu montieren. Der Cirque du Soleil lässt grüßen, und das abendliche Unterhaltungsprogramm ist uns gesichert. Wenn da nur nichts schiefgeht. Wir sind schon gespannt, wie die Solarzellen mit guten 25 Kilogramm pro Quadratmeter auf das Dach gehievt werden. Der nächste Nachbar baut seine Garage selbst, ein anderer das ganze Haus.

Gleichgültig, um welche Arbeit es sich handelt, wer sich selbst in seinen Hausbau einbringt, der kann sich auf körperliche Höchstleistung gefasst machen. Bei einer Routineuntersuchung fragte ein Arzt, ob ich Sport treibe. Auf die Antwort »Im Moment nicht, wir bauen ein Haus« grinste er und erwiderte, dies sei Bewegung genug. Wer sich also auf diese Art von Freizeitbeschäftigung einlässt, der sollte sich einen ausgiebigen Vorrat an Gelenk- und Muskelsalben oder anderen Heilmitteln für körperliche Gebrechen anlegen. Auch Pflaster sollten in rauen Mengen und in jeglicher Variation vorrätig sein. Wasserbeständige Wundpflaster haben sich auf der Baustelle mehr als ein Mal bewährt. Auch Jodtinktur und andere Desinfektionsmittel sollten zur Grundausstattung gehören. Damit dürften sich die meisten selbst- oder fremdverschuldeten Wehwehchen auf dem Bau verarzten lassen. Die Erstversorgung ist so gesichert. Größere Wunden überlässt man dann doch eher dem medizinischen Fachpersonal. Ein Zimmermann hatte sich einmal mit einem Druckluftnagler in die Hand geschossen, als er im Ausland tätig war. Die Ironie: Der Kollege, der ihn ins Krankenhaus brachte, wurde von demselben Zimmermann erst wenige Monate zuvor, nicht weit entfernt vom ebenjenem Tatort, ebenfalls in das Krankenhaus gefahren. Der Grund? Auch er hatte sich dort in die Hand genagelt. Am Ende des Tages ist man kaputt. Ob im übertragenen oder im wörtlichen Sinn, auf jeden Fall weiß man, was man geleistet hat.

WEIL EIN GUTACHTER JEDEN CENT WERT IST

Wer ein Auto kauft, ist wochen-, wenn nicht monatelang damit beschäftigt, alle möglichen Autofachzeitschriften zu studieren, Marken zu analysieren und Kauf- oder Leasingangebote zu vergleichen. Laut einer Statistik des Statistik-Portals Statista[20] besucht gut ein Viertel der Autokäufer vier bis fünf Händler vor dem Autokauf. Beim Hauskauf wir nicht selten das erstbeste Haus genommen, welches einem gefällt oder das der gewandte Verkäufer einem aufzuschwatzen vermag. Auch beim Bankbesuch wird nicht selten der Zuschlag der ersten Zusage gegeben. Und das bei einer zehnfachen Investitionssumme eines Autos. Umso wichtiger, dass man sich hier fachmännischen Beistand besorgt. Baubegleitende Qualitätskontrolle heißt dies hochtrabend und wird von verschiedensten Institutionen angeboten. Unser Bauträger bot dies als durchlaufenden Posten direkt mit an, andere Bauträger fürchten sich vor Gutachtern mehr oder weniger. Natürlich geht es im echten Leben nicht immer so zu wie in der RTLII-Sendung *Bauexperte im Einsatz – dem Pfusch auf der Spur*[21], in der sich Manfred Heinlein, Architekt und Sachverständiger, regelmäßig mit Bauträgern anlegt. Trotzdem ist ein Gutachter jeden Cent wert. Gutachter suchen die Baustelle zu verschiedenen Terminen auf: zum Gießen der Bodenplatte, der Prüfung des Fundaments, nach dem Rohbau, nach dem Innenausbau, und begleiten den Bauherrn auch bei der Übergabe. Als Faustregel sollte man hier mit ein bis zwei Prozent der gesamten Baukosten rechnen. Ein Betrag, der gerade anfangs, während der Kalkulation, oftmals Zweifel aufwirft, ob denn diese Investition tatsächlich getätigt werden soll. Natürlich muss das jeder für sich entscheiden. Bei uns hatte sich bereits der erste Termin des Gutachters gerechnet. Kurz bevor die Bodenplatte gegossen werden sollte, wurde die Bewehrung überprüft. Entgegen dem Plan wurde diese jedoch falsch eingebracht. Hier traf nicht einmal die Bauarbeiter die Schuld. Es wurde schlicht das falsche Material geliefert. Aufgefallen wäre es niemandem, und vermutlich wären auch keine langfristigen Auswirkungen spürbar gewesen. Aber da hätten wir einfach Glück gehabt. Anders sah es mit der Erdung des Fundaments aus. Erst nachdem die sogenannte Erdfühligkeit des Fundaments festgestellt wurde, konnte auch sichergestellt werden, dass das Fundament den aktuellsten

Normen entsprach. Nicht, dass es drei Monate zuvor auch ohne diese neue Norm möglich gewesen wäre. Den Arbeitern war diese nämlich noch nicht bekannt. Bei einer Nichterfüllung und einem späteren Schaden hätte dies jedoch durchaus Auswirkungen auf die Haftung des Bauträgers. Mit Verweis auf ein nicht normgerechtes Fundament könnte eine Versicherung ihren Kopf aus der Schlinge ziehen. Unser nun sachgerecht ausgeführtes Fundament ist daher eine Win-win-Situation für alle Beteiligten. Risikominimierung bei der Versicherung und eine Sorge weniger beim Bauherrn. So gesehen, sollte eher die Versicherung den Gutachter entlohnen. Den Gedanken hatten wir in der Tat, würden bei der Versicherung jedoch auf taube Ohren stoßen.

Aber auch während der Bauphase und vor der Abnahme kann ein Gutachter helfen. Das Mängelprotokoll unseres Gutachters war zugleich das Abnahmeprotokoll für den Bauträger. Nicht nur dass alle, wenn auch nur kleine, Mängel zu unserer vollen Zufriedenheit behoben wurden, auch die Übergabe war schnell und schmerzlos. Die Begehung konnten wir direkt ausfallen lassen und beschränkten uns auf Austausch von Schlüssel gegen Gutachterprotokoll.

In der Nachbarschaft belächeln wir derweil so einige Baustellen ohne Gutachter. Streit mit dem Bauträger und den einzelnen Gewerken. Nichterfüllung, Mängel, Arbeiten und Kosten, auf denen die Bauherren sitzen bleiben. Dinge, die ehemaligen Bauherren die Nackenhaare zu Berge stehen lassen und reflexartiges Kopfschütteln hervorrufen. Vielleicht holen einen diese Mängel nicht sofort ein, aber in zehn Jahren werden eben diese wieder vorstellig. Ein Besuch aus längst vergangenen Tagen, ein Besuch von Mängeln, die nun Kinder und Kindeskinder mit sich bringen und nun das Erbe einfordert. Sofern die Hausübergabe noch nicht stattgefunden hat, ist es für einen Gutachter nie zu spät. Selbst bei später festgestellten Mängeln oder Zweifeln kann diese jederzeit hinzugezogen werden. Im Nachhinein trauern wir keinem Cent nach, den wir ausgegeben haben, selbst wenn der Gutachter nichts gefunden hatte. Man freut sich doch auch, wenn das Auto ohne Mängel durch den TÜV kommt.

WEIL DANN DOCH ALLES IRGENDWIE KLAPPT

Es gibt die eine oder andere Woche während der Bauphase, da kommt man, mehr oder weniger regelmäßig, verzweifelt zur Arbeit. Auch uns hat diese Phase öfter getroffen. Da haben immer die aufbauenden Worte der Arbeitskollegen geholfen, dass am Ende doch alles irgendwie klappen würde – selbst wenn wir es in diesem Moment nicht glauben wollten. Auch der im viktorianischen England erfolgreiche Schriftsteller Oscar Wilde wusste dies bereits. Zwar bezieht sich seine gerne und oft zitierte Aussage »Am Ende wird alles gut. Wenn es nicht gut wird, ist es noch nicht das Ende«, nicht zwingend auf den Hausbau, aber sie beschreibt dessen Wesen doch mehr als treffend.

Schon am zweiten Tag des Rohbaus fanden wir ein ein Abflussrohr inmitten unseres zukünftigen Wohnzimmers aus dem Fußboden ragen. Aufregung pur! Heute ist das Rohr abgedichtet und vom Estrich verdeckt. Während der Richtung führte ein werksseitiger Fertigungsfehler an den Fertighausbauteilen dazu, dass ein Teil der Hausfront zehn Zentimeter zu breit war. Panik auf der Baustelle! Mit der Kettensäge wurde das Passproblem kurzerhand behoben. In der Richtwoche trat eine Leckage im noch nicht gedeckten, nur mit einer Plane abgedichteten Dach auf. Im gesamten Rohbau standen mehrere Zentimeter Wasser. Verzweifelnde Bauherren. Im Vergleich zu den mit dem Estrich eingebrachten 1.500 Liter Wasser am Ende kein Thema. Alles wieder trocken. Die Fliesen wurden erst mit drei Monaten Verspätung geliefert. Eine am Boden zerstörte Bauherrin. Die Räume wurden nun schlicht drei Monate später ge-

fliest. Der Ablauf der Dusche hatte fünf Zentimeter Versatz. Panik beim Bauherrn. Der Nachbar, Sanitärinstallateur von Beruf, konnte es mit ein, zwei Handgriffen richten. Und nicht zu vergessen, wurde der Richttermin um drei Wochen vorverlegt. Der Erdarbeiter, noch auf einer anderen Baustelle beschäftigt, kein Bauwasser und Strom auf dem Grundstück. Was soll man da machen? Strom und Wasser gab es vom Nachbarn, der Erdarbeiter hatte einfach einen weiteren Baggerfahrer organisiert. Auch das hat irgendwie geklappt. Die Liste lässt sich nahezu endlos fortsetzen, und doch, jedes Problem wurde am Ende gelöst.

Ein Blick auf die Baustellen ringsum bestätigt dieses Phänomen. Unser Nachbar hatte kein Glück, und ab und an mochte man denken, es sei ein Fall für die Bauretter des TV Senders RTLII. Mehr als einmal hat die Nachbarschaft die Hände über dem Kopf zusammengeschlagen. Und doch, inzwischen ist das Haus bezogen, die Gasleitung angeschlossen, die Heizung eingebaut, das Dach gedeckt. Lediglich der Außenputz fehlt noch. Aber wie Oscar Wilde so treffend bemerkte, es ist schlicht noch nicht das Ende.

Einmal gelöst, sind die Probleme auch schnell vergessen. Selbst wir können nicht mehr alles zusammentragen, was im Laufe des Hausbaus so alles danebenging. Bei all den Sorgen, Befürchtungen und Ängsten, beim Hausbau geht immer etwas schief, aber am Ende klappt doch alles irgendwie.

31. GRUND

WEIL ES MIT DER SCHLÜSSELÜBERGABE ERST BEGINNT

Mit der Schlüsselübergabe ändert sich eine wichtige Grundlage für alle am Bau Beteiligten. Das Hausrecht! Hatte der Bauleiter bis zur Schlüsselübergabe noch das Recht, den Bauherrn aus dem Haus zu verweisen, entscheidet nun der Bauherr, ob er denn dem Bauleiter noch Eintritt gewähren möchte. Diese durchaus extreme Entscheidung hängt sicherlich vom persönlichen Verhältnis beider Parteien ab. So gab es Fälle, in denen Bauleiter dem Bauherrn aufgrund dessen untragbaren Verhaltens ein Hausverbot ausgesprochen hatten. Der angehende Bauherr sei an der Stelle gewarnt, das kann auch noch ganz knapp vor Fertigstellung des Hauses geschehen. Auf der anderen Seite gibt es Bauleiter, die auch nach der Schlüsselübergabe willkommene Gäste sind und mit denen Fachsimpelei betrieben werden kann. Denn eines steht fest: Die Schlüsselübergabe ist erst der Anfang. Auch nach dem Bau kann ein gutes Verhältnis zum Bauleiter den einen oder anderen wertvollen Tipp für den weiteren Ausbau bedeuten.

Der erste Meilenstein dürfte in den meisten Fällen zunächst die Übergabe des Bauschlüssels sein. Der Bauzylinder ist übergangsweise in der Tür verbaut, sodass Handwerker, Bauleiter und eben auch kontrollwütige Bauherren jederzeit ein und aus spazieren können, wogegen Unbefugte vor verschlossener Türe stehen bleiben. Mit der Übergabe des Bauschlüssels stellt sich daher schon oft das Gefühl des »Das ist mein Haus!« ein. Selbst wenn zunächst das erste Geschoss noch im rohsten Rohbau strahlt und die fehlende Decke Wind und Wetter ungehindert Einlasse gewährt. Mit dem Schlüssel gehört nun auch die Bauherrschaft zum erlesenen Kreis derer, die nun ungehindert auf und um die Baustelle ihre Neugierde offiziell befriedigen können.

Anders schaut das Ganze bei der tatsächlichen Schlüsselübergabe aus. Der Bauzylinder ist getauscht, die Rechnungen beglichen und das Konto geplündert. Unvergleichbar ist dann das Gefühl, wenn die Haustüre das erste Mal mit einem satten »Rums« ins das neue Schloss fällt. Die Tür ist zu. Verrammelt. Verriegelt. Tiefes Durchatmen. Kein Vermieter, der einen Zweitschlüssel hat. Niemand kommt hier rein – oder raus. Wie man es eben sehen möchte. Für diese Zwecke wurden im Mittelalter Burggräben, Zugbrücken und Fallgitter gebaut. Ganz so weit muss heutzutage nicht mehr gegangen werden. Moderne Hochsicherheitszylinder bieten bereits einen oftmals ausreichenden Schutz gegen unerwünschte Gäste. Gäste wiederum können nun in stattlicher Anzahl geladen werden. Schließlich bestimmt nun der frischgebackene Besitzer des Hausschlüssels, wer kommt oder eben geht.

Im typischen Projektplan wäre die Schlüsselübergabe ein Meilenstein. Ein Meilenstein, mit dem erst alles beginnt. Der Ausbau, der Umzug und vielleicht das restliche, hoffentlich glückliche Leben im eigenen Heim. Wer nicht gerade schlüsselfertig baut, erhält mit der Schlüsselübergabe oftmals etwas mehr oder weniger Halbfertiges. Eine Art Semifreddo, jedoch nicht halbgefroren, sondern halb gebaut. Je nach Lust, Laune und Muse stehen nun Spachtel-, Putz- und Malerarbeiten an. Bodenbeläge müssen verlegt werden, ganz Mutige kümmern sich nun in Eigenleistung um die Endmontage der Elektroinstallation oder der sanitären Anlagen. Ganz auf eigenes Risiko versteht sich. Die anstehenden Arbeiten hängen sicherlich von den handwerklichen Fähigkeiten und den ganz eigenen Wünschen ab. Aber auch nach der Schlüsselübergabe steht die Handwerkszunft hilfsbereit zur Seite. Selbst wer schlüsselfertig baut, dem steht noch der Umzug bevor, vermutlich oder eher hoffentlich das letzte Mal. Und selbst wer den Kraftakt des Umzugs einem Dienstleister überträgt, es muss eingeräumt und dekoriert werden. Und im nächsten Jahr steht dann die Außenanlage auf dem Programm. Zufahrt, Einfriedung und Terrasse. Ein Teich wäre vielleicht auch nicht schlecht. Vielleicht wird aus dem Teich aber auch ein Swimmingpool oder gar ein Schwimmteich für Fisch und Mensch. Im Jahr darauf muss der Teich dann gereinigt werden. Es hört nicht auf.

Wer also denkt, er sei mit der Schlüsselübergabe fertig, der täuscht sich ungemein, denn jetzt fängt es erst an. Nicht ohne Grund warnen Notare beim langweiligen Hauskauf vor einer frühzeitigen Schlüsselübergabe, vor der vollen Begleichung des Kaufpreises. Man stelle sich nur vor, jetzt legt der fast neue Besitzer los ... Wände einreißen, den Putz abklopfen, mehr Fenster für mehr Licht. Da kann schnell etwas ins Auge gehen. Und dabei ist noch nicht einmal bezahlt. Der Streit über verdeckte Mängel macht keine Freude. Da sieht es beim Hausbau doch schon anders aus. Die Wände sind da, wo sie hingehören, und die Fenster hoffentlich auch. Jetzt wird erst richtig losgelegt. Vor der Schlüsselübergabe ist die Pflicht. Nun kommt die Kür.

32. GRUND

WEIL ES AUF DEM BAU KEINE NEIDER GIBT

Neid ist ein Gefühl, benachteiligt zu sein. Eine Kombination aus Unzufriedenheit, Verlangen und gleichzeitig Zorn, gemischt mit dem Gefühl, dass andere bevorzugt werden. Mit Neid ist man tagtäglich konfrontiert. Menschen sind neidisch auf Kleidung, Autos, Frauen und sogar Häuser. Fertige Häuser, wohlgemerkt. Während des Hausbaus existiert kein Neid. Hier herrscht Neugierde und manchmal sogar Bewunderung. Die meisten Menschen im näheren Umfeld freuen sich sogar. An neugierige Blicke sollte man sich beim Hausbau von Anfang an gewöhnen. Mehrere Male standen ungebetene Besucher nicht nur an, sondern mitten in unserer Baustelle, um den Baufortschritt zu bewundern. Allerdings bewundert einen niemand um die anstehende Arbeit, was jedoch auch nicht sonderlich verwunderlich ist. Der griechische Philosoph Aristoteles beschrieb Neid als Missfallen gegen diejenigen, die zu Unrecht Güter besitzen. Und deshalb gibt es beim Hausbau keine Neider. Wer selbst baut, erschafft mit seinen eigenen Händen, ein Haus bekommt man nicht geschenkt. Die meisten Lotteriespiele und Gewinnspielrätsel verlosen Häuser nur äußerst selten.

Hat man erst einmal gebaut, ändert sich auch die eigene Einstellung zu Häusern. Jetzt, da man weiß, wie viel Arbeit, Aufregung und Mühe in einem Haus stecken, sei es vor, während oder nach dem Bau, ist Neid das Letzte, woran man denkt. Vielmehr verliert man sich in Fachsimpelei, tauscht sich aus, will wissen, wie dieses oder jenes Problem gelöst wurde. Selbst wenn ein Haus nicht dem eigenen Stil und Geschmack entspricht, bewundert man doch die Leistung des Gegenübers. Auch bei den Handwerkern wird dies durchaus sichtbar. So berichtete unlängst ein Monteur von der Elektroinstallation einer Stadtvilla mit Tiefgarage im Berliner Umland. Der Beschreibung nach ein beneidenswertes Haus und trotzdem keine Spur von Neid. Vielmehr wurde von der Installation geschwärmt. »Das hat richtig viel Spaß gemacht.«.

WEIL ES BEIM BAUEN KURZFRISTIGE ENTSCHEIDUNGEN GIBT

Da wir uns, für unser Bauvorhaben, für ein Fertighaus entschieden hatten, stand für uns, wie auch für viele andere Hausbauer, einige Wochen vor Baubeginn die Bemusterung vor der Tür. In diesem Termin werden sämtliche Fragestellungen hinsichtlich der Ausstattung und des zu verwendenden Materials geklärt werden. Je nach Bauunternehmen laufen diese Termine ganz unterschiedlich ab. Bei manchen Bauträgern ist dies ein Termin vor Ort, der sich unter Umständen über zwei oder drei Tage erstreckt. Bauherren aus dem Bekanntenkreis nahmen dafür eine fünfstündige Autofahrt auf sich. Unser Bauträger hingegen bietet eine Katalogbemusterung im Musterhaus an. Dort wälzt man mit dem Verkaufsberater unzählige Stunden lang zahlreiche Kataloge und Prospekte und entscheidet sich für das eine oder das andere. Mehrere Seiten mit Checklisten mussten wir in unserem mehrstündigen und durchaus anstrengenden Termin durcharbeiten. Das meiste hatten wir uns bereits im Vorfeld überlegt. Das kleine, gemütliche Haus sollte, mit einer Klinkerfassade versehen, einen norddeutschen Touch erhalten. Da die rotgebrannten Klinkersteine in unserer Region nicht wirklich passen würden, hatten wir uns für einen ganz besonderen, leicht rustikal anmutenden, weiß-gräulichen Klinkerstein entschieden. Eine Art Shabby-Chic fürs Haus. Natürlich kostete der besondere Stein einiges an Aufpreis, was es uns jedoch wert war.

Einige Zeit nach diesem Termin, nur wenige Wochen nach der Richtung des Hauses, war es endlich so weit. Der Klinker sollte geliefert werden. Zehn Paletten gebranntes Gestein, aus dem die Hausfassade entstehen sollte. Anstelle der ersehnten Lkw-Lieferung erhielten wir jedoch nur eine Nachricht des Bauunternehmers und einen Anruf des Bauleiters. Die Klinker sind nicht mehr lieferbar. Das ausländische Werk, in dem die Steine produziert wurden, war geschlossen. Im Nachhinein haben wir erfahren, dass die Reklamationsrate so hoch war, dass niemand mehr diese Steine verbauen wollte. In dem Moment jedoch brach eine Welt zusammen, alles war aufeinander abgestimmt: das Haus, die Farben, das Holz und die Klinker. Alle waren bemüht, Ersatz oder zumindest eine kreative Lösung zu finden. Aber nichts wollte uns so recht gefallen. Mit einem anderen Stein hätte man sich für ein anderes Haus entschieden, anderes Holz, andere Fenster. Jetzt passt einfach nichts mehr zueinander. Am Ende gab es einen Termin mit dem Chef der Klinkerbaufirma. Kurzfristige Entscheidungen mussten getroffen werden, schließlich sollte das Haus fertiggestellt werden. Am Ende haben wir uns geeinigt. Dabei war diese Entscheidung eine der wichtigsten und im Nachhinein auch eine der besten während des gesamten Hausbaus. Zwischenzeitlich erhalten wir viel Lob für das schöne Haus. »Das schönste Haus im ganzen Ort«, wurden wir vor Kurzem von einem Passanten gelobt. Auch uns gefällt es. Vor allem uns. Wir müssen schließlich darin wohnen.

Derart Entscheidungen, wenn auch nicht von gleichermaßen schwerwiegenden Auswirkungen, gibt es zuhauf während eines Hausbaus. Zu Begin ist man zögerlich. Letztendlich trifft man viele, sehr viele Entscheidungen beim Hausbau. Speziell jene, die mit langer Bedenkzeit, viel Diskussion und gegenseitigen Zugeständnissen verbunden sind, möchte man – wer kann es verdenken – nur ungern revidieren. Inzwischen sind wir viel flexibler. Das haben wir durch den Hausbau gelernt. Das macht das Leben einfacher, nicht nur was das Haus betrifft. Man lernt, dass auch kurzfristige Entscheidungen die besten sein können.

WEIL ES IRGENDWANN FERTIG IST

Eines ist klar, mit einem Haus ist man nie fertig. Und ein Fertighaus ist auch alles andere als fertig. Das denken nämlich die meisten, sobald der Begriff »Fertighaus« fällt. Die Wände werden fertig geliefert. Und wenn man Glück hat, der Dachstuhl oder zumindest ein Teil davon. Das war eigentlich bereits alles, wenn es um das Thema »fertig« geht. Den Bauherrn, den macht es vielleicht auch noch fertig. Oder die Bauherrin, aber das ist eher wörtlich zu nehmen.

Eine der ersten Fragen, die sich viele Bauherren stellen, ist die nach der Dauer. »Wie lange dauert es, ein Haus zu bauen?« Früher ließ man einen Rohbau einen Winter lang stehen, »damit das Mauerwerk ordentlich austrocknet«, erzählte unser Landschaftsgärtner. Da wurde noch gemauert, Stein auf Stein gesetzt und Unmengen an Mörtel aufgebracht. Das durfte dann einen Winter lang ruhen. Das benötigt einfach Zeit. Ähnlich wie ein ordentlicher Sauerteig. Aber das macht heute kaum mehr jemand. Heute ist Zeit Geld, man sieht keinen Rohbau mehrere Monate lang alleine und verlassen auf weiter Flur. Sauerteig setzt heute auch niemand mehr selbst an. Die Handwerker müssen weiterziehen, nicht laufende Maschinen sind totes Kapital. Wenn der Bagger, wie auf unseres Nachbarn Grundstück, wegen schlechten Wetters im Matsch feststeckt und tage- oder wochenlang nicht bewegt werden kann, ist das verlorenes Geld für den Bauunternehmer. Ein betriebswirtschaftlicher Verlust für das Unternehmen und gleichzeitig eine Geduldsprobe für die Bauherrschaft. Eine Baustelle weiter zieht sich die Gründung, also die Erdarbeit, das Fundament und das Betonieren des Sockels, für ein Holzhaus bereits seit vier Monaten in die Länge. Immer wieder müssen die Arbeiten für mehrere Tage eingestellt werden. Für uns ist das inzwischen weniger schlimm. Wir sitzen im wohlig warmen Wohnzimmer und schauen den Bauarbeitern zu, wie sie in klirrender Kälte oder bei strömendem Regen ihren Dienst verrichten. Nachdem die Bauherrin sich auf ihrer Baustelle nicht blicken ließ, haben wir den Arbeitern heißen Kaffee angeboten. Das ist so üblich auf dem Land. Auch unser Nachbar hat dies vergangenes Jahr für uns gemacht. Der erste Lkw mit unseren Hausteilen kam bereits am Abend vor der Richtung an der Baustelle an. Unser Nachbar brachte dem Fahrer kurzerhand Kaffee und Erdbeerkuchen ans Führerhaus. Gefreut hat der sich darüber, das glaubt man kaum.

Seit dieser Nacht sind nun fast zwölf Monate vergangen. Erst vor wenigen Tagen haben wir es geschafft, das letzte Zimmer fertigzustellen. Verputzen, Spachteln, Schleifen, Grundieren, Streichen, Fliesen legen, Tapezieren, Silikonfugen, Baustaub beseitigen. Unser Wohnzimmer war der letzte Raum im Innenbereich. Egal wie viel oder wenig man selbst am eigenen Haus leistet, am Anfange geht alles einfach von der Hand. Am Ende ziehen sich die Arbeiten. Das liegt unter anderem aber auch daran, dass sich das Gros der Tätigkeiten stets wiederholt. Vielleicht variieren die Farben, aber im Prinzip bleibt alles gleich. Verputzen, Spachteln, Schleifen, Grundieren, Streichen, Fliesen legen, Tapezieren. Vielleicht kommen am Ende noch Arbeiten, wie Lampen montieren und Wohnaccessoires anbringen. Bilder aufhängen. Dinge also, die das Haus aufwerten sollen. Als hätte es ein Gebäude, das einen sechsstelligen Betrag gekostet hat, es nötig, aufgewertet zu werden. Wenn es so weit ist, dann ist man schon fast fertig.

Ist das alles erledigt und das Haus dem eigenen Geschmack mit allerlei Zubehör, Schnickschnack und Accessoires entsprechend aufgewertet, ist man endlich fast am Ende. Mit dem Hausbau und den Nerven, wohlgemerkt. Uns ging es nicht anders, nachdem wir die letzte Lampe aufgehängt und das Wohnzimmer eingeräumt hatten. Am ersten Abend setzten wir uns also dann auf die Couch und schauten uns mit fragenden Blicken an. »Und jetzt? Einfach nur so rumsitzen?«, mit diesen Worten auf den Lippen wussten wir, das ist der Moment, als es endlich fertig war.

KAPITEL 3

DAS EIGENE HAUS

WEIL EIN HAUS EIN STÜCKCHEN UNABHÄNGIGKEIT IST

Regelmäßig verbringen wir unseren Urlaub in Schweden. Die Großstädte ähneln dem, was man hierzulande kennt. Je nach industriellem Schwerpunkt der Städte natürlich mit unterschiedlichen Ausprägungen. Anders sieht es jedoch aus, bewegt man sich Richtung Kleinstädte und Ortschaften weiter gen Norden des Landes. Hier wird traditionell viel mit Holz gebaut. Jeder kennt die typisch roten Häuschen mit weißen Fenstern und Türen mit ihrem ganz besonderen Charme. Gebaut wird dort um einiges einfacher als bei uns, wodurch eine recht geringe Investitionssumme für einen Hausbau notwendig ist[22]. Vielleicht bauen die Schweden deshalb mehr Häuser als wir, oder vielleicht lieben sie die Unabhängigkeit, die durch ein Haus entsteht, einfach ein wenig mehr als in anderen Ländern. Wir versuchen für den Urlaub immer, ein solches Häuschen für ein paar Wochen zu mieten. Anders als ein Zimmer in einem Hotel bietet so ein Häuschen ein Stückchen Unabhängigkeit, wie sie eben nur ein eigenes Haus geben kann. Kommen und Gehen, wann man will, den Parkplatz vor der Tür und keine Rücksicht auf die Nachbarn nehmen. Hier muss man nicht rein- und rausschleichen, weil man niemanden wecken möchte, und man darf auch mal mit Freunden länger feiern, und die Kinder können im Garten toben. Erst vor Kurzem berichtete ein Bekannter, er dürfe seine Kinder nicht in einem gemeinsamen Garten spielen lassen. Ein Mehrfamilienhaus, in dem er und seine Familie wohnen. Mietwohnung eben. Der Vermieter, der selbst in besagtem Haus wohnt, möchte einfach nicht, dass die Kinder im Garten umhertoben. Der Garten ist jedoch nicht das Einzige, wodurch man sich mit einem eigenen Haus ein Stückchen Unabhängigkeit erkämpft. Wie schaut es zum Beispiel mit den Nebenkostenabrechnungen aus? Nun ist es zum Glück nicht so, dass man der Willkür des Vermieters bedingungslos ausgeliefert ist. Trotzdem gibt in dieser Hinsicht ein eigenes Heim ein gewisses Maß an Unabhängigkeit, das man als Mieter nicht hat. In Großbritannien gibt es selten Mietverträge zwischen Privatpersonen. Der sogenannte »Landlord« lässt dies über eine Agentur regeln. Ein gänzlich eigener Geschäftszweig, einer Massenhausverwaltung mit Maklerfunktion gleichend. Die Mietverträge sind oftmals befristet und werden nach zwölf Monaten verlängert, wie man es hierzulande nur von Telefonverträgen bei Mobilfunkanbietern kennt. Neben peniblen Begehungsprotokollen bei Ein- und Auszug gibt es hier auch unterjährige Begehungen durch die Makleragentur, um den Zustand der Wohnung oder des Hauses zu kontrollieren. Nägel dürfen hier nicht in Wände geschlagen werden, und ein neuer Anstrich bedarf der schriftlichen Erlaubnis des Besitzers. Wer diese erhält, ist dabei an die quasi-englische Standardfarbe »Magnolia« gebunden. Wenig Raum für Individualismus.

Zwar sind die Rechte von Mietern in unserem Land wesentlich ausgeprägter, trotzdem kann man nicht alles tun und lassen, was man will. Die Anschaffung neuer Fliesen im Bad, neuer Sanitärobjekte oder einer neuen Treppe obliegt nicht alleinig dem Vermieter. Auch in der Wahl der Heizung besteht eine Abhängigkeit vom Eigentümer. Wer der alten Ölheizung und der alljährlichen Schwankungen des Ölpreises überdrüssig ist und den Gaspreisen der Versorger trotzen möchte, um auf diesem Weg ein Stückchen mehr Unabhängigkeit zu erlangen, kann mit einer energieeffizienten Wärmepumpe diesen Weg beschreiten. Energieeffizient ist dabei alles mit einer sogenannten Jahresarbeitszahl von mehr als einer ominösen Zahl drei. Wer also eine Jahresarbeitszahl von vier erreicht, erhält viermal so viel Wärmeenergie, als elektrische Energie zur Gewinnung benötigt wird. Zwar besteht hier noch immer die Abhängigkeit vom Netzbetreiber, aber zumindest hier kann man heute, dank einschlägiger Vergleichsportale im Internet, jährlich den Anbieter wechseln. All diese Freiheiten bieten ein eigenes Haus, in dem man nach Gutdünken unabhängig von anderen, vor allem vom Vermieter, entscheiden darf oder eher muss.

WEIL MAN HIERZULANDE NOCH SELBST BAUEN KANN

Der Kabarettist Dieter Nuhr hat unlängst festgestellt, dass es im Staat Oman nicht nötig ist, ein Haus zu bauen[23]. Häuser werden dort vom Sultan gebaut. »Im Oman regelt alles der Sultan. Wer ein Haus braucht, kriegt eins.« Grundsätzlich ist die Sache gar nicht schlecht. Kein Stress mit dem Hausbau. Wer den Hausbau bereits ein- oder mehrmals miterleben durfte, findet dieses Konzept vielleicht gar nicht so übel. Hierzulande ist sozusagen der Bauträger der Sultan. Und damit man sich selbst um so gut wie nichts kümmern muss, gibt es das Konzept »schlüsselfertig«. Das macht zwar weniger Spaß, ist aber angenehmer, als selbst tätig zu werden. Einfach so bekommt man das Haus dann aber auch wieder nicht. Der Bauträger wird, je nach Hausgröße und Anzahl der Extras, mit einem sechs- bis siebenstelligen Eurobetrag zum Bau bewegt. In der Regel klappt das ohne Probleme, denn Geld regiert die Welt. Der Sultan hat, laut Nuhr, im Oman eine Mehrwertsteuer eingeführt, um weiterhin Häuser zu bauen, insbesondere, wenn das Geld anderweitig nicht so fließt wie gewohnt. Auch die haben wir. Also die Mehrwertsteuer. Da kommen bei einem durchschnittlichen Einfamilienhaus locker 50.000 oder 60.000 Euro zusammen. Leider kommt die Mehrwertsteuer bei uns weder dem Sultan noch dem Bauträger zugute. Und der Staat baut keine Häuser. Zumindest nicht bei uns. Bekommt aber das Geld. Abgesehen von all diesen Kleinigkeiten gibt es aber einen Hauptunterschied zum Oman. Wer hier ein Haus baut, baut das für sich. Vielleicht für die eigenen Kinder oder auch noch mit für die Eltern. Werden gleich alle unter ein Dach gepackt, entsteht somit ein Mehrgenerationenhaus. Auch dieses Modell wird in der Regel von jedem Bauträger angeboten. Das war nicht immer so bei uns. In feudalen Zeiten gab es die Grundherrschaft, die noch bis in die Mitte des 19. Jahrhunderts gepflegt wurde. Erst mit der Bauernbefreiung wurde dieses Abhängigkeitsverhältnis aus der Welt geschafft. Grundsätzlich konnte sich auch der Bauer auf dem Lehen sein Häuschen errichten. Die Häuser waren damals eher zweckdienliche Bauernhäuser. Im Zentrum der Grundherrschaft fand man oftmals das Herrenhaus, ein Schloss oder eine Burg. Unterschiedlich pompös oder klein, je nach Stellung und Einfluss des Grundherrn. Bedienstete, die nicht gerade das Land bestellten oder als Pächter auftraten, wurden in ebendiesen Häusern untergebracht. Oft in den Räumlichkeiten unter dem Dach. Wer eine bessere Stellung innehatte, konnte auf ein kleines eigenes Heim hoffen. All diese historischen Gegebenheiten sind, mehr oder weniger wahrheitsgemäß, bild- und dialogintensiv in dem britischen TV-Drama *Downton Abbey* zu bestaunen[24]. Da wird einem beim Zuschauen schnell klar: Wir leben in tollen Zeiten. Damals war nicht alles besser. Wer das Glück hat, einen passenden Bauplatz zu finden, diesen von der Familie ähnlich den ehemaligen Grundherren erhält oder vielleicht sogar schon hat, sollte bauen, schon alleine, weil es hierzulande noch möglich ist, ganz eigenverantwortlich, ohne Lehnsherrn oder Sultan.

WEIL MAN ENDLICH ETWAS RICHTIG EIGENES HAT

Ein ehemaliger Arbeitskollege ist vor vielen Jahren mit seiner Frau nach Tschechien gezogen. Nach ein paar Jahren und mit zwei Kindern im Gepäck haben Sie dann gewagt zurückzukehren. Ein Neustart, noch mal in Deutschland eine neue Existenz aufzubauen.

Während er ohne Probleme eine Stelle gefunden hatte und die Kinder, zweisprachig aufgewachsen, in Deutschland sofort in die Schule gehen konnten, suchte seine Frau noch nach einer Arbeitsstelle. Während dieser Zeit haben die vier eine kleine Wohnung knappe 20 Kilometer von seiner Arbeitsstelle gefunden. Die Wohnung war nur als Übergangslösung gedacht und daher nur bedingt wohnlich hergerichtet. Die beiden wollten nicht allzu viele Liebesmühe in eine Wohnung stecken, die sie nach einigen Monaten sowieso wieder verlassen würden. Eine Wohnung näher an der Arbeitsstelle war das Ziel. Wie es das Schicksal wollte, hat sich die vierköpfige Familie nach guten zwölf Monaten wieder entschlossen, zurück nach Tschechien zu ziehen. Die Sehnsucht nach Freunden, Familie und für die Kinder vor allem der Großmutter hat am Ende gesiegt. Alles in allem war dies nicht die schlechteste Entscheidung. Kurz nach der Rückkehr in die kleine Ortschaft, nicht allzu weit von der deutsch-tschechischen Grenze entfernt, wurde der kleinen Familie von der Großmutter ein besonderes Geschenk zuteil. Ein Grundstück, auf dem die vier ein ganz eigenes Haus bauen konnten. Zwar mit Hanglage, sodass der Bau etwas aufwendiger werden würde, aber, wie Sophronius Eusebius Hieronymus in Einleitung seines Kommentares zum Epheserbrief des Paulus bereits im 4. Jahrhundert sinngemäß bemerkt hatte: »Einem geschenkten Gaul schaut man nicht ins Maul.« Seither schreitet die Fertigstellung des eigenen Heims stetig voran. Die Erdarbeiten, der Rohbau, der Dachstuhl, Ziegel und endlich auch die Innenwände wurden nach und nach fertiggestellt. Zwischenzeitlich sind die vier bereits bei den Sanitärinstallationen angelangt. Und schon in diesem Zustand des Hauses ist der Unterschied zur damals in Deutschland gemieteten Wohnung erkennbar. Selbst im Rohbau steckt schon die Liebe im Detail. Die zwei Zimmer für den Nachwuchs maßgeschneidert, Bäder, Garagen, alles auf die eigenen Bedürfnisse ausgelegt und dabei perfekt in die Hanglage integriert. Auch die Motivation für das zukünftige Eigentum ist nun ganz anders. Eigentum, schon bei den Griechen ein Thema. Die

»utopische Gesellschaft« war von der Idee des Eigentums geprägt. Platon und Aristoteles, beides schlaue Köpfe, haben sich genau jene über das Thema zerbrochen. Eigentum schafft ein gänzlich anderes Bewusstsein. Auf jeden Fall kann sich die Familie nun voll und ganz ihrem Eigenheim mit all dem Herzblut widmen, das sie sich bis zu diesem einen Moment aufgespart haben. »Endlich was Eigenes«, darauf haben die vier so lange gewartet.

38. GRUND

WEIL DAS EIGENE HAUS DAS TRAUMHAUS IST

Früher hat man Häuser noch mit den eigenen Händen gebaut. Mein eigener Großvater, Konditor von Beruf, hatte Mitte der 1950er ein Wohnhaus mit einem Lokal gebaut. Damals nahmen es die Bauarbeiter mit dem Lot und den rechten Winkeln jedoch nicht sonderlich genau. Gebaut wurde zu jener Zeit eher nach Augenmaß. Dieses wurde durch zwar bereits damals isotonische, aber nicht zwingend alkoholfreie Erfrischungsgetränke merklich begünstigt. Ohne Vorurteile zu schüren und Unterstellungen zu tätigen, lässt sich doch sagen, dass selbst durch Kinderspielzeug dieses Stereotyp früher begünstigt wurde. Baustelle und Bier. Das gehört zusammen. Noch in den 1980ern war ein Spieleset, unter der Nummer 3562, der Firma Playmobil zu kaufen, das neben einem Bauarbeiter und einem Betonmischer eine Kiste Erfrischungsgetränke der imaginären Marke »Bock Bräu München« enthielt. Das heute nicht mehr erhältliche Set gab es dann einige Jahre später nur noch mit einer neutralen Beschriftung der Getränkekiste[25]. Als weitere Bestätigung fanden wir, in den alten Gemäuern unserer alten Wohnung, den einen oder anderen eingemauerten Kronkorken. Irgendwann kommt eben alles ans Licht. Im Laufe der Jahre wurden, mit einer entsprechenden Menge Gips, die Mauern begradigt und das Haus über die Jahre hinweg wieder und wieder umgebaut. Dabei musste das Haus so ziemlich alles über sich ergehen lassen, was einem nur so einfallen kann. Es wurde aufgestockt, Wände wurden eingezogen und eingerissen, Treppen abgerissen, Durchbrüche gemacht, Türen aus- und eingebaut und Fenster versetzt, alle Rohrleitungen saniert und die gesamte Elektroinstallation ausgetauscht. Natürlich nicht alles auf einmal, sondern über die Jahre hinweg, und in mehr oder weniger großen Schüben. Irgendwann hatten unsere Eltern sich entschieden, anstelle von weiteren Umbauten nochmal ein neues Häuschen zu bauen – nach eigenen Wünschen, ohne schiefe Wände, Türen und Fenster am richtigen Platz, einfach so, dass einmal alles passt. Hier wurde penibel auf das kleinste Detail geachtet. Selbst ein gebogener Durchgang musste damals von den Maurern neu geschaffen werden, und der Besitzer des Bauunternehmens höchstpersönlich musste die betonierten Treppenstufen mit dem Presslufthammer korrigieren. Neben Ankleidezimmer und offenem Küchenbereich wurden Annehmlichkeiten wie ein programmierbares Bussystem und ein direkt ins Haus integrierter Staubsauger – so etwas gibt es wirklich – realisiert. Genau das macht das Hausbauen aus. Man kann sich sein Traumhaus bauen, wie man möchte. Tatsächlich, das damals neue Haus hat zwischenzeitlich 15 Jahre überstanden, ohne dass das Bedürfnis aufkam, größere Umbauten durchzuführen.

Erst kürzlich haben wir gelernt, dass es ein Bio-Solar-Haus[26] gibt. Im familiären Umfeld eines Arbeitskollegen wurde vor nicht allzu langer Zeit ein solches Haus gebaut. Eine Art Haus im Gewächshaus ist das wohl, aus Laiensicht betrachtet. Begrünt und mit teilweise Erdanschüttung, angeblich mit einem tollem Wohngefühl, diffusionsoffen und mit extrem niedrigen Heizkosten. Auch das hatte man sich an dieser Stelle erträumt. Für uns war es ein Häuschen mit Klinkern im Landhausstil, für die Nachbarn ein massives Holzhaus. Jedem nach seinem ganz eigenen Geschmack. Auch in der Raumaufteilung sind wir unseren Wünschen möglichst nachgekommen.

Ein Kaminofen, eine offene Galerie. Wünsche, die Verkaufsberater, Architekt und Bauleiter teilweise an ihre Grenzen gebracht haben. Am Ende hat es fast alle, einschließlich uns, in die Verzweiflung getrieben, aber nun ist eben alles genau so, wie wir es uns erträumt haben. Das Ausmaß der Träume hängt zwar mitunter von der Größe des Portemonnaies ab, aber auch die Realisierung des kleinen Traumhauses kann ungemein glücklich machen.

WEIL MAN NACHTS STAUBSAUGEN KANN

Es ist 5:30 Uhr in der Früh. Mit schrill quietschendem Getöse wird der Staubsauger über die Fliesen gezogen. Unrhythmisch schallt es durch die Wände, während der Staubsauger gegen die Putzleiste gehämmert wird. Noch eine Stunde, dann hätte der Wecker sowieso geklingelt. In einer halben Stunde geht die Sonne auf. Dann beginnen die Vögel mit ihrem morgendlichen Gezwitscher. Weshalb also nicht gleich wach bleiben. Wir beschweren uns selten. Wir denken, wir machen ja auch einmal Lärm. Gutgläubig, wie wir sind, sagen wir nichts zu den anderen Mietern. Wir verstehen es ja, die Familie unter uns hat zwei Hunde. Jede Menge Hundehaare, die sich so in der Wohnung breitmachen. Da muss öfter mal gesaugt werden. Ein anderes Mal Renovierungsarbeiten, wieder in der Wohnung unter uns. Wenige Wochen vor der Geburt des Nachwuchses. Die Küche wird von Grund auf saniert. Das soll alles noch fertig werden, bevor der Familienzuwachs geboren wird. Neue Fliesen an Wand und Boden, eine neue Decke in der Küche. Auch neue Stromkabel werden wohl an einigen Stellen verlegt. Vier Wochen lang, bis spät in die Nacht, werden Fliesen und alte Putzreste von den Wänden geklopft und Scherben und Bauschutt gekehrt. Wir beschweren uns in so einer Situation nicht. Wir denken uns »Irgendwann müssen wir ja auch einmal etwas machen«, da hofft man auf Verständnis. Nur wenige Wochen später und mit einem neuen Mitbewohner im Haus lernen wir, wie viel Lärm denn so ein Kleinkind verursachen kann. Überforderte Eltern im Übrigen auch. Wir sagen nichts, vielleicht möchten wir ja auch einmal Kinder. Die machen sicherlich auch viel Lärm. Aus welchem Grund sollte es denn bei einem selbst anders sein als bei all den anderen Eltern? Auch wenn man es sich wünscht, auch unser Kind wird sicherlich einmal viel, sehr viel Lärm machen.

Lärm, entweder von einem selbst oder von anderen verursacht, ist oftmals die Ursache vieler Konflikte. Und so haben wir das Kindergetöse erst einmal kommentarlos ignoriert. In der Hoffnung auf gegenseitiges Verständnis. Aber die besagten Eltern hatten ein ganz eigenes Verständnis. Mittags durften wir nicht mehr staubsaugen, da der Lärm das Kind aufgeweckt hätte. Nach 19 Uhr war es ebenfalls unerwünscht, da Mutter samt Kind bereits im Bett lagen. Morgens fanden wir es persönlich unangebracht. Außerdem hätte es auch morgens gestört, da sind wir ziemlich sicher. Eines Abends mussten wir, aufgrund eines Defekts in der Küche, sozusagen eine Notoperation vornehmen. Ein Kurzschluss und ein defektes Kabel waren schuld. Das Kabel musste noch an diesem Abend freigelegt werden. Hammer und Meißel, 50 Jahre alte Mauern und Zeitdruck haben es erfordert, ausnahmsweise bis spät in die Nacht zu arbeiten. Natürlich nicht ohne die obligatorische Beschwerde über den Lärm. Zugegeben, es war nicht der einzige Grund, aber mit einer der Gründe, ein eigenes Haus zu bauen. Hier stört es keinen, wenn man um Mitternacht saugt. Selbst mit einem Industriesauger, im Übrigen eine unabdingbare Anschaffung bei einem Hausbau, beschwerte sich niemand. Löcher bohren wir regelmäßig spätabends in die Wände. Auch der Aufbau unserer Küche ging überwiegend am Abend oder nachts vonstatten. Mit Einsatz von Bohrern, Schraubern und Sägen wurde so einiges an Staub produziert, was auch wieder weggesaugt werden wollte. Sehr oft zu späten Abendstunden. Es hat einige Zeit gedauert, bis wir uns endlich des schlechten Gewissens entledigt hatten. In den späten Abendstunden den Staubsauger anwerfen, einen Nagel in die Wand schlagen oder etwas sägen. Nicht, dass dies jeden Abend bei uns auf dem Programm stünde, aber ab und an fällt einem doch noch etwas ein. Und dann können wir, ohne Sorge zu haben, spät oder früh den Staubsauger anwerfen und mit lautem Getöse durch das Haus fegen – ganz ohne schlechtes Gewissen.

WEIL MAN DIE HAUSTÜRE ABSCHLIESSEN KANN

»My home is my castle.« Oftmals wird genau dieser englische Satz mit der Möglichkeit der Selbstverwirklichung im Eigenheim in Verbindung gebracht. Der Möglichkeit, von Dekofetischisten, selbst auserkorenen Stilisten und Designfanatikern sich in den eigenen vier Wänden auszuleben, wenn nicht gar auszutoben. Dabei ist nur selten bewusst, es handelt sich nicht um den Aufruf, sich auszuleben. Es ist ein Gesetzeskommentar eines gewissen Sir Edward Coke. Dieser hat weniger mit dem gleichnamigen koffeinhaltigen Erfrischungsgetränk zu tun als mit englischer Gesetzgebung. Als britischer Jurist und Politiker verfasste Sir Coke zahlreiche Kommentare zu alten englischen Gesetzen. Dabei handelt es sich um wirklich alte Gesetze, denn Sir Coke lebte Mitte des 16. Jahrhunderts. So kam es, dass er im dritten Band seiner Gesetzeskommentare niederschrieb, es sei dem Hausherrn gestattet, sich gegen Angreifer zu wehren, den eigenen Besitz mit Waffen zu verteidigen. Sinngemäß lautet hier dann die Übersetzung »… denn eines Mannes Haus ist seine Burg …«. Mit dem zeitlichen Aspekt und einem laienhaften Wissen aus zahlreichen Robin-Hood-Verfilmungen im Hinterkopf macht dies auch Sinn. Damals wurden Burgen mit Schwert, Lanze, Pfeil und Bogen oder allerlei sonstigen Instrumenten bis auf den Tod verteidigt.

Ganz so weit müssen wir heutzutage in unseren Breitengraden nicht mehr gehen, denn auch die Gefahr, die von belagernden Heeren ausgeht, ist heutzutage verhältnismäßig gering. Das Hausrecht wird bei uns durch den Artikel 13 im Grundgesetz, die Unverletzlichkeit der Wohnung, geregelt. Der Hausherr bestimmt, wer ein und aus geht, und darf dies im Notfall auch mit Gewalt durchsetzen. Weiterführendes zur Notwehr wurde ab dem Paragrafen 32 im Strafgesetzbuch verewigt. So weit sind wir demnach von Herrn Cokes Anmerkungen nicht entfernt. In den meisten Fällen genügt schon ein Türschloss, ein Gartenzaun, Hecken, eventuell auch von der dornigen Sorte, um unliebsame Besucher fernzuhalten. Wenn des Nachts um kurz vor vier der Mieter aus der Wohnung eine Etage höher wieder einmal versucht, in angetrunkenem Zustand die Wohnungstür zu öffnen, sich aber im Stockwerk vertan hat. Wenn für ihn alle Wohnungstüren gleich ausschauen, es mit dem Zählen jedoch nicht mehr so geklappt hat. Wenn man sich beim Klackern des Türschlosses die Frage stellt, ist dies ein unerwünschter Gast in der Hoffnung auf reiche Beute, den es alsdann in heroischer Selbstlosigkeit in die Flucht zu schlagen gilt, oder ist es der Nachbar, besoffen, wie jeden Freitagabend, dann wünscht man sich ein eigenes Haus. Mit Zaun und Hecken. Im eigenen Haus ist es dann wohl eher klar. Da hat sich der Nachbar auf der Suche nach der richtigen Eingangstür nicht in der Haustür vertan.

Vielleicht will man aber auch nur seine Ruhe. Nach einer harten Arbeitswoche entspannen, die Haustüre verschließen und sich im Garten in der angenehmen Nachmittagssonne mit einem kühlen Drink ausruhen. Einfach mal nicht da sein, für ein paar Stunden ganz weit weg sein. Für andere ist es der Hobbykeller, ein Relikt aus alten Tagen, für manch anderen die Garage, in der er ein Boot baut. Jeder eben nach seinem ganz eigenen Geschmack. Mit Ausnahme von Bungalows haben die meisten Häuser mehr als ein Stockwerk. Sie geben einem noch mehr Rückzugsmöglichkeiten, um das Nichtdasein vorzugaukeln. Rückzugsmöglichkeiten auf mehreren

Ebenen. Das eröffnet im wahrsten Sinne des Wortes eine gänzlich neue Dimension. Ganz ohne Burggraben und versteckte Fallen.

WEIL MAN SICH DIE FLIESEN SELBST AUSSUCHEN KANN

Über die Jahre ändern sich die Modetrends. Zum Glück, möchte man sagen, betrachtet man so manche Jahre oder Jahrzehnte zuvor. Heute geht alles hin zu sterilen Hochglanzküchen und Fliesen in Betonoptik. Auch in Bädern dominiert inzwischen oftmals die polierte Kunststoffoberfläche, in Harmonie mit schicken Fliesen. Braune Bäder sind gerade völlig im Trend. Aber das gab es schon einmal, damals war es Beige. Als Mieter einer in den 1970ern ausgebauten Wohnung ist man unter Umständen grellen Farben mit einschlägigen Mustern in den Bädern ausgesetzt. Wer ein solches 70er Hippiebad besitzt oder zumindest einmal besucht hat, weiß sofort, wovon die Rede ist. Wer nicht, der hat einfach nur Glück gehabt. Wer das erste Mal ein solches Bad betritt, weiß gleich, was Sache ist. Die Renovierung eines solchen Raumes ist vielen ein durchaus dringendes Anliegen. Moosiges Grün oder stechendes Orange waren damals dominierende Farben.

Auch wer sich für den Bau eines Hauses entschieden hat, wird früher oder später vor die Wahl gestellt, welche Fliesen für die Nassräume Verwendung finden sollen. Wer sich für ein Fertighaus entscheidet, ist oft an eine eingeschränkte Auswahl gebunden, was die Qual der Wahl natürlich verringert. Die im Preis inbegriffenen Fliesen sind meist auf eine bestimmte Größe beschränkt. Alles über diesem Maß kostet Aufpreis. Die Option, die Fliesen nach eigenem Wunsch verlegen zu lassen, gibt es aber allemal. Hierbei ergeben sich fast uneingeschränkte Möglichkeiten. Es gilt, eine vorausschauende Wahl zu treffen, denn meist überdauert das Fliesenwerk so einige Dekaden. Moosiges Grün und stechendes Orange können dies bezeugen. Wer bereits einmal alten Fliesenkleber vom Boden abgeschliffen hat, wird tunlichst vermeiden, das geliebte Keramik- und Feinsteinzeug allzu früh zu erneuern. Als Bauherr hat man aber diese Wahl und sollte sich auch Zeit dafür nehmen. Es ist zwar keine Entscheidung für den Rest des Lebens, aber eben für ein paar Jahre. Der unerschöpfliche Vorrat an durchaus schicken, aber auch weniger ansehnlichen Fliesen kann den einen oder anderen Bauherrn in die Verzweiflung treiben. Erst vor Kurzem konnte man in den Verkaufsräumen unseres Baustoffhändlers einen sich anbahnenden Ehekrach beobachten. Er wollte eher rustikal, sie doch eher modern. Dazwischen der Verkäufer, der ungewollt zum Mediator und Ehetherapeuten wurde. Ist die Frage nach den Fliesen erst einmal geklärt, gilt es noch die Entscheidung über die Fugenfarbe zu treffen. Mit dem Aussehen ist es aber nicht getan. Das hat bei uns mehr Zeit in Anspruch genommen, als die passenden Fliesen zu finden. Zu beachten sind außerdem die Rutschfestigkeit und die Abriebklasse der Fliesen. Ist Erstere im Wohnbereich zu hoch, läuft man Gefahr, auf Tritt und Schritt zu stolpern, ist sie im Nassbereich zu niedrig, besteht die Gefahr, ungewollte Pirouetten auf der nassen, rutschigen Fliese zu drehen. Neben dem Baumarkt und dem Baustoffhändler gibt es Fliesen heute auch in hoch spezialisierten Onlineshops. Hier besteht oft die Möglichkeit, Muster zu bestellen. Beim Fachhändler hingegen findet man die Ausstellungsstücke und die nicht zu unterschätzende Beratung. Aber auch bei Supermärkten konnten bereits Fliesen zur Bestellung in den Prospekten gesichtet werden, auch wenn sich der Zusammenhang zu Milch, Wurst und Käse nur schwerlich erschließen lässt.

Letztendlich gilt es noch zu entscheiden, ob das Verlegen durch den Fliesenleger oder durch den versierten Hobbyhandwerker erfolgen soll, denn dann gilt es, die Heimwerkstatt aufzustocken. Fliesenschneider, Nassschneider mit Diamantschneideblättern, Nivelliersystem und der richtige Fliesenkleber stehen dann auf der Einkaufsliste. Den initialen Kosten gegenübergestellt, steht die Möglichkeit, einen heute getätigten Fehltritt bei der Fliesenauswahl in ein paar in Jahren durch Eigenarbeit wiedergutzumachen. Das Werkzeug für das Verlegen neuer Fliesen wäre dann ja bereits vorhanden.

Wie auch immer die Entscheidung ausfällt, am Ende liegt einem zu Füßen, was man sich gewünscht hat. Dabei gilt es neben Fliesen und Fugen noch die Accessoires zu beachten: Sockelleisten, Kantenprofile und falls nicht, ein Jolly-Schnitt. Die so auf Gehrung geschnittenen Fliesen erzeugen hübsch anzuschauende Stöße an den Kanten. Bei den Kantenprofilen gibt es mehr als zwei Hersteller. Jeder mit einem eigenen Katalog voller Winkel, Kanten und Übergänge. Nicht Prospekt, sondern Katalog. Eben für jede Fliese das passende Profil aus Metall oder Kunststoff, jeder Werkstoff mit seinen ganz eigenen Vor- und Nachteilen. Ohne stoßen sich die Kanten der Fliesen aber allzu schnell ab. Noch mehr zu entscheiden, noch mehr auszusuchen. Das kleinere Übel zu wählen, eine Entscheidung mehr, die jeder erneut treffen darf. So ganz ohne fachmännischen Rat klappt das eigentlich heutzutage nicht mehr. Vielleicht müssen hier Kompromisse eingegangen werden, am Ende ist es aber die eigene Entscheidung. Eine Entscheidung nach dem ganz persönlichen Geschmack, ganz ohne die Einwilligung eines Vermieters, denn beim Hausbau kann man sich die Fliesen und eben alles, was dazugehört, selbst aussuchen.

WEIL EIN KAMIN DAZUGEHÖRT

In Zeiten modernster Technologie, hocheffizienter Heizungsanlagen und nahezu absurd isolierter Neubauten kennen wir keinen einzigen Bauherrn, der nicht einen Kaminofen für seinen Neubau geplant hat. Die Auswahl an Heizmöglichkeiten erschlägt einen förmlich, begeht man den Fehler, sich als mündiger Bauherr mit dem Thema auseinanderzusetzen. Neben traditionellen Brennwertöfen für Öl und Gas gibt es Pelletheizungen, Öfen für Holzvergasung, natürlich Wärmepumpen in sämtlichen Variationen, begonnen von Luft-zu-Luft-, über Wasser-zu-Luft- und Luft-zu-Wasser-Wärmepumpen. Alternativ gibt Anlagen mit Direktkondensation, die der Funktionsweise eines Kühlschranks nachempfunden sind. Die Technologie kennt keine Grenzen. Nachtspeicheröfen sind zwischenzeitlich und glücklicherweise aus der Mode gekommen. All diese Alternativen lassen sich, um die Komplexität der Entscheidungsfindung zu maximieren, in nahezu beliebiger Kombination miteinander verbinden. Trotz all dieser Möglichkeiten träumt jedoch fast jeder von einem ganz einfachen Kaminofen. Nun ist »einfach« ein relativer Begriff beim Hausbau. Auch hier gibt es wieder die Wahlmöglichkeit zwischen dem Baumarktmodell für wenige Hundert Euro bis hin zum gemauerten oder gar mit dem Kran gelieferten Schmuckstück eines jeden Wohnzimmers im vier- oder gar fünfstelligen Eurobereich. Wie bei allem sind auch hier nach oben keine Grenzen gesetzt. Auch wenn es nur um das profane Heizen mit Holz geht, existieren schicke Designerstücke, für deren Preis ohne Weiteres auch ein Kleinwagen samt dazugehöriger Garage angeschafft werden könnte. Das Heizen mit selbigem erweist sich allerdings als äußerst ungesund im eigenen Wohnzimmer und sollte demnach tunlichst vermieden werden. Der Kamin ist demnach dem Kleinwagen vorzuziehen. Zumindest, wenn es um das Heizen geht.

Während das Heizen mit Holz wohl die ursprünglichste aller Heizmethoden darstellt, ist, dank der ersten Bundesimmissionsschutzverordnung, seit dem Jahr 2015 auch das geregelt. Feinstaub heißt der Feind, mit dem sich der Bauherr nun auseinandersetzen muss. Der Unterschied zum Kleinwagen verringert sich hierdurch plötzlich wieder. Unzählige Nachweise hinsichtlich der Emission eines Holzofens sind zu erbringen, bevor die Freigabe und somit die Betriebserlaubnis des Bezirksschornsteinfegers erfolgen kann. Eine Feuerstätte im eigenen Garten unterliegt dieser Regelung glücklicherweise noch nicht. Aber wer möchte sich schon jeden Abend vor die Feuerschale im Garten setzen? Wer den bürokratischen Hürdenlauf gemeistert hat, darf sich freuen. Wohlige Wärme, die das Herz erfreut. Das Beste für verschneite Winterabende oder stürmische Tage im nasskalten Herbst. Tatsächlich geht von einem holzbefeuerten Ofen eine gänzlich andere Wärme aus als von einer herkömmlichen Zentral- oder Fußbodenheizung. Das Knistern beruhigt, die lodernden, rot-gelb züngelnden Flammen faszinieren. Das Lagerfeuer im eigenen Heim hat etwas Ursprüngliches. Ein solcher Kamin ist ein Platz der Geselligkeit, gleichgültig ob es sich um einen entspannten Abend zu zweit oder eine fröhliche Runde im Freundeskreis handelt. Da kann immer noch ein Scheit Holz aufgelegt werden, bevor sich der zum Ende neigende Abend durch die verblassende Glut ankündigt.

Wer einmal ein Haus mit Kamin gebaut hat, wird kein zweites ohne bauen. Wer einmal in einer Wohnung mit Kaminofen gewohnt hat, wird sich diesen besonderen Luxus auch im eigenen Haus wünschen. Feinstaubplakette hin oder her. Wer auf dem Land baut, hat es vermutlich einfacher. Wie bei fast allem, was den Bau angeht, darf auch hier die Kommune ein Wörtchen mitreden. Die Regelung hinsichtlich Feinstaubemission ist in Städten oder Vorstädten oft, aber nicht immer, etwas schärfer. Aber wo ein Wille ist, da ist meist auch ein Weg. Und Bauherren lernen ihren Kopf durchzusetzen.

Ist die Entscheidung erst einmal gefallen, darf der Kreativität freier Lauf gelassen werden. Es gibt Kaminbauer, die sich auf nichts anderes spezialisiert haben, als individuell angefertigte Meisterstücke zu fabrizieren. Wie eine selbst erfüllende Prophezeiung werden dann eine Kettensäge und ein Anhänger benötigt, denn schließlich wird jedes Jahr frisches Brennmaterial benötigt. Den Bauherren wird damit auch nach dem Hausbau niemals langweilig, denn jedes Jahr aufs Neue kann zur Holzernte ausgerückt werden. Das selbst geschlagene Holz im eigenen Ofen zu verbrennen, das gibt ein besonderes Gefühl der Zufriedenheit.

WEIL STECKDOSEN ENDLICH AM RICHTIGEN PLATZ SIND

Vor rund 15 Jahren bat ich einen befreundeten Elektriker, mir an einem Ostersonntag zu helfen, eine Steckdose anzuschließen. Zu dieser Zeit hatte ich nur wenig Erfahrung mit Elektrik, von Phase, Erde und Nullleiter, von Kurzschlüssen und den potenziellen Gefahren, die von einer fehlerhaften Verkabelung ausgehen.

Das ursprüngliche Problem lautete Altbau. Über mehr als 50 Jahre hinweg haben Jahrzehnt für Jahrzehnt zahlreiche Elektriker ihr Werk vollbracht. Jeder einzelne, für sich gesehen, nach den jeweils gültigen Normen und Richtlinien, sicherlich einwandfrei, in der Gesamtheit betrachtet, jedoch ein undurchdringlicher Wirrwarr von Stückwerken, der auch den ausgebildeten Elektrofachmann an seine Grenzen brachte.

Zwei Wohnungen, drei Stromzähler und Sicherungskästen. Drei Stromkreise, einer pro Wohneinheit, einer als Gemeinschaftszähler für Heizung, Flurlicht und dergleichen. Alles ganz einfach, möchte man meinen. Die ursprüngliche Installation war eine Ringleitung. Das Konzept dahinter ist eine ausfallsichere Versorgung der Abnehmer. Im privaten Bereich sicherlich nicht notwendig, und nach gültigen Vorschriften mehr als fragwürdig. In den 1950ern aufgebaut, mit Einzeldrähten, wurde dieses Konstrukt über die Jahre weiter und weiter ausgeweitet. Nicht nur, dass sich mit jedem Anbau die Installation geändert hat, auch die gültigen VDE-Normen haben sich geändert und damit auch mehr als einmal die farblichen Belegungen der Drähte. So fand man Grau, Schwarz, Blau, ein anderes Blau, Braun, Rot, und das typische Gelbgrün für das Potenzial. Letzteres wurde jedoch mehr als einmal mit anderen Farben verlängert, sodass auch hier nicht immer eine eindeutige Zuordnung möglich war. Ein Übungsparadies für Bombenräumkommandos. Hier lernte ich viel über Elektroinstallationen.

Das Ende der Odyssee war eine Kernsanierung. Mehrere Hundert Meter Kabel wurden aus den Wänden gerissen, gezogen und gestemmt. Was sich nicht aus den Wänden entfernen ließ, wurde stillgelegt, und die Leitungen wurden nach den aktuellsten Vorschriften erneuert. Über die Jahre hatte sich eine Art Eigenleben bei der Zuordnung von Steckdosen zu Sicherungsautomaten entwickelt, sodass eine Steckdose im Wohnzimmer mittels eines dem Hausflur zugeordneten Sicherungsautomaten geschaltet wurde, die Lichter im Flur jedoch mit dem Automaten im Bad gekoppelt waren. Zustande kam das ganze Fiasko, indem über die Jahre hinweg immer wieder neue Steckdosen gebohrt und installiert wurden. Der Grund hierfür sind zwei Naturgesetze. Erstens, es gibt immer zu wenige Steckdosen, und zweitens, Steckdosen sind immer am falschen Platz. Aus den Erfahrungen haben wir eine Lehre gezogen. Bei der Installation unseres Hauses haben wir aus dem Vollen geschöpft. In nahezu jeder Zimmerecke findet man mindestens zwei Steckdosen. Fast in jedem Zimmer findet man mindestens eine Steckdose auf Höhe der Lichtschalter, um bequem einen Staubsauger anzuschließen, ohne hinter einen Schrank kriechen zu müssen. Außerdem haben wir penibel darauf geachtet, neben jedem Fenster mindestens eine Steckdose für Weihnachtsbeleuchtung zu installieren. Und trotzdem, schon nach wenigen Monaten im neuen Haus holt uns die Realität in Form des ersten Gesetzes ein. Im Hausflur benötigen wir eine Steckdose unter der Treppe, und natürlich haben wir festgestellt, dass trotz der wirklich vielen Steckdosen in der Küche immer genau eine fehlt. Ein ähnliches Phänomen konnten wir im Schlafzimmer beobachten. Auch das zweite Gesetz hat uns an der einen oder anderen Stelle, trotz sorgfältiger Planung, getroffen. Bei unseren Nachbarn traten beide Gesetze noch während der Rohbauphase in Kraft. In Akkordarbeit, nur wenige Tage bevor der Estrich eingebracht wurde, mussten zahlreiche neue Schlitze in das bereits verputzte Mauerwerk geschlagen und zusätzliche Leitungen verlegt werden. Ein Arbeitskollege hatte kurz nach seinem Einzug eine Steckdose an das andere Ende eines Raumes zu verlegen. Laut eigenen Aussagen war das wohl kein Spaß, und dank Steinwolle und zahlreichen Holzbalken auch kein leichtes Unterfangen.

Allerdings handelt es sich dabei um Jammern auf hohem Niveau, denn die meisten Steckdosen befinden sich genau da, wo wir sie haben wollten, und sowohl dem Nachbarn als auch unserem Arbeitskollegen ergeht es ähnlich. Ein wenig Planung vorausgesetzt, lassen sich wohl die meisten Wünsche berücksichtigen. Anders als beim Hauskauf oder bei der Wohnungssuche hat man beim Hausbau schon oft die zukünftige Einrichtung im Kopf. Da lässt sich vieles vorausplanen. Einige Extras sollte man trotzdem vorsehen, falls sich später einmal die Umstände ändern. Vielleicht wird ein Zimmer umfunktioniert oder einfach nur umgeräumt. Natürlich hat all dies seinen Preis, aber diese Investition ist bei einem Hausbau mehr als ratsam, denn dann befinden sich endlich alle Steckdosen am richtigen Platz.

44. GRUND

WEIL MANCHE HÄUSER UM DIE TREPPE GEBAUT WERDEN

Über 2.000 Systemtreppen baut, laut Aussagen des Monteurs, die Firma, die unsere Holztreppe lieferte. Die Auswahl der passenden Treppe war mitunter eines der schwersten Unterfangen, denen wir während der gesamten Planungsphase gegenüberstanden. Nach zahlreichen Erfahrungsaustauschen scheint es jedoch so, als ob es vielen Bauherren ähnlich ergeht. Unsere Verkäuferin hatte jedoch einmal einen Kunden, der bereits von Anfang an wusste, wie die Treppe aussehen soll. Das Haus war im Grunde nur Mittel zum Zweck und wurde um die Treppe herum gebaut. Wir hingegen änderten während der Planung ein halbes Dutzend Mal unsere Entscheidung. Der für uns zuständige Sachbearbeiter passte geduldig, Mal für Mal die Ausstattungsliste wie auch den Preis an. Das Problem bei Systemtreppen ist eine schier unendliche Möglichkeit, die einzelnen Elemente zu kombinieren. Stufen, Sprossen, Abstandsstücke, Wangen, Formen und Farben. Edelhölzer kosten Aufpreis, sind aber beständiger und halten durchaus mehr aus als die günstigen, meist weicheren Hölzer. Natürlich gibt es auch gemauerte oder betonierte Treppen. Die Treppen im alten Haus mussten wir auch schon einmal renovieren. Die gezimmerten Treppen wurden in den späten 1970ern mit Vinylboden belegt. Damals war das der letzte Schrei. Archäologischen Arbeiten gleichend, konnten wir beim Abtragen des Klebers sogar die zuvor verwendeten Kokosmatten freilegen. Diese wurden ein Jahrzehnt zuvor aufgeklebt. Das Vinyl wurde einige Jahre später einfach darübergeklebt. Renovieren war damals so unsäglich einfach. Das darunter befindliche Holz war leider schon stark beansprucht. Kokosmatten, Vinylboden, jahrelange Abnutzung. Da musste ein neuer Belag gefunden werden. Wir haben Kork verwendet. Neben einem angenehmen Gefühl ist der Belag obendrein isolierend. Leider hatten wir davon nicht allzu viel, da wir ein Jahr, nachdem wir die Treppe renovierten, begonnen haben, unser Haus zu bauen. Natürlich mit einer ganz neuen Treppe. Der Nachmieter freut sich nun umso mehr.

Früher waren die Treppen demnach eher zweckdienlich, und im Nachhinein wissen wir, nur schwer zu renovieren. Heute sind Treppen beinahe eine Art Prestigeobjekt. Moderne LED-Beleuchtung, Granit oder Marmor machen, insbesondere in Kombination mit modernen Einrichtungsstilen, einen besonders edlen Eindruck. Auch bei uns blickt man direkt auf die Treppe, sobald man das Haus betritt. Also achtet man hier nicht nur auf den Nutzen, sondern auch das Aussehen der Treppe. Dabei haben auch wir, zugegebenermaßen, ein wenig um die Treppe gebaut. Unser eigener Hausflur musste 30 Zentimeter breiter geplant werden, das war ursprünglich so nicht gewollt. Der Treppe zuliebe wurde der Plan jedoch angepasst.

Wer sich für eine Holztreppe entscheidet, erhält in der Regel einen zusätzlichen Bonus. Das Auspacken. Eine Art Bescherung beim Hausbau. Lange vor Weihnachten. Holztreppen werden nach der Montage mit Unmengen Kartonage und Frischhaltefolie verpackt, um sie in den letzten Wochen vor und während des Einzugs vor ungewollten Beschädigungen zu schützen. Irgendwann ist es dann so weit. Die Treppe wird ausgepackt und steht vor einem in strahlendem Glanz. Wer nun den Kopf schüttelt, hat einfach noch kein Haus mit einer eigenen Treppe gebaut, das Gefühl des Auspackens erlebt und ist noch niemals das erste Mal die eigene Treppe hinaufmarschiert. Sprichwörtlich ein erhebendes Gefühl.

Denkt man an Herrenhäuser im Stil der amerikanischen Südstaaten, wird einem der Wert einer beeindruckenden Treppe schnell bewusst. Auch dort wurden die Treppen gebaut, um daraufhin von einem Haus umrahmt zu werden. Treppen sind Handlungsstätten zentraler Geschehnisse. Ach so viele Szenen der Filmgeschichte trugen sich auf Treppen oder in Treppenhäusern zu. So auch im Klassiker *Vom Winde verweht*, in dem ein Wendepunkt dramaturgischen Ausmaßes durch Scarletts Sturz die Treppe hinunter in einer folgenschweren Handlungskette des Leinwandepos endet. Ohne diese pompöse Treppe hätte die Handlung einen gänzlich anderen Verlauf genommen, und Vivien Leigh und Clark Gable hätte vielleicht niemals den heutigen Ruhm erlangt.

WEIL DIE PARKPLATZSUCHE DER VERGANGENHEIT ANGEHÖRT

Unsere Oma hat kein Auto. Sie hat auch keinen Führerschein. Und trotzdem hat sie vor der Wohnung einen Parkplatz. Omas ganz spezieller Service für Besuch, oder wenn die Tochter oder die Enkeltöchter vorbeischauen. Keinen Parkplatz suchen zu müssen, das ist vielerorts ein nicht zu missender Luxus. Wir selbst habe einige Zeit in Großstädten gearbeitet und gelebt. Nach vollbrachter Arbeit und der Fahrt zurück nach Hause stand noch die allabendliche Parkplatzsuche auf dem Programm. Zeitweise endete diese in mutwilliger Inkaufnahme der damals noch 35 DM teuren Strafe für nicht ordnungsgemäßes Parken auf Sperrflächen, auf Bürgersteigen oder in Halteverbotszonen. Ein zweifelhafter Ruhm, mit dem sich jedoch viele Autofahrer brüsten müssen. Ähnlich erging es meiner Frau, als diese vor Jahren noch in der Stadt in einem Mietshaus wohnte. Damals wurde durchaus mehrere Blocks vom eigentlichen Wohnort entfernt geparkt, so weit entfernt, dass durchaus ein Ticket der öffentlichen Verkehrsbetriebe in Betracht gezogen werden konnte, nur um vom Auto zur Wohnung zu gelangen.

Beim Hausbau erübrigen sich solche Eskapaden. Oftmals geschieht dies durch die vorgeschriebene Zahl von Stellplätzen, die im Bebauungsplan festgelegt wird. Diese Zahl kann sich nach der Größe der Wohnfläche oder der Anzahl der Bewohner richten und wird wieder, wie so vieles beim Hausbau, meist von der zuständigen Gemeinde festgelegt. Dabei ist es in den meisten Fällen gleichgültig, ob es sich um einen Carport, eine Garage oder einfach um eine mit Rassengitter befestigte Fläche handelt. Wichtig ist dabei nur, dass die Stellplätze bereits im Bauantrag vorgesehen sind. Wer partout keinen Stellplatz errichten möchte, kann sich bei der Gemeinde nach der Ablösesumme, einem Schlupfloch in Form eines Ablasses, erkundigen. Das macht Sinn den, der wie unsere Oma weder ein

Auto noch ein Führerschein besitzt und dies auch zukünftig nicht wird.

Wie so oft beim Hausbau unterscheidet sich diese Regelung von Bundesland zu Bundesland. Hamburg hat diese gänzlich abgeschafft, was jedoch kein Grund sein sollte, ein paar Gedanken über einen Stellplatz auf dem eigenen Grundstück zu verlieren. Oftmals bieten Kfz-Versicherer einen Bonus oder gar einen Beitragserlass, wird das Auto auf dem privaten Gelände abgestellt.

Wer der Stellplatzverordnung nachkommt, sollte sich dann auch noch Gedanken darüber machen, ob und wie eine Stromversorgung an diesem Ort gewährleistet werden soll. Für Licht und vielleicht eine Steckdose, um das Auto mit einem Staubsauger zu reinigen, genügt eine gängige 230-V-Versorgung. Anders sieht es dann gleich aus, möchte man zukunftsorientiert bauen und für das Kommende gewappnet sein. Zunehmend bieten Autohersteller die ersten Elektrofahrzeuge an. Viele Modelle können, auf Kosten der Ladezeit, mit »normalem« Strom geladen werden. Wer seine Akkus in weniger als einer Stunde auf einen 80-%-Füllstand katapultieren möchte, benötigt bei heutigen Technologien einen Starkstromanschluss. Beim Hausbau kein Problem. Das kann von Beginn an berücksichtigt werden, und selbst wenn heute noch kein Elektroauto im Haushalt ist, das Kabel liegt dann schon für die kommenden Jahre. Ab und zu erlebt man Dramen im Bekanntenkreis, wenn versucht wird, an Bestandsbauten, vorzugsweise Mietshäusern, den Vermieter dazu zu bewegen, entsprechende Stromanschlüsse bereitzustellen. Von Kooperationsbereitschaft kann in den meisten Fällen keine Rede sein. Gewiefte Zeitgenossen legen dann schon einmal durch ein Kellerfenster ein Verlängerungskabel quer über den Bürgersteig bis hin zum zu elektrifizierenden Gefährt. Die Sinnhaftigkeit solcher Unterfangen einmal dahingestellt, lässt sich sagen, diese Probleme haben Hausbauer nicht. Das Erdreich wird sowieso mehr als einmal aufgegraben, und da bietet es sich an, ein paar Meter Kupferkabel im Boden zu versenken. Wer dann nach

Hause kommt, findet nicht nur direkt, ohne Parkplatzsuche, einen Parkplatz, sondern kann auch noch gleich sein Elektrofahrzeug betanken.

WEIL DIENSTLEISTER DANN IHRE WAHREN GESICHTER ZEIGEN

Zusammen mit einem Haus kommt ein ganzer Berg voller Anträge. Netzbetreiber für Strom und Gas, die Wasserversorgung durch die Gemeinde, Müllabfuhr und so weiter. Am Ende eines Hausbaus werden die Anträge mehrere Leitzordner füllen. Die von der großen Sorte, wohlgemerkt! Das hätten wir damals nicht gedacht, auch wenn wir davor eindringlich gewarnt wurden. Und mit jedem einzelnen Anbieter kommt beim Hausbau ein weiterer Dienstleister einher, der für die Herstellung der Anschlüsse erforderlich ist. Auch im weiteren Verlauf des Hausbaus, oder auch danach, wird man noch auf unterschiedliche Dienstleister zurückgreifen müssen. Telefonanbieter, Schornsteinfeger gehören dazu, und das eine oder andere Gerät im Haus erwartet auch eine jährliche Wartung.

Beim Hausbau lernt man dabei schnell die Spreu vom Weizen zu trennen. In den meisten Fällen kann auf das gängige und wirkungsvolle Mittel des Wettbewerbs zurückgegriffen werden. Bei uns klappte dies mit den Telekommunikationsanbietern. Alleine in unserer Region biedern sich drei Dienstleister an. Allen voran der Netzbetreiber, aber auch andere, die auf deren Anschluss aufsetzen, bis hin zu davon unabhängigen Kabelbetreibern. Aufgrund von Service und Reaktionsschnelligkeit bei Anfragen wurde es, in unserem Fall, der Kabelbetreiber. Der Servicemitarbeiter für die Montage war wieder von einem Subunternehmer. Noch ein Dienstleister im Haus. Nach einigen Wochen auf dem Bau hatten wir aber bereits gelernt, dass wohl nie etwas von der Firma erledigt wird, bei der es eingekauft wird. Das scheint eine Art Gesetzmäßigkeit zu sein. Der Subunternehmer, der sich um den Kabelanschluss kümmerte, hat in Sachen Service gepunktet und uns in unserer Wahl bestärkt. Die vom Bauträger beauftragte Firma zur Installation der Photovoltaikanlage hat hingegen enttäuscht. Die Monteure haben sich einfach aus dem Staub gemacht, das teure Material einfach vor dem Haus stehen lassen und sich mehrere Wochen nicht beim Bauleiter gemeldet. Die von uns geplante Erweiterung der Photovoltaikanlage wird dann wohl ein ortsansässiger Anbieter durchführen. Die Frage nach der Auswahl des Dienstleisters beantwortet so manch ein Unternehmen durch Hinweis auf dessen Leistung. Bei unserer Heizungsanlage handelt es sich um einen wahren Exoten. Aber nicht nur die Technologie ist etwas Besonderes, auch die Servicedienstleistung des Herstellers. Ein Musterbeispiel an Zuvorkommenheit, Kundenorientierung, Aufmerksamkeit und Reaktionszeit. In diesem Fall konnte nicht nur das Produkt überzeugen.

Da es das eigene Haus ist, achtet man nun viel mehr auf die Leistung. Wer kennt es nicht, der Vermieter vergibt die Aufträge einfach an den günstigsten Anbieter. Auf dass die Arbeit erledigt wird. Beim eigenen Haus sorgt man sich viel mehr. Nachhaltigkeit, die Reaktionszeit oder einfach der Umfang der Leistung sind hier wichtig. Nicht, dass der Preis keine Rolle spielt, aber andere Faktoren beeinflussen die Wahl obendrein. Alles in allem führt das zu einem rundum besseren Ergebnis. Der Bauherr kümmert sich, die Dienstleister kümmern sich. So klappt das mit dem eigenen Domizil. Es schadet also nicht, sich im Vorfeld zu erkundigen, die Menschen hinter der Dienstleistung kennenzulernen und Angebote zu vergleichen. Als Bauherr und Hausbesitzer ist man Auftraggeber, und die Dienstleister zeigen ihr wahres Gesicht.

WEIL GERÜMPEL IN DEN KELLER GEHÖRT

Der Bauherr von heute hat die Qual der Wahl. Bauen mit Keller oder Bodenplatte. Wer mit Keller baut, spart sich ein aufwendiges Fundament, muss hingegen Vorkehrungen gegen von unten drückendes Wasser treffen. Dabei gibt es die Variante der schwarzen Wanne, die von außen, nach DIN 18195, rundum abgedichtet wird. Bei der weißen Wanne hingegen ist keine extra Abdichtung notwendig. Der Keller wird mittels sogenannten WU-Betons hergestellt. WU ist dabei keine ominöse ostasiatische Baukunst, sondern steht für wasserundurchlässigen Beton, mit dessen Hilfe ein geschlossenes Bauwerk hergestellt wird. Beides hat seinen Preis und sollte hinsichtlich der Notwendigkeit geprüft werden. Die abdichtenden Maßnahmen treffen viele unvorbereiteten Bauherren überraschend und reißen ein nicht geplantes Loch in das zumeist schon geplagte Baukonto.

Wer es geschafft hat, nach all den Regeln einen ordentlichen Keller zu bauen, darf sich freuen. Denn Keller haben die Eigenschaft, Gerümpel aller Art nur so anzuziehen. »Der Keller steht voller Dinge«, berichtete vor Kurzem ein Arbeitskollege. »Dinge, die nicht mir gehören.« Die Krux an der Geschichte: Das Gerümpel hat sich derart schnell angesammelt, dass kaum Zeit bliebt, den Zementschleier von den frisch gefugten Fliesen zu entfernen. Das Gerümpel ist heute noch im Keller. Heute heißt fünf Jahre später. Der Zementschleier, der ist leider auch noch da. Egal, denn seine Frau ist glücklich, denn endlich hat sie Stauraum für all ihre Dinge. Auch als Zwischenlager eignet sich so ein Keller. Da gibt es eine Bekannte, die erst nach zwei Jahren den letzten Umzugskarton aus dem neuen Keller geholt hatte. »Praktisch, so ein Keller«, man finde immer alte neue Dinge, meinte sie. Aber auch der Vorteil gegenüber der Mietwohnung ist klar ersichtlich. Man hat einen Keller, der in seiner Größe der Grundfläche des Hauses entspricht, nicht einen der kleinen, mit Latten abgetrennten Kellerräume, in denen ein muffiger, nach altem Zeitungspapier und Staub miefender Dunst liegt. Allerdings sollte sich niemand jemals der Illusion hingeben, einen aufgeräumten, sauberen Keller sein Eigen zu nennen. Bei alle den Freunden, Bekannten und Arbeitskollegen, bei denen man über die Jahre hinweg eingeladen war, konnten wir das Phänomen beobachten. Sofern man einen Blick in die unter dem Haus liegenden Gewölbe erhaschen konnte, waren es Katakomben voller Gerümpel. Schon bei den alten Römern landete alles Ungewollte in den Verliesen tief unter den Gebäuden. Warum sollte sich dieser althergebrachte Brauch auch ändern? Dieser Brauch hat eigens den Berufszweig des Entrümplers geschaffen, der Keller, Dachböden und ganze Wohnungen ausräumt und Gefundenes teilweise zu Barem macht. Da in anderen Ländern oft, manchmal aufgrund der Leichtbauweise, ein Keller fehlt, wurden dort Alternativen geschaffen. Selfstorage-Lager, abschließbar, oft mit Rolltoren. Und sehr wichtig: dunkel, ohne Fenster, ohne Licht. Vermutlich, um ein echtes Kellergefühl aufkommen zu lassen. In den USA gibt es derweil über 200 Millionen Quadratmeter Lagerfläche dieser Art.

Wer sich von der Allgemeinheit abheben möchte, baut nicht nur einen Keller, sondern ein Souterrain. Dabei liegt der Keller, es ist und bleibt ein Keller, mindestens einen halben Meter über dem Erdboden. Der Keller hat nun aber richtige Fenster, nicht nur schmale Lichtschächte. Das Souterrain eignet sich deswegen oft für Büros, Arbeits- oder Hobbyräume. Wohnkeller wird es oft genannt. Gerümpel sammelt sich dort nicht allzu oft an. Das liegt jedoch wohl eher in der Natur der Sache. Man hat Einblick von außen. Die nicht ganz ernst gemeinte Kausalitätskette ist somit offensichtlich. Wer Gerümpel hat, benötigt einen Keller. Hierzulande gibt es nur wenige Selfstorage-Lager. Wer einen Keller benötigt, muss ein Haus bauen. Eine ähnliche, genauso wenig ernst gemeinte Argumentationskette lässt sich für das Zusammenführen von Haushalten aufstellen. Zwei sich liebende Menschen wollen zusammen den Rest ihres Lebens an einem gemeinsamen Ort verbringen. Jeder hat eine Wohnung und vermutlich einen damit angemieteten Kellerraum. Wie bereits zuvor festgestellt, wird sich dieser über die Jahre hinweg wie von alleine mit allerlei Gerümpel angefüllt haben. Beim Zusammenzug wären nun aber zwei Kellerräume notwendig. Da mit einer Wohnung meist nur ein einziger Kellerraum kommt, bleibt nur ein einziger Ausweg. Ein Haus mit Keller muss her. Natürlich bietet so ein Haus auch andere Vorzüge, aber so ein Keller hat etwas. Und das Beste daran: Man kann all das Gerümpel behalten, das werden wohl alle unsere Bekannten und Freunde bestätigen.

48. GRUND

WEIL DAS EIGENE HAUS EINE LEBENSAUFGABE IST

»Ihnen wird schnell langweilig? Sie sind körperlich und geistig nicht ausgelastet? Der Job fordert Sie nicht richtig? Ihre Hobbys langweilen Sie? Dann bauen Sie ein Haus!«, so könnte ein Werbeslogan einer Fertighausfirma lauten, für die Konny Reimann[27] zeitweise als Werbefigur fungierte. Der polarisierende Serienbauherr macht es allen vor. Ein Haus ist eine Lebensaufgabe, vorausgesetzt, man behält es auch sein Leben lang. Das Ganze ist dabei nicht negativ zu bewerten. Es liegt einfach immer etwas an. Sofern man sich nicht entschließt, sein Haus zu vermieten und die Instandhaltung einer, wie es neuerdings heißt, Facility Management Agentur zu übertragen, wird man immer etwas zu tun haben.

Natürlich beginnt alles mit dem Bau des Hauses. Selbst wenn man sämtliche operativen Tätigkeiten gelernten Handwerkern überlässt, obliegen einem selbst zahlreiche Entscheidungen und Behördengänge, bis das Werk vollbracht ist. Danach folgen ein bis zwei Jahre Entspannung pur. Natürlich nur, wenn im ersten Jahr nicht die Außenanlage und der Garten auf dem Arbeitsplan stehen. In unterschiedlichsten, zeitlich möglichst ungünstig abgestimmten Intervallen werden daraufhin immer wieder Aufgaben auf einen zukommen, die es zu erledigen gilt. Jedes Mal sollte diese Aufgabe als Chance gesehen werden, etwas zum Positiven zu verändern. Ein Freund durfte im ersten Jahr nach der Hausübergabe auf Wunsch der Ehefrau eine übergroße, die gesamte Terrasse überragende, ausfahrbare Markise anbringen. Ein Arbeitskollege ist noch immer damit beschäftigt, die Fliesen im Keller zu verlegen. Im kommenden Frühjahr soll dann ein Fahrradschuppen neben dem Haus gebaut werden. Fast die gesamte Winterzeit kann hier sinnvoll genutzt werden, sich über die verschiedenen Anbieter ausgiebig zu informieren und diverse Angebote ausgiebig zu vergleichen. Ohne äußere Einflüsse werden regelmäßig Arbeiten im Haus anfallen. Da gibt es kein Entkommen. Neue Tapeten, ein neuer Anstrich, vielleicht müssen diverse Holzteile neu gestrichen werden. Wer ein Haus neu baut, anstatt es gebraucht zu kaufen, hat hier jedoch einen Puffer von mehreren Jahren. »Das ist wie beim Autokauf«, erzählte ein Verkäufer. »Beim Neuwagen haben Sie auch drei Jahre, bis der Wagen das erste Mal zum TÜV muss.« Nicht ohne Grund sind die Versicherungsraten für Wasserschäden in den ersten Jahren sozusagen lächerlich niedrig, steigen jedoch im Rahmen von 20 Jahren auf 100 Prozent an.

Aller vier Jahre steht die Erneuerung von Silikonfugen an. Früher dauerelastische Fugen genannt, erkannte man irgendwann, dass genau diese Dauerelastizität nach einigen Jahren ihre Grenzen hat, und man hat genau diese Fugen ab sofort Wartungsfugen genannt. Die Silikonfuge bleibt die gleiche, und sie muss immer noch nach vier Jahren erneuert werden. Wer Holzfenster sein Eigen nennt, wird jedes Jahr aufs Neue ebendiese der alljährlichen Witterung ausgesetzten Teile behandeln müssen. Aber auch dies gibt Gelegenheit zur Veränderung, ein gänzlich neuer Anstrich, sozusagen. Wir selbst haben vor einigen Jahren alte, dunkle Holzfenster dank hochmoderner Bauchemie in strahlend weiße Schmuckstücke verwandelt. Moderne Häuser verfügen über eine nicht zu vernachlässigende Ausstattung an technischer Raffinesse. Heizungen, Wärmepumpen, Lüftungsanlagen und Wasserenthärter. Alles Dinge, die dem modernen Menschen das Leben noch einfacher machen. Leider auch alles Dinge, die dank beweglicher Teile, Verschleiß und dem Lauf der Zeit irgendwann den Dienst versagen. Das gibt dem schaffenden Menschen, dem »homo faber«[28] des Hausbaus, die Möglichkeit zur Erneuerung: stromsparendere, leistungsfähigere, leisere oder effizientere Geräte. In den Jahren bis zum technologischen Niedergang der angenehmen Helfer ändert sich so einiges. Daher heißt es auch, geistig fit zu bleiben und sich fortwährend zu informieren. Es gibt immer Neues, mit dem man sich als Hausbesitzer auseinandersetzen kann, und manchmal auch muss. Vor einigen Jahren waren Photovoltaikanlagen aufgrund des geringen Wirkungsgrads noch verpönt, heute sind sie schon so leistungsfähig, dass mit einer relativen geringen Dachfläche ein nahezu vollständiger Autarkiegrad erreicht wird – sofern die Sonne scheint. Wärmepumpen sind zwischenzeitlich Standard, und herkömmliche Heizungsanlagen auf Basis fossiler Brennstoffe finden sich im Neubau immer seltener. Da gilt es, auf dem Laufenden zu bleiben, um den technologischen Anschluss nicht zu verlieren.

Wer eher körperlichen Aktivitäten zugeneigt ist, wird auch seine Aufgaben finden. Neben Unkraut jäten und den Gartenzaun reparieren müssen auch Holzfassaden neu gestrichen, Bäume gepflanzt oder gefällt werden. Direkt damit verbunden ist das allseits beliebte Ausgraben von Wurzelballen von zu groß geratenen Sträuchern und Bäumen. Da der Garten dann oft für schweres Gerät nicht mehr zugänglich ist, gilt es, die Muskeln spielen zu lassen. Spaten und Axt, Schubkarre und letztendlich jede Menge Schweiß sichern den Erfolg bei einem solchen Vorhaben. Bei einem Freund stand dies vor wenigen Wochen auf dem Programm. Das Lächeln nach vollbrachter Arbeit sagte alles aus. Da weiß »Mann«, wofür er gut ist.

Es lässt sich nicht leugnen, das Haus ist eine Lebensaufgabe, die mit Arbeit verbunden ist. Wer es sich einfach machen möchte, findet für alle Aufgaben entsprechende Dienstleister. Ob es sich um die Säuberung der Regenrinne oder das alljährliche Schneiden der Gartenhecke handelt. Selbst Schneeräumdienste für den eigenen Bürgersteig können gebucht werden. Wer sich der Aufgabe Haus jedoch voll und ganz hingibt, hat am Ende das Gefühl, etwas für sich und sein eigenes Heim getan zu haben. Bisher haben wir noch niemanden kennengelernt, der sagt, er würde aufgrund der Arbeit nicht mehr bauen wollen. Meist verhält es sich gerade anders herum, die Liste an geplanten Aufgaben rund ums Haus wächst schneller an, als sie umgesetzt werden kann. Und dabei sind auf der Liste noch nicht einmal die Dinge, die eigentlich gemacht werden müssen, sondern oft nur Punkte, die gemacht werden wollen.

49. GRUND

WEIL SICH FRAUEN KÜCHEN WÜNSCHEN

In einigen Ländern ist die Küche der zentrale Platz im Haus. Ein kultureller und sozialer Mittelpunkt. Hier wird gefeiert, gekocht, gegessen, getratscht, konspiriert und geliebt. Und dann gibt es Kulturen, in denen Küchen den sozialen Status widerspiegeln. Granit und Marmor, Gerätschaften im fünfstelligen Eurobereich. Es gibt Küchenstudios und Küchenbauer, Einbauküchen und Küchen zum Selbstbauen, aus Holz oder gemauert. Küchenzeilen aus Porenbeton sind heutzutage der letzte Schrei. Gemütliche Küchen im Landhausstil und Shabby-Look vermitteln ein wohliges Gefühl, wogegen Hightech-Küchen oft einen modernen und edlen Lebensstil unterstreichen. Wohl in keinem anderen Zimmer im Haus kann sich der persönliche Stil so sehr entfalten wie in einer Küche. Wohnküchen und Essküchen, es soll sogar Häuser mit mehr als einer Küche ge-

ben. Und in neuster Zeit geht der Trend zur Outdoor-Küche im Garten, gemauert, mit Grill. Für den versierten Handwerker in Eigenleistung kein Problem.

Eine eigene Küche, das wünschen sich viele. Weder die abgetragene Küche des Vormieters noch die zwangsweise in die Mietwohnung eingepasste Küchenzeile geben einem das Gefühl der eigenen Küche. Ein Raum, der den eigenen Wünschen und Bedürfnissen entspricht. Schränke und Schubladen am richtigen Platz, auf der richtigen Höhe. Ein Kühlschrank so groß, dass man sich darin verlaufen kann. Mit Eiswürfelautomat und Wasserspender, mit Display und vielleicht sogar irgendwann mit Internetanschluss. Ein Fenster zur Hofeinfahrt, dass die Ehefrau sieht, wann der Ehemann von der Arbeit kommt. Eine Sammlung von Teekannen auf dem Regal oder die edle, mit zwei Heizkreisläufen ausgestattete, in Handarbeit gefertigte und in Chrom blinkende Espressomaschine auf dem Küchenbuffet. Vielleicht auch ein funkelndes Santokumesser für den angehenden Meisterkoch.

Der Hausbau ist die Gelegenheit, genau diese eine Küche zu planen. Die Küche, die all die Wünsche erfüllt, und um ehrlich zu sein, wünschen sich das nicht nur Frauen.

Die Küche ist also der beste Ort, dem vom namenlosen Protagonisten des Filmes *Fight Club* propagierten IKEA-Nesttrieb nachzugehen. In unserem Fall ist es tatsächlich eine Küche aus den Fabrikhallen des besagten schwedischen Möbelhauses. Das dritte Mal zieht die Küche bereits um. Mit dem Haus wird es auch das letzte Mal sein. Inzwischen hat man genügend Routine beim Ab- und Aufbau der Küchenserie. Kreis- und Stichsäge, 5er Innensechskantschlüssel, landläufig auch unter der Markenbezeichung Inbus bekannt, Hammer, Nägel und Bohrmaschine sind alles Werkzeuge, die notwendig sind, den Wünschen der angehenden Hausherrin gerecht zu werden.

WEIL DIE MÜLLTONNE EINEM ALLEIN GEHÖRT

Mitunter eine der schwersten Entscheidungen während der ersten Bauphase war die Größe unserer Mülltonnen. Dazu muss man wissen, in unserer neuen Gemeinde gibt es seitens der Abfallwirtschaft des Landkreises eine Restmülltonne und eine Wertstofftonne. Die Höhe der Grundgebühr, aber auch die Gebühr pro Einzelleerung, richtet sich nach der Größe der Restmülltonne. Hier werden drei Größen angeboten. Die Wertstofftonne kostet keine Extragebühr, allerdings werden hier zwei Größen angeboten. Dazu kommt eine Papiertonne eines privaten Abfallentsorgers – der Einfachheit halber nur in einer einzigen Größe. Eine Biotonne gibt es nicht. Dagegen hat sich der Landkreis, wie wir vor Kurzem aus den Medien entnehmen konnten, aufgrund einer wohl nur ganz knapp positiv ausfallenden Kosten-Nutzen-Rechnung entschieden. Da wir in einer ländlichen Region bauen, wollen wir einen Kompost im Garten, der gleichzeitig als Dünger dienen soll. Voraussichtlich werden es zwei Mieten, also Komposthaufen, werden. Außerdem bietet die Gemeinde einen Platz für Grünabfälle aus dem Garten an, der nur wenige Hundert Meter von unserem neuen Haus entfernt liegt. Die Abschätzung, welche Größe die Abfallbehälter nun haben sollten, fiel uns daher gar nicht so leicht. Bisher haben wir in einem Mehrfamilienhaus gewohnt, da stand natürlich die größte Mülltonne vor dem Haus. Seit sich bei einer der Mietparteien Nachwuchs eingestellt hatte, war der Restmüll aufgrund des plötzlich auftretenden Aufkommens an Babywindeln regelmäßig bis zum Bersten angefüllt. Auch die Papiertonne, die dank unseres Einsatzes angeschafft wurde, war dank der Konsumwut und des Bestellwahns der Mitbewohner bereits kurz nach jeder Leerung wieder am Volumenlimit angelangt. Hier blieb oft nichts anderes, als die Kartonage oder das Papier bis zur nächsten Altpapierabholung zu sammeln. Ab und an haben wir diese auch proaktiv auf dem örtlichen Recyclinghof abgeliefert. Mit all diesen Faktoren konfrontiert, ist es schwierig zu sagen, ob eine 80-, 120- oder 240-Liter-Tonne für Abfälle im eigenen Haus benötigt wird.

Unser neuer Nachbar bot uns nun an, uns einer Müllgemeinschaft anzuschließen, die bereits mit einer der weiteren Nachbarinnen bestünde. Diese, einen Singlehaushalt führend, hat so wenig Abfälle, dass sich hier die Anschaffung einer eigenen Tonne nicht lohnen würde. So wirklich konnten wir uns jedoch nicht dazu hinreißen lassen, denn mit dem eigenen Haus waren wir der Müllgemeinschaft gerade erst entronnen. Zum einen versuchen wir, Müll, soweit es möglich ist, zu vermeiden, wenn nicht, so sorgfältig wie möglich zu trennen. Zum anderen haben wir uns auf nichts so sehnlich gefreut wie auf eine eigene Mülltonne. Absurde Idee? Ganz und gar nicht. Wer aufgrund von »Überfüllung« seinen eigenen Haushaltsabfall nicht in der Mülltonne entsorgen kann, weil die anderen Mieter gerade der Meinung sind, die Tonne regelmäßig zu füllen, kann das sicherlich nachvollziehen. Auf der anderen Seite sind wir versucht, unser Bestes dazu beizusteuern, Deutschland von der Rangliste der Müllproduzenten zu stoßen. 2012 sollen wir, laut Statistischem Bundesamt, mehr als 600 Kilogramm Müll pro Kopf und Jahr produziert haben und standen somit in der EU wohl auf Platz vier. Ein zweifelhafter Ruhm, der uns da zuteilwird. Genau da kommt unsere ganz eigene Mülltonne ins Spiel. Als deren alleiniger Besitzer können wir nämlich selbst darüber entscheiden, ob wir diese zur Leerung bereitstellen wollen.

Um das Ganze allerdings in Relation zu setzen: Wer ein Haus baut, wird während des Baus eine ganze Menge Abfall produzieren. Je nach Bauträger ist dies reine Bauherrensache, diesen zu entsorgen. Hier kann man sich nicht zu früh um einen in der Nähe ansässigen Containerdienst bemühen. In der Regel werden hier verschiedene Abfallarten entsorgt, gerade bei Neubau dürfte der Baumischabfall mit fünf bis sieben Tonnen für ein Einfamilienhaus den größten Anteil vereinnahmen. Bezahlt wird in der Regel nach Gewicht. Auch beim Hausbau haben wir versucht, Mülltrennung so gut wie möglich zu betreiben. Holz, Metall und Folie konnten wir gesondert auf einem Recyclinghof entsorgen und haben so etwas für die Umwelt und unser Gewissen getan. Trotzdem kamen hier 7,5 Tonnen, also 7.500 Kilogramm, Baumischabfall zusammen. Diese Menge muss man mit Haushaltsmüll erst einmal schaffen. Was die eigene Mülltonne angeht, haben wir diese bereits in der zweiten Woche der Bauphase bestellt. Zwar hängt dies vom jeweiligen Landkreis oder der Stadt ab, aber wir konnten diese lediglich unter Angabe der zukünftigen Adresse anfordern. So konnten wir, bereits während der Bauphase, Hausmüll als auch Wertstoffe entsorgen und waren froh, uns nicht für die Müllgemeinschaft entschieden zu haben.

51. GRUND

WEIL ES ÜBERALL NETZWERKKABEL GIBT

Zugegeben, in den meisten Haushalten dürfte die Verkabelung der Elektroinstallation von TV und Stereoanlage und natürlich dem Netzwerk eine reine Männerdomäne sein. Während bei TV, HiFi- und Sat-Anlagen meist kein Weg an einem Kabel vorbeigeht, hat man in Sachen Computernetzwerk zumindest die Möglichkeit einer WiFi-Verbindung. Obwohl die Technologie hier immer besser wird, massentauglich wurde und zwischenzeitlich jeder Router der Netzanbieter einen WLAN-Zugang bietet, sind drahtlose Verbindungen immer störanfällig. Insbesondere Gemäuer, die im Laufe der vergangenen 60 Jahre gebaut wurden, enthalten mitunter genügend Armierung, dass Funksignale nur spärlich durch sie hindurchdringen können. Ein solcher hauseigener Faradaykäfig hat schon so manchen Mieter in die Verzweiflung getrieben. Zwei Mauern oder

Decken mit genügend Stahl machen jedem Netzwerksignal den Gar-aus. Auch Feuchtigkeit im Mauerwerk kann die Verbindungqualität beeinträchtigen. Hier kann man in der Regel nicht viel dagegen unternehmen, ein zusätzlicher Repeater, also ein Signalverstärker, ist eine Möglichkeit, aber mit oftmals zweifelhaftem Ergebnis. Im eigenen Haus können von vornherein die Kabel verlegt werden. CAT7-Kabel, so heißt es in Fachkreisen, ist heute der Standard und wird von jedem Elektroinstallateur fachgerecht verlegt. Die störrischen Kabel sollte man, schon alleine des Aufwandes wegen, durch den Fachmann verlegen lassen. Ähnlich wie bei Steckdosen gilt hier: lieber eine Dose mehr planen. Man weiß ja nie, wann und wo einmal etwas an das Netzwerk angeschlossen werden soll.

52. GRUND

WEIL MAN HÄUSER AUTOMATISIEREN KANN

Begriffe wie »Home Automation« und »Internet of Things« sind unlängst massentauglich geworden. Kameras, Sensoren, elektrische Rollläden bis hin zu biometrisch gesteuerten Türschlössern, sind schon längst nicht mehr die Domäne des computerbesessenen, Hornbrille tragenden Nerds. All das elektronische Zubehör, das Haus und Heim in die nächste Ära des Computerzeitalters kata-pultieren soll, sind überall erhältlich. Zugegeben, die Technologie steckt, im Vergleich zu anderen Bereichen, noch in den Kinderschu-hen, und wer eine ernst zu nehmende Steuerung für sein eigenes Haus in Betracht zieht, muss kräftig in die Tasche greifen, um auf etablierte Industriestandards zurückgreifen zu können. Die meisten Hausanbieter werben mit der optionalen Installation eines KNX-Bus-Systems, mit dem sich allerlei im eigenen Haus anstellen lässt. Dabei werden, neben den eigentlichen Stromleitungen, zusätzliche Steuerungskabel verlegt, über die sich später Licht, Heizung, Türöffner bis hin zur Entkalkungsanlage oder anderen elektronischen Installationen steuern lassen. Da die Programmierung, vor allem die Zuweisung von Schalter und Licht, später erfolgt, ist man bei späteren Anpassungen von Schaltern durchaus flexibel. Diesem Luxus gegenüberzustellen sind oftmals Kosten von mehreren Tausend Euro, nur für die Grundinstallation, was verständlicherweise viele Bauherren von dieser Investition abschreckt. Aber auch für den kleinen Geldbeutel gibt es Lösungen für die Haussteuerung, und immer mehr Hersteller bieten Alternativen zu den doch recht teuren Industrielösungen. Von den großen Lösungen wie RWE SmartHome[29], bis hin zu Apples Homekit[30] existieren unzählige Angebote, die sich mit etwas technischem Geschick und bastelgetriebenem Durchhaltevermögen in ein großes Ganzes zusammenstecken lassen.

Wie bei allem während eines Hausbaus gilt es auch bei einer solchen Installation, die eigenen Wünsche bereits im Voraus gut zu durchdenken und zu planen, um spätere Nachbesserungen möglichst zu vermeiden. Wer möchte schon kurz nach Bauende wieder beginnen, die Wände aufzustemmen, um zusätzliche Kabel zu verlegen. Genügt eine Lösung, die nur auf Funk basiert? Wie viel Funktionalität benötige ich? Aber keine Sorge, es wird am Ende niemals passen, man möchte immer mehr als geplant, und irgendwo fehlt immer etwas.

Wer sich trotzdem der Herausforderung stellt, hat am Ende die Möglichkeit, sein Haus zu steuern: Rollläden, direkt aus dem Bett, per Smartphone zu öffnen, unterwegs immer zu prüfen, ob das Garagentor geschlossen ist, oder sich den Füllstand der Zisterne anzeigen zu lassen.

WEIL MAN SONNENENERGIE NUTZEN KANN

2011, nur einen Tag nach den katastrophalen Ereignissen im havarierten Kernkraftwerk im japanischen Fukushima, wurde in Deutschland eine Kehrtwende in Sachen Atomkraft beschlossen. Während vor einigen Dekaden »Atomkraft? Nein Danke!«, noch als Werbeslogan einer ökologisch angehauchten, politischen Bewegung galt, ist dies heute der Grundtenor der politischen Mehrheit. Neue Atomkraftwerke soll es in Deutschland, in absehbarer Zeit, nicht mehr geben, und alte werden nach und nach zurückgebaut. Ein Prozess, der sich noch über Jahrzehnte hinziehen wird. Eine Entscheidung, die zwar für diesen speziellen Zweig der Hightech-Industrie einem Todesstoß gleicht, für den Hausbauer jedoch kaum relevant ist, denn kaum ein Bauherr wird einen Atom- oder gar Fusionsreaktor im heimischen Keller betreiben.

Während sich also die Regierungen, die Energielobby und allerlei Vereinigungen über die Zukunft der Energieproduktion die Haare raufen, kann sich der Bauherr entspannt zurücklehnen. Der Geheimtipp lautet Photovoltaik. Zwischenzeitlich sind die schwarz-blau glitzernden Dachbedeckungen gesellschaftlich akzeptabel. Wie einst die Satellitenantenne haben sie nach und nach in der Nachbarschaft Einzug gehalten. Während die ersten Installationen noch argwöhnisch von den Nachbarn begutachtet wurden, hat sich zwischenzeitlich ein eigenständiger Wirtschaftszweig um diese Technologie entwickelt. Außerdem bietet der Staat Förderkredite an, um die Verbreitung von Solartechnologie zu forcieren. Bis 30 Cent kostete im Jahr 2015 eine Kilowattstunde Strom. Hingegen werden, pro eingespeiste Kilowattstunde, weniger als 13 Cent vergütet. Aufgrund des Erneuerbare-Energien-Gesetzes, kurz EEG, aus dem Jahr 2014 wird zusätzlich für jede selbst erzeugte und verbrauchte Kilowattstunde Strom eine Umlage fällig. Was keine Steuer ist, wirkt sich auf den Hausbesitzer als solche aus. Es kostet ihn Geld. Der Staat macht es den Bauherren und Hausbesitzern mit eigenem Strom-kraftwerk auf dem Dach dabei nicht leicht. Die Regelung, wann und wie die Umlagen berechnet und abgeführt werden, ist nicht ohne größere gedanklichen Anstrengungen verständlich. Es hängt von der Größe der Anlage ab, und wie in vielen Belangen, trumpft man hierzulande mit einer wahren Fülle von Gesetzestexten auf, die es zu meistern gilt. Wer ein Haus baut, der weiß jedoch damit um-zugehen. Das hat man als Bauherr zwischenzeitlich gelernt. Zahl-reiche Formulare pflastern dabei den Weg zum eigenen Strom. Wer sich dieser Herausforderung gestellt und sie letztendlich erfolgreich gemeistert hat, muss weiterhin klären, ob die Photovoltaikanlage beim zuständigen Ordnungsamt gemeldet werden muss oder auch nicht. Was die eine Kommune als absolut notwendig erachtet, ist der anderen vollkommen egal. Als Dritter im Bunde meldet sich letzten Endes der Fiskus, der für jede eingespeiste Kilowattstunde eine zu-sätzliche Steuer beansprucht, denn schließlich hat der Hausbesitzer einen Mehrwert generiert, den es als ebensolchen zu versteuern gilt.

Wer sich nichtsdestotrotz für eine Photovoltaikanlage entschie-den hat, kann mittels Batteriespeicher den Autarkiegrad erheblich erhöhen. Denn dummerweise, und daran kann man nichts ändern, scheint die Sonne oftmals und ausschließlich, wenn die meisten Hausbesitzer zielstrebig ihrer tagtäglichen Arbeit nachgehen, um die Kreditraten für Haus und Hof zu verdienen. Wer alsdann nach einem anstrengenden, aber vollendetem Arbeitstag nach Haus kommt, hat, abgesehen von der geringen Einspeisevergütung, nur wenig vom tagsüber erzeugten Strom. Mit einem Batteriespeicher sieht das gleich ganz anders aus. Hier darf man sich noch einige Stunden lang an der tagsüber gewonnenen Energie erfreuen. 70 Kilo wiegt eine solche Batterie, pro erzeugte Kilowattstunde werden gut und gerne 100 Kilogramm Batterie benötigt. Mit drei Kilowatt und 300 Kilo Batterie lässt es sich gemütlich in den Feierabend glei-ten, mit fünf kann man schon den ganzen Abend verbringen, und acht könnten einem Einfamilienhaus einen nahezu vollständigen Autarkiegrad bescheren. Fast eine Tonne Batterien gilt es dann zu installieren. Mit sechs bis zehn Quadratmetern Dachfläche, die pro erzeugter Kilowattstunde benötigt werden, weiß der findige Bauherr schnell, wie Dach und Keller ausgelegt sein müssen.

Ungeachtet jeglicher Einsparpotenziale, der Förderungen, der Anschaffungs- und Wartungskosten oder des Papierkriegs, der notwendig ist, eine solche Anlage überhaupt zu betreiben, ist eine Photovoltaikanlage ein Männerspielzeug ohnegleichen. Der erzeugte Strom, der Eigenverbrauch, das Verhältnis von eingespeistem zu bezogenem Strom. Eine kleine, aber feine Wirtschaftssimulation, im eigenen Haus. Neben der Tatsache, dass die Kernschmelze im eigenen Haus mit einer Photovoltaikanlage grundsätzlich ausgeschlossen ist, ist das Gefühl, vermeintlich etwas für die Umwelt getan zu haben, unbezahlbar.

54. GRUND

WEIL MAN TIEFBAUER SEIN KANN

»Auch dieses Haus werden wir trockenlegen. Wär nicht das erste«, mit diesen aufmunternden Worten begann unser Erdarbeiter, Gräben für die Entwässerung unseres Neubaus auszuheben. Fast 90 Meter Rohrleitungen mussten verlegt werden. In frostfreier Tiefe. Das sind mindestens 90 Zentimeter. Dazu ein Gefälle von einem Zentimeter pro Meter verlegter Rohrleitung. Dafür muss tief gegraben werden, und es kommt einiges an Erdreich zusammen, das bewegt werden möchte. Der Anschluss an den Kanal befand sich ohnehin in einer Tiefe von fast vier Metern. Hier kommen handelsübliche Minibagger bereits an ihre Grenzen. Auch in unserem Fall ließ der Erdarbeiter schwereres Gerät vorfahren, um auf die notwendige Tiefe zu gelangen. Der zukünftige Garten oder Vorgarten wird vermutlich mehr als einmal umgeschichtet. Das sollte man nehmen wie Kinder. Mit einem Lächeln, und sich über den gigantischen Sandkasten freuen. Wie alles im Hausbau ist die Entwässerung detailliert in DIN-Normen geregelt. Und obwohl alles klar zu sein scheint, hat gerade die Entwässerung schon den einen oder anderen Bauherrn nahe an einen Nervenzusammenbruch gebracht. Gräben ausheben, Rohre verlegen und wieder verfüllen. Das findet oft erst statt, nachdem das Haus steht und die Fallrohre am Dach befestigt sind. Schließlich soll der Kanalanschluss, jedes einzelne Rohr, das aus dem Boden ragt, exakt an der Stelle der Fallrohre sein. Während also das Haus bereits steht und der Innenausbau vonstattengeht, fehlt letztendlich der Anschluss an die Kanalisation. Manchmal muss selbst der Übergabeschacht an die Hauptkanalisation gebaut werden. Zu Lasten des Bauherrn, natürlich. Mit Glück existiert dieser bereits und wurde bei der Erschließung des Baugrundstücks realisiert. In diesem Fall gilt es, die Kosten, manchmal in voller Höhe oder anteilig zu begleichen, sollte ein Grundstück, wie in unserem Fall, direkt von der Gemeinde gekauft werden.

Die Entwässerung ist heute Pflicht. Unterirdisch gemauerte Kanalisationen gibt es bereits seit 3000 v.Chr. Die Römer waren Weltmeister in Sachen Kanalisation. Selbst heute können noch alte römische Gemäuer, selbst in Deutschland, nachgewiesen werden. Im Mittelalter ging das Wissen jedoch verloren. Regen- und Schmutzwasser landeten damals einfach auf der Straße. Heute kippt glücklicherweise niemand mehr das abgestandene Spülwasser aus dem Fenster auf den Bürgersteig. Inzwischen hat man den Dreh wieder raus, wie Regen- und Schmutzwasser vom Haus weg und in die Kanalisation hineingeleitet wird. Vielleicht wird das Regenwasser auch in eine Zisterne geleitet. Auch hierfür wird ein großes Loch benötigt.

Auf jeden Fall wird das Gelände rund um das Haus von Gräben durchzogen und mit Erdhügeln nur so überhäuft. All das ist aber nur vorübergehend. Es ist ein schönes Gefühl, wenn nach einigen

Tagen alle Rohre verlegt, die Zisterne versenkt und die Gräben wieder verfüllt sind. Ist der Boden erst einmal wieder verdichtet und die Erde wieder geebnet, sieht das Grundstück aus, als sei nichts geschehen.

WEIL MAN ALLES REPARIEREN KANN

»On ne fait pas d'omelette sans casser des œufs«, sagt der Franzose. Kein Omelett, ohne Eier zu zerbrechen. Und der Hausbau ist gleichzusetzen mit einem riesigen Omelett, Eier »en masse«, vor allem zerbrochene.

Wer baut, denkt jedoch nicht ans Reparieren. Wer einen Hausbau aufmerksam begleitet und achtsam bei der Übergabe ist, wird sicherlich so einige Mängel beanstanden. Überwiegend die Kleinigkeiten sind anfangs Ärgernisse unfassbaren Ausmaßes. Da hat der Maler eine Stelle übersehen, dort findet man einen Kratzer im Fenster, einen defekten Türgriff oder die Schramme, die der Fliesenleger an der frisch gestrichenen Wand, direkt neben der ausgelassenen Stelle des Malers, hinterlassen hat. Unabsichtlich, aber unübersehbar. Solche Kleinigkeiten sind zwar ärgerlich, aber während eines Hausbaus schon nahezu normal. Niemand schafft es, all diese Eier zu jonglieren, ohne eines fallen zu lassen. Mit Verlusten ist leider zu rechnen. »Kollateralschaden«, hatte es ein Zimmermann bezeichnet. Es gibt Bauunternehmer, die eigene Kolonnen unterhalten, die exakt solche »Schäden« vor der Hausübergabe beheben. Auch unser Bauträger hatte einen Schreiner für kleine Nachbesserungen. Der Feinschliff, bevor das glitzernde Juwel letztendlich an den Bauherrn übergeht.

Wer nun denkt, alles sei in trockenen Tüchern, der wiegt sich leider in falscher Sicherheit. Mit freudigem Gefühl zieht man in das perfekte Haus ein. Alle Mängel sind beseitigt, alles wie man es sich erträumt hat. Aber, ab sofort beginnen Dinge an, um und im Haus nach und nach zu verfallen. Nicht sofort, es dauert einige Jahre. Der Zahn der Zeit nagt an allem. Silikonfugen verlieren nach einigen Jahren ihre hochgelobte Dauerelastizität und sollten in Bad und Dusche erneuert werden, erste Abnutzungsspuren zeigen sich, kleine Schönheitsreparaturen fallen eventuell nach dem fünften Jahr an, Setzrisse und Risse an Sockelleisten, durch sich absenkende Isolierung unter einem schwimmenden Estrich. All diese Verschleißerscheinungen wollen ausgebessert werden. Nach einigen Jahren gefallen einem die Farben der Wände nicht mehr, oder aufgrund einer unglücklichen Verkettung von Ungeschicken hat ein heruntergefallener Gegenstand eine Fliese zertrümmert. Vielleicht möchte man anstelle des Laminatbodens nun Kork, oder vielleicht doch lieber einen Fliesenboden. Der Granit soll raus, Teppichboden rein. Oder umgekehrt, wer weiß das heute schon? Vielleicht wird auch das Arbeitszimmer, in freudiger Erwartung auf Nachwuchs, in ein Kinderzimmer umgebaut. Vielleicht wird eine Wand eingezogen, da der Nachwuchs noch ein Geschwisterchen mit sich bringt. Die Gründe sind zahlreich. Vielleicht gehen Dinge auch einfach kaputt. Materialermüdung, nicht gänzlich ohne Grund verlangen Versicherungen mit den Jahren höhere Sätze für Wasserschäden durch Rohrbruch. Die Erfahrung hat leider gezeigt, nichts hält ewig. Schlechte Nachricht? Weit gefehlt. Für den Bauherrn a.D. überhaupt kein Problem. Alles, was kaputtgeht, kann repariert werden. Alles, was man selbst nicht reparieren kann oder vielleicht nicht möchte, lässt man reparieren. Einige Installationen werden sowieso regelmäßig durch den Werkskundendienst gewartet, andere wieder nicht. Das hat man, als Hausbesitzer, alles in der Hand. Eigenverantwortlich kann alles geregelt werden. Wer sich wegen des Austauschs eines Fußbodens oder Reparaturen an der Heizung schon einmal mit dem Vermieter in den Haaren lag, der träumt vom Luxus, einfach alles selbst machen zu können. Der Streit um die Kosten ist bereits vorprogrammiert. Bis zu neun Prozent der Jahresmiete können, nach geltender Rechtsprechung, aufgrund einer Kleinreparaturklausel, vom Mieter eingefordert werden[31]. In Mietwohnungen in Großbritannien muss, je nach Makleragentur, eine regelrechte Meldekette durchlaufen werden. Der Defekt wird an die Agentur gemeldet, diese beauftragt einen Subdienstleister, der vom Makler, nebenbei bemerkt, einen Zweitschlüssel erhält, die Dinge nach Vorgabe des Maklers instand setzt. Je nach zugrunde liegendem Vertrag ist es sogar untersagt, selbst etwas zu reparieren, gleichgültig über welches außergewöhnliche handwerkliche Geschick man selbst verfügt. Im eigenen Haus richtet man einfach alles selbst. Wann und wie man möchte. Ohne lange Diskussionen. Was gemacht werden muss, das macht man. Vielleicht lässt man es aber auch bleiben. Aber das ist eines jeden Recht. Herr im eigenen Haus zu sein, bedeutet eben auch, darüber frei zu entscheiden, was man reparieren möchte.

56. GRUND

WEIL DIE HEIZUNG NICHT UM HALB ELF ABGESTELLT WIRD

Vor über 15 Jahren halfen wir einem befreundeten Pärchen beim Umzug. Damals noch in eine neue Wohnung, inzwischen haben die beiden, um jedem Klischee zu entsprechen, geheiratet, zwei Kinder und ein Haus gebaut. Der Umzug ist uns allen noch in guter Erinnerung, da wir unter größten Mühen sämtliche Möbelstücke drei Stockwerke heruntertragen und wieder fünf Stockwerke hinaufbefördern durften. Die Anstrengung, die Waschmaschine zehn Dutzend Granittreppenstufen hinaufzuwuchten, vergisst man nicht allzu schnell, auch nicht nach 15 Jahren.

An die damals neue Wohnung können wir uns noch gut entsinnen. Der Umzug fand in den Wintermonaten statt, und so stellten wir bei der Einweihungsfeier fest, dass ab elf Uhr abends die Wohnung auszukühlen begann. Mit hochrotem Kopf erklärte unser Freund, er hätte bereits an einer Mieterversammlung teilgenommen, allerdings hätten die anderen Mieter dafür gestimmt, dass nach halb elf Uhr abends die Zentralheizung gedrosselt oder abgestellt wurde. Um Kosten zu sparen, so meinten die anderen Mieter. Für ihn besonders ärgerlich, da, in der IT tätig, auch oftmals zu später Stunde von zu Hause aus gearbeitet wurde. Da es sich um keine Nachtabsenkung handelte, sondern die Heizung vollständig ausgeschaltet wurde, war dies dem Wohnklima nicht sonderlich förderlich. Die beiden entschieden sich nur wenige Jahre später für den Bau eines Einfamilienhauses. Die Ohnmacht gegenüber der, demokratisch getroffenen, Entscheidung der Mieterversammlung hat hierzu so einiges beigetragen.

Wer nun sein eigenes Haus baut, hat nicht nur die Freiheit, darüber zu entscheiden, wann geheizt wird, sondern auch wie geheizt wird. Früher stand der Herd in der Küche und wurde gleichermaßen zum Heizen genutzt. Alte Bauerhäuser wurden über oder mit den Ställen gebaut. Solche Wohnstallhäuser nutzten das Vieh als Wärmequelle. Abgesehen vom vermutlich eindringlichen Geruch und der zu erwartenden Lärmbelästigung eine biologisch nachhaltige Lösung. Neben dieser nicht mehr allzu zeitgemäßen Lösungsvariante gibt es heute unzählige Alternativen, wie ein Haus beheizt werden kann, über die man sich jedoch erst mit dem anstehenden Hausbau auseinandersetzen wird.

Neben Gastherme und ölbefeuertem Brennwertkessel gibt es Pelletheizungen, Wärmepumpen, die die Wärme aus der Luft oder aus dem Wasser beziehen, solare Zusatzheizungen für die Warmwassergewinnung und natürlich den holzbefeuerten Kamin. Letzteren gibt es auch mit Wassertaschen, sodass der Kaminofen zusätzlich zum Betrieb einer Warmwasserheizung dient. Dann gibt es noch Holzvergaserkessel, in denen ein so hoher Wirkungsgrad erreicht wird, dass diese sogar im Rahmen erneuerbarer Energien staatlich gefördert werden. Wer die Qual der Wahl überwunden und sich endlich für eine Heizungsart entschieden hat, darf sich über 24 Stunden wohlige Wärme freuen. Das Ausbleiben der wohligen Wärme dürfte in den meisten Fällen dann nur noch einem Eigenverschulden zuzuschreiben sein. Wer also vergisst, die Gasrechnung zu begleichen, oder nicht rechtzeitig Heizöl liefern lässt, hat dies selbst zu verantworten. Keine Chance mehr, es der Hausverwaltung in die Schuhe zu schieben. Einzige Ausnahme stellen neumodische Wärmepumpentarife dar, wie sie vielerorts von den Netzbetreibern angeboten werden. Hier wird Strom zum Betrieb der Wärmepumpe zu vermeintlich günstigeren Tarifen angeboten. Im Gegenzug zum unschlagbaren Preis behält sich der Netzbetreiber vor, mehrmals am Tag die Stromzufuhr für einige Stunden zu unterbrechen. Wenn dies, wie in unserer Region üblich, mit drei mal zwei Stunden Zwangsabschaltung einhergeht, fehlen natürlich 25 Prozent der Heizleistung. Das gilt es zu berücksichtigen, möchte man die wohlige Wärme den gesamten Tag lang genießen.

57. GRUND

WEIL MAN KEINE SORGEN HABEN MUSS, RAUSGEWORFEN ZU WERDEN

Kündigung wegen Eigenbedarf. Das Schwert des Damokles, das jederzeit über einem Mieter schwebt. Während es in England ganz normal ist, einen Mietvertrag nur für einen befristeten Zeitraum zu unterzeichnen, nach zwölf oder 18 Monaten den Vertrag zu verlängern oder wieder weiterzuziehen, wird bei uns ein Vertrag gerne auf unbegrenzte Zeit abgeschlossen. Nicht selten kommt es vor, dass dann der Vermieter die Wohnung kündigen möchte. Laut Deutschem Mieterbund sind Kündigungen aufgrund von Eigenbedarf der häufigste Grund, weswegen Mieter eine Wohnung verlassen sollen. Dieses Schicksal kann einen selbst dann treffen, wenn immer pünktlich die Miete bezahlt wird und man sich auch sonst vorbildlich verhält. Der Vermieter kann für den Eigenbedarf das gesamte Repertoire an Verwandten hinzuziehen. Hierzu zählen Kinder, Eltern, Großeltern, Geschwister, Stiefkinder und sogar Nichten und Neffen. Ausgenommen sind lediglich Cousin und Cousine, Onkel, Großnichten und -neffen, und dürfen nicht als Kündigungsgrund herangezogen werden. Obwohl der Vermieter eine solche Kündigung begründen und diverse Formalitäten einhalten muss, der Auszug ist fast immer sicher. Als Mieter hat man zwar die Möglichkeit, die Einhaltung von Fristen zu prüfen, ob der Vermieter noch andere Wohnungen besitzt, die für den gemeldeten Eigenbedarf genutzt werden können, oder ob gar gänzlich andere rechtliche Fehler oder Versäumnisse vorliegen, aber wer will das schon? Das Wohnen zur Miete wird danach zum Horrortrip. Neben diesem Extrem gibt es auch andere Gründe, weswegen eine Wohnung gekündigt werden kann. Häuser werden verkauft, der Vermieter wechselt, Renovierungsarbeiten oder – wenn auch nicht im Regelfall – das Haus wird baufällig.

An das Gefühl, etwas ganz Eigenes zu haben und nicht mehr damit rechnen zu müssen, die Bleibe eines Tages zu verlieren, muss man sich auch erst gewöhnen. Aber spätestens mit dem ersten Grundsteuerbescheid sollte sich genau dieses Gefühl letztendlich einstellen. Eine Mischung aus Endgültigkeit und Sicherheit, denn das eigene Haus nimmt einem niemand mehr weg. Außer der Bank, und das nur selten. Außerdem hat niemand sonst einen Schlüssel zum Haus. Außer der eigenen Frau oder dem Mann und den Kindern, und vielleicht, aber hoffentlich nicht, und wenn, dann nur bei guten Familienverhältnissen, den Schwiegereltern. Außer man ist im Urlaub. Und hoffentlich liegt auch kein Schlüssel unter dem Fußabtreter oder ist im Schuppen um die Ecke versteckt. Am wichtigsten ist jedoch, es gibt keinen Vermieter mehr, der einen Schlüssel hat, keinen Vermieter, dem man einen Schlüssel zurückgeben muss, und keinen Vermieter, von dem man eine Kündigung erhalten wird.

WEIL DAS EIGENE HAUS IMMER SAUBERER IST

Wo gehobelt wird, da fallen Späne, und wo gebaut wird, da wird es staubig. Staub ist Feind Nummer eins der Bauherren. Wer ihn noch nicht kennt, wird ihn fürchten lernen, und wer ihn bereits besiegt hat, hofft, dass er niemals wiederkommt. Baustaub ist leider unumgänglich und gehört einfach zum Bauen dazu. Wer einmal den Kampf gegen den Baustaub gewonnen hat, wird unwillkürlich ein Arsenal von Reinigungswerkzeugen und -mitteln sein Eigen nennen. Die beste Voraussetzung für ein sauberes Heim. Das eigene Haus wird wohl per se sauberer gehalten als andere Häuser. Das mag daran liegen, dass alles neu ist, oder einfach, dass es das eigene Haus ist. Wissenschaftliche Studien hinsichtlich dieses Sachverhaltes sind allerdings noch zu erbringen.

Der meiste Staub fällt unweigerlich bei Säge- und Schleifarbeiten an. Das konnte auch einer unserer Elektroinstallateure berichten. Der Bauherr hatte die Termine schlecht koordiniert. So wurde die Endmontage der Elektrik, also von Steckdosen, Schaltern, Lichtauslässen und Lüftungsanlagen, noch vor den Schleif- und Malerarbeiten durchgeführt. Die Monteure mussten daraufhin nochmals die Baustelle besuchen, um die Lüftungsanlage zu reinigen. »So eine staubige Baustelle habe ich in 20 Jahren noch nicht gesehen«, berichtete der Monteur mit Kopfschütteln und zeigte uns, wie wir dir Filter der Lüftungsanlage selbst reinigen können. Während der Rohbau noch mit handelsüblichen Straßenbesen gekehrt wird, verfeinern sich die Reinigungsutensilien von Bauphase zu Bauphase. Für das Grobe sollte auf jeden Fall ein leistungsstarker Sauger vorhanden sein. Nass- und Trockensauger haben sich hier bewährt. Für Feinstaub gibt es Industriesauger der Klasse M, die, mit klackendem Geräusch, ihre Filter regelmäßig von Staub befreien. Die Hightech-Sauger kosten jedoch das Zwei- bis Dreifache normaler Nass- und Trockensauger. Ist die erste Bauphase erst einmal überstanden, wird meist ein ordentlicher Sauger für Teppich, Laminat und Fliesen angeschafft. Auch batteriebetriebene Fensterreiniger findet man fast in allen Neubauten, um den glasklaren, ungetrübten Schein der nagelneuen Fensterscheiben zu erhalten. Alles zusammengenommen scheint es eine langfristige, durchaus positive Auswirkung auf das eigene Haus zu haben. Gleichgültig, in welchem Eigenheim wir in den vergangenen Jahren zu Besuch waren, auch mehrere Jahre nach dem Bau sehen die Häuser aus wie aus dem Ei gepellt. Das eigene Haus ist eben diese Mühe wert.

59. GRUND

WEIL MIETEN NUR GELIEHEN IST

Eine Wohnung oder ein Haus mieten, ist doch eigentlich nichts anderes, als etwas auszuleihen. Zugegeben, die Bezahlung für die Sache ist höher. Damit das jedoch nicht auffällt, nennt man es Miete. Aus dem Germanischen stammt das Wort und bedeutet Bezahlung. Wer hätte das nur vermutet. Das mit dem Mieten war nicht immer so. Die ersten Mietwohnungen entstanden im Mittelalter. Vorher wurden Häuser von Familien oder Hausgemeinschaften bewohnt. Erst im Zuge der Industrialisierung wurde mehr und mehr Wohnraum vermietet. Damals noch als einfache Stuben. Von einer 150-m²-Wohnung konnte wohl kaum die Rede sein. Erst im 18. Jahrhundert begann man schließlich ganze Wohnungen in Häusern zu vermieten. Der Trend zu Mietwohnungen, wie man sie heute kennt, entstand erst im 19. Jahrhundert[32]. Kein eigenes Haus zu besitzen, ist demnach eine recht neumodische Erscheinung. Im Zuge der Industrialisierung zog es jeden in die Stadt. Dort wurden Mietskasernen gebaut, die sich um einen engen Hof schlangen. Die Front, wie ein normales, bürgerliches Haus, nach vorne meist mit Balkonen, die Wohnungen etwas größer, im Hinterhof mit wenig Licht und Luft. Die Wohnungen im Hinterhof waren klein und wurden obendrein nicht sonderlich instand gehalten. »Ohne Moos nix los«, galt schon damals. Wer kein Geld hatte, konnte sich nur die kleinen Wohnungen im Hinterhof anmieten. Damals hatten solche Wohnungen oft noch nicht einmal ein Klo. Das gab es meist im Hinterhof. Für alle, gemeinsam. Auch der Altbaucharme, mit hohen Decken, stammt aus diesen Zeiten. Nicht die Quadratmeter waren damals ausschlaggebend, sondern die benötigte Luft zum Atmen. Schmale Räume mit hohen Decken waren damals »in«. In vielen Städten gibt es noch alte Häuser mit solchen Wohnungen. Ist einem erst einmal bewusst, woher der ach so umschwärmte Charme der Altbauwohnung stammt, verliert doch jede Altbauwohnung, mit Blick in den Hinterhof sehr schnell ihren Reiz.

Wenn demnach die gemietete Wohnung sowieso nur geliehen ist, warum sollte man es nicht gleich halten wie Udo Lindenberg. Seit 20 Jahren residiert er im Norden im Hotel Kempinski Hamburg. Eigentlich keine schlechte Idee. 2012 erhielt er sogar neue Räumlichkeiten. Das Hotel wurde drei Jahre lang renoviert. So etwas erleben wohl nur die wenigsten Mieter. Ein kleines, aber eigenes Kino hat er dort auch, spielt im Restaurant Klavier und setzt sich an die Bar, wann es ihm beliebt. Da träfe er immer interessante Menschen. »Das ist ein bisschen so wie eine WG«, beschreibt der inzwischen 70-jährige Panikrocker seine Wohnsituation in einem Interview[33].

Das Glück, dass marode Mietwohnungen renoviert werden, haben nur die wenigsten. Und wenn, ja dann, dann werden die Mieten erhöht. Einen saftigen Aufschlag gibt es dann. Modernisierungsmieterhöhung heißt das. Zehn Prozent kann der Vermieter im Einzelfall verlangen. In eine neue, bessere und schönere Wohnung, wurde noch kein Mieter umgesiedelt. Warum denn auch? Der Vermieter verleiht doch nur etwas. Das Prinzip ist wohlbekannt. Auch beim Autoleasing erhält man nicht, einfach so, nach ein paar Jahren ein neues Modell geschenkt. Warum sollte es also beim Verleihen einer Wohnung anders sein als beim Verleihen eines Autos? Also weg von geliehenen Sachen, und rein ins eigene Haus. Dann muss man sich um all das keine Gedanken mehr machen. Oder man hält es eben wie Udo Lindenberg und zieht, das nötige Kleingeld vorausgesetzt, für immer ins Hotel.

60. GRUND

WEIL NACHBARN BESSER SIND ALS HAUSBEWOHNER

Jeden Tag die gleiche Leier. Um 5:45 Uhr klingelt der Wecker. Nicht sonderlich laut. Eben so, wies man es aus der Wohnung, eine Etage tiefer, erwarten kann. Um 6:15 Uhr läuft die Dusche. Zwischen fünf und 15 Minuten. Die Dusche selbst hört man kaum. Aber ein eintöniges Rauschen in den Wasserleitungen, die in der Wand in unserem Schlafzimmer entlanglaufen. Während das durchströmende Wasser die alten Rohrleitungen langsam erhitzt, tönt ein dumpfes, rhythmisches Knacken durch das in die Jahre gekommene Mauerwerk. Die alten Metallrohre erhitzen sich langsam. Das Quietschen der Zweijährigen kündigt an, dass es nun fast sieben Uhr ist. Die Frequenz der Laute dringt dabei ungehindert durch das Mauerwerk. Das poröse Gestein ist nicht in der Lage, die extrem hohen Töne zurückzuhalten. Im Chor stimmt die Mutter ein. Die gleiche Tonlage. Die Geräusche lassen beinahe erwarten, dass das Mauerwerk langsam zu bröckeln beginnt. Glück gehabt, auch heute hält das Mauerwerk der hochfrequenten Belastung stand. Die Kleine sitzt wohl am Frühstückstisch. Da sind wir sicher. In den kommenden zehn Minuten landen, in regelmäßigen Abständen,

Holzbauklötze auf dem Fliesenboden. Von den Eltern unermüdlich, immer wieder zum Abwurf aufgehoben. Die Kleine hat den Dreh raus. Das Auftreffen der bunt lackierten Holzklötze wird vom Mauerwerk durch das ganze Haus getragen. Kinder sind, wie man so schön sagt, wie Fürze. Man erträgt nur die eigenen. 7:15 Uhr – der Wecker klingelt. Dieses Mal der eigene. Das wäre gar nicht so schlimm, läge man nicht schon seit 5:45 Uhr wach im Bett. Genauso wie gestern morgen. Das war nicht nur bei uns ein Grund, ein eigenes Haus zu bauen. In einem Mietshaus von Bekannten wechselten die Parteien in der angrenzende Wohnung alle sechs Monate. »Trampeltiere müssen da wohnen, und es wird von Mal zu Mal schlimmer«, wurde uns berichtet.

Mit dem eigenen Haus muss man einen Mindestabstand zur Grundstücksgrenze einhalten, Doppelhaushälften einmal ausgenommen. Auch für den Nachbarn gilt diese Regelung. Bei uns sind es zweieinhalb Meter. Also fünf Meter Abstand zwischen beiden Häusern. Dazu kommen zwischen 30 bis 40 Zentimeter hochisolierter Bausubstanz. Da kann man sich anstrengen, so sehr man möchte. Der Nachbar bekommt einfach nichts mit. Wir haben es getestet. Auch Nachbars Kleine frühstückt morgens. Die können wir übrigens sehr gut leiden. Ob sie nun Holzbauklötze oder Glasmurmeln auf den Granitboden wirft, das wissen wir jedoch nicht. Und ob die Eltern allmorgendlich, im doppelstimmigen Chor mit dem Nachwuchs im Wettstreit kreischen, singen oder gar schimpfen. Wir hören es nicht. Unser Wecker klingelt immer

noch um 7:15 Uhr. Aber im Gegensatz zu früher wachen wir im eigenen Haus erst durch den eigenen Wecker auf.

WEIL MAN ENDLICH NACH HAUSE KOMMT

Wie lange dauert es wohl, bis man sein neues Haus als Zuhause betrachtet? Nachdem der Kaufvertrag unterschrieben ist oder eher nachdem man endlich eingezogen ist? Eine spannende Frage. Wann hört man auf, von der alten Wohnung oder dem alten Haus von »Zuhause« zu sprechen? Selbst wir ertappten uns noch ab und an, wenn wir von vergangenen Erfahrungen berichten. Anfangs ging es dabei gar nicht so einfach von den Lippen, »Ich fahre jetzt nach Hause« zu sagen, und dabei die neuen, eigenen vier Wände zu meinen. »Ich fahre jetzt zum Haus«, das hat man viel eher gesagt.

28 Wiederholungen, erst dann wird es zur Gewohnheit. So behauptet Motivationstrainer Matthias Herzog in einem Interview im Radiosender SWR3[34]. 28 Mal also, vom neuen Haus weg und wieder zurückfahren. Danach ist ist es wohl endlich das eigene Zuhause, zumindest, wenn man nach Herrn Herzog geht.

Hat man das erst einmal hinter sich gebracht, kann man sich tatsächlich auf das neue Zuhause freuen. Das macht einem nun niemand mehr streitig. »Es ist etwas Besonderes, sein Haus zu haben, hinter der Welt die Tür nicht des Zimmers, sondern gleich des Hauses abzusperren.« Auch wenn es nicht Franz Kafkas eigenes Haus war, sondern von seiner Schwester Ottla gemietet wurde, er hatte den Umstand mit dieser Aussage treffend umschrieben[35]. Nichts ist schöner, als am Ende eines anstrengenden Arbeitstages nach Hause zu kommen. Selbst dann, wenn Kafka ins Haus seiner Schwester flüchtet, um dort zu arbeiten. Kafka hatte damals wohl einfach noch kein Homeoffice.

Das »zu Hause ankommen« erlebte am Ende auch Richard Wagner, der 1874 nach vielen Zwischenstationen, endlich zu Hause, in seinem eigens gebauten Haus ankam. Das Haus erhielt von Wagner dann sogar den Namen »Wahnfried«[36]. Niemand käme wohl auf die Idee, einer Mietwohnung einen Namen zu geben. Dem eigenen Haus schon eher. In England ist das gang und gäbe. Man kann öfter beobachten, dass Häuser, anstelle einer Nummer einen Namen haben. Der ortsansässige Briefträger ist dabei nicht um seine Arbeit zu beneiden. Es gilt ja nicht nur, die Post auszutragen, sondern auch vorab zu sortieren. »Greewood Road«, die Nummer 13, »Thomson House« und dann die Nummer 15. Wer möchte sich das schon alles merken? In jeder Straße andere Namen. Trotzdem wird es für den Besitzer des Thomson House eine besondere Bedeutung haben, weshalb das Haus so heißt. Es sagt sich auch viel leichter »Mir gehört das Thomson House«. Vielleicht sagte einst auch Wagner: »Wir sind im Wahnfried zu Hause.« Es klingt auf jeden Fall besser als »Wir wohnen im Rennweg«. Das klingt doch eher nach Wohnsiedlung. Wer würde bei »im Rennweg« denn schon an Wagners Stadtvilla, inklusive rückwärtigem Park, denken? Wer sagt schon »Uns gehört die Weihergasse 14«. Das klingt nicht richtig. Auch wenn es hierzulande nicht, oder nicht mehr üblich ist, Hausnamen zu vergeben, macht es doch deutlich, was ein eigenes Haus für einen selbst bedeuten kann. Wer einem Richard Wagner nicht nachstehen möchte, sollte sich also den Traum vom eigenen Zuhause erfüllen, damit auch er endlich nach Hause kommen kann.

62. GRUND

WEIL MAN IM EIGENEN HAUS LEBT, NICHT NUR WOHNT

Öfter als ein Dutzend Mal ist meine Frau umgezogen, Vom Land in die Stadt, von der einen Stadt in die nächste Stadt, von der Stadt in die Vorstadt. Am Ende haben wir gemeinsam auf dem Land gebaut. Zurück zu den Wurzeln, möchte man da sagen. Das sollte auch das letzte Mal sein, wo sie hat umziehen müssen. Auch Oma besaß früher ein Haus. Haus, Wald, eine Hütte im Wald, die Hütte noch von Opa, mit eigenen Händen gebaut. Heute wohnt Oma in einer Wohnung in der Nähe ihrer Tochter. Keine Frage, praktisch ist es allemal, denn der Anfahrtsweg ist kurz. Auch für uns ist es nur eine Autostunde entfernt. So kommt die Familie öfter einmal zusammen. Oma wohnt inzwischen in ihrer Dreizimmerwohnung. Darin viele Möbelstücke, die einst einen Platz in ihrem Haus hatten. Schöne Stücke, das muss man sagen. Damals wurden noch schöne Möbel gebaut. Meine Frau brachte kaum Möbel mit, und meine eigenen, die machten einer gemeinsamen Einrichtung Platz. In unserer ersten Wohnung war das nicht sonderlich schlimm. Die Möbel stammten aus dem Möbeldiscounter. Damals machten wir uns keine Gedanken, die Wohnung war nicht für die Ewigkeit bestimmt. Ob die Möbel alle in eine neue Wohnung gepasst hätten, konnte sowieso niemand im Voraus wissen. Möbel kommen und gehen, da ist wenig Bindung. In England ist es gang und gäbe, Wohnungen und sogar kleine Häuser vollständig möbliert zu mieten. Ich selbst habe in einem solchen Haus gewohnt. Küche, Wohnzimmer, Ledercouch, Vitrine, Esstisch mit Stühlen. Alles war da. Selbst der Rasenmäher hat zum Inventar gehört. Nur den Fernseher musste ich selbst mitbringen. Das Wohnen wird zum durchlaufenden Posten. Emotionale Sicherheit gibt es da nicht. Das Wohnen ist zur Zwischenstation geworden, nicht mehr der Mittelpunkt des Lebens. Macht ja Sinn, es heißt auch Wohnung, nicht »Lebung«. Das sieht gewissermaßen auch der Gesetzgeber so. Seit 1987 gibt es keine steuerliche Erfassung der Wohnung im eigenen Haus.

In England bekommt man als berufstätiges Paar ohne Kinder sehr einfach eine schöne Wohnung zur Miete. Zumindest vor einigen Jahren. Damals waren die Makler begeistert. »Da wird die

Wohnung nicht so abgenutzt«, freute sich der Makler und war sogar bereit, über den Preis zu sprechen. Morgens früh raus, Arbeiten bis spät in den Abend, Hauptsache es wird wenig Zeit in der Wohnung verbracht. Keine große Familie, auch das war ein Pluspunkt. Keine Familien, heißt keine Feiern. Keine Feiern bedeutet wiederum, es geht weniger in der Wohnung kaputt.

Im eigenen Haus, da ist das anders. Da kann man leben. Es ist nicht die Freude, weg von der Arbeit zu sein. Es ist die Freude, zu Hause anzukommen. Den Grill anwerfen und in den Garten setzen. Oder im Winter im Erker einen heißen Tee genießen. Ein Zuhause, das man nutzen kann, nutzen möchte. Nach den eigenen Vorstellungen, minimalistisch modern oder rustikal. Alles organisiert oder ein heilloses Durcheinander ohne Stil? Egal, es ist das eigene Haus. Hier wohnt man nicht nur, hier lebt man schließlich.

63. GRUND

WEIL EIN HAUS ETWAS EINMALIGES IST

»Wer baut, gestaltet«, so heißt es in einem Onlineartikel des Nachrichtenmagazins *Focus*[37]. Dabei ist es nicht erforderlich, besondere Kenntnisse in Sachen Architektur oder Design zu besitzen. Bei einem Bauvorhaben muss man seine eigenen Wünsche dem Architekten kundtun, der kümmert sich dann in mehreren Arbeitsschritten um die Wünsche und Bedürfnisse des Bauherrn. Die Leistung des Architekten wird dabei durch die Honorarordnung für Architekten und Ingenieure geregelt. In insgesamt neun Leistungsphasen wird der Umfang der angebotenen Leistungen exakt vorgegeben. Dabei ist der Bauherr nicht gezwungen, all diese Leistungen in Anspruch zu nehmen. Jedoch bei der Vor- und Entwurfsplanung wird der Architekt bei der Ausarbeitung des Entwurfs behilflich sein und die Wünsche des Bauherrn, oder der Bauherrin, umsetzen. Neben den Fähigkeiten des Architekten setzen eigentlich nur noch die Bauvorschriften, wie auch die Physik, den Ideen des Bauherrn eine Grenze. Insbesondere der Bebauungsplan wird den meisten Wünschen den Garaus machen, wovon man sich als angehender Bauherr jedoch nicht abschrecken lassen sollte. Vielleicht gibt es ja die eine oder andere Möglichkeit, die Wünsche, abgeändert, mit den örtlichen Bauvorschriften entsprechend umzusetzen. Abgesehen von Reihenhäusern sind die meisten Häuser ein Unikat. Die hierfür notwendige Entscheidungsfreudigkeit ist wohl eine der größten Herausforderungen, mit denen sich ein Bauherr konfrontiert sieht. Schließlich sind es Entscheidungen, die lebenslange Konsequenzen mit sich bringen. Allerdings kann man nach einigen Jahren auch eine Rundumsanierung anstreben, sollte man mit den ehemals getroffenen Entscheidungen nicht ganz glücklich sein.

Ein erster Besuch in einem Fertighauscenter, oder der Begehung in einem Musterhaus eines Bauträgers, zeigt oftmals die zahlreichen Varianten auf, die zur individuellen Gestaltung des eigenen Heims herangezogen werden können. Und dabei handelt es sich in aller Regel nur um die vom Bauträger angebotenen Baumaterialien. Diese Auswahl vervielfacht sich oftmals, zieht man mehrere Bauträger in Erwägung. Der eine hat das, der andere etwas ganz anderes. Am Ende geht es auch um die Gestaltung des Außenbereichs und den Innenausbau. Spätestens jetzt zeichnen sich die Unterschiede ab, solle man sich doch für ein Standardmodell des Bauträgers entschieden haben.

Ein Arbeitskollege in den USA führte mich vor einigen Jahren bei einem Besuch durch sein Haus. Ein Haus, das er sich sprichwörtlich maßschneidern hat lassen. Neben der für Amerika typischen Einfahrt zur Garage wies das Haus ein Wohnzimmer direkt hinter der Haustüre auf, genau so, wie man es aus älteren US-amerikanischen Sitcoms kennt. Zur Haustür rein, und direkt im Wohnzimmer, das gab es bei der *Bill Cosby Show* oder dem *Prinzen von Bel Air*. Tatsächlich wird dieser vermeintliche Wohnraum ausschließlich dem

Empfang des Besuches gewidmet. Dahinter befanden sich Essbereich und die Küche. Durch eine Tür in der Küche gelangte man an in einen eigenen Bereich, ein Wohnzimmer für die Familie. Sehr gemütlich und wesentlich unaufgeräumter als der Empfangsbereich. Aber gleichzeitig auch wesentlich sympathischer. Den Grundriss hatte er sich in Kleinstarbeit mit seinem Architekten ausgearbeitet. Hier sollte alles stimmen und auf die eigenen Wünsche angepasst werden. Man muss aber nicht zwingend einmal um die ganze Welt reisen, um Individualisten im Hausbau anzutreffen. Auch unser Nachbar hatte ganz eigene Vorstellungen, was sein Haus angeht. Fenster, nicht zu tief, sodass nicht jeder in das Haus blicken kann, sind zwar nicht jedermanns Sache, waren aber sein individueller Wunsch. Drei Kinderzimmer und ein Vorzeigebad. Auch der Grundriss ist alles andere als Standard. Und das gilt für die meisten Häuser. In der 50er- und 60er-Jahren entsprachen viele Häuser einem gewissen Stereotyp. Überwiegend eine kubische Form, Satteldach, lediglich in Dach- und Fassadenfarbe unterschiedlich. Ein Bild, das man speziell in älteren Wohnvierteln, in kleineren Ortschaften, immer wieder vorfindet. In den letzten Jahren wurde aber auch dieser Standard durchbrochen. Durch Aufstocken von Dachgeschossen, Anbauten, Vorbauten und Vergrößerungen wurde den eigenen Bedürfnissen entsprochen und der Individualismus durchgesetzt. Neubaugebiete hingegen sehen grundsätzlich anders aus. Kein Haus gleicht dem andern, verschiedene Stile, Baumaterialien und Design wechseln sich, trotz gleicher Bauvorschriften ab, und erfreuen das Auge aller jener, die durch die Straßen schlendern. Ein Haus ist doch eine einmalige Gelegenheit, seine eigene Individualität zu verwirklichen und etwas Einmaliges zu bauen.

WEIL SCHWIEGERVÄTER GERNE HELFEN

Beim Hausbau fallen ja so einige Dinge an, die man alleine nicht erledigen kann. Hier helfen oftmals auf die jeweilige Tätigkeit spezialisierte Dienstleister. Oder Schwiegerväter! Wer das Glück hat und sein zukünftiges Zuhause mit dem Ehepartner baut, kommt hoffentlich in den Genuss der schwiegerelterlichen Unterstützung. Schwiegerväter kommen meist im Doppelpack. Mit ein wenig Glück überschneiden sich die Fertigkeiten beider Parteien nur ganz wenig, so wenig, dass ein Optimum aus den familiären Umständen gewonnen werden kann. Während andere über Schwiegermütter und Schwiegerväter nur stöhnen, erweisen sich diese beim Hausbau als nicht zu unterschätzende Hilfe. Für angehende Bauherren ist dies die Gelegenheit, die Beziehung zum Schwiegervater zu vertiefen. Denn ab sofort gibt es genügend Themen zum Fachsimpeln, Rateinholen oder Werkzeugausleihen. Außerdem finden sich genügend Gelegenheiten, diesen einzuladen. Die noch fehlende Küche gibt Anlass für einen Grillabend auf der Baustelle, das Richtfest, als obligatorische Institution beim Hausbau oder einfach nur die Einladung zum Besichtigungstermin, gibt hier mehr als eine Gelegenheit, die familiären Bande zu festigen. Schwiegerväter sind darüber hinaus unerschöpflicher Quell an für den Hausbau benötigten Ressourcen. So gibt es sich, dass es wohl in der Natur des Schwiegervaters liegt, immer das fehlende Werkzeug zu besitzen, und noch viel wichtiger, dieses leihweise zur Verfügung zu stellen. Da Schwiegerväter einem Naturgesetz ähnelndem Phänomen alle bereits selbst gebaut haben, besitzen diese oftmals einen Anhänger und entsprechende Zugfahrzeuge. Das gilt es auszunutzen. Vor Kurzem erfuhren wir von einem Schwiegervater, der mit dem eigenen Bagger bei der Gestaltung der Außenanlage ausgeholfen hatte. Just im handwerklichen Bereich kann oftmals auf jahrelange

Erfahrung zurückgegriffen werden, über die man selbst noch nicht verfügt.

Die dargebotene Unterstützung fällt dabei, sollte sie nicht ins Uferlose entgleiten, in den Bereich der üblichen Gefälligkeitsleistung im familiären Bereich. Diese Tätigkeiten sind nach Gesetz und geltender Rechtsprechung vom Versicherungsschutz ausgeschlossen[38]. Wer sich verletzt, der verletzt sich auf eigene Gefahr. Bei größeren Tätigkeiten sind auch Schwiegerväter wie jeder andere Bauhelfer anzusehen. Hier hilft der Status des Schwiegervaters nur noch wenig. Er muss als Helfer angemeldet werden. Ausschließlich Bauherr und Lebenspartner dürfen arbeiten, so viel sie wollen, ohne dass die Stunden der Berufsgenossenschaft zu melden sind. Wer in die wahrhaft unglückliche Situation gerät und nicht mehr mit seinem ehemaligen Ehepartner den Hausbau durchführt, muss dabei zum Glück rein rechtlich, und wohlgemerkt nur theoretisch nicht auf den Schwiegervater verzichten. Im BGB ist festgelegt, dass eine Verschwägerung auch nach dem Auflösen der zugrunde liegenden Ehe fortbestehen bleibt. Rein formal also, kein Schlupfloch, sich aus den Pflichten des Schwiegervaters zu entbinden.

Was die Meldungen angeht, da besteht keine zwingende Notwendigkeit, allzu früh aktiv zu werden. Die Mühlen der Bürokratie mahlen auch im Bau unaufhaltsam vor sich hin, und selbst dem unbedarftesten Bauherrn wird früher oder später der Erfassungsbogen der BG Bau zugestellt, den es alsdann minutiös auszufüllen gilt. Da werden also nun all die Helferstunden der Schwiegerväter erfasst. Wer denkt, er könne sich davor drücken, der täuscht sich ungemein. Kaum eine andere Institution, außer dem eigenen Partner, wird sich während des Hausbaus so vehement nach dem Fortschreiten der Baumaßnahmen erkundigen.

Zum Glück ist die maximale Anzahl der Gefälligkeitsleistungen, durch den Schwiegervater nicht durch den Gesetzgeber limitiert. So ergibt es sich, dass er beim Wegfahren von Bauschutt, beim Spachteln oder Schleifen, beim Verputzen, beim Tapezieren oder auch beim Umzug helfen kann. Im angemessenen Rahmen einer Gefälligkeitsleistung, das versteht sich von selbst.

Bei uns ergab es sich, dass sich seit dem Hausbau die Frage nach Geschenken durch die Schwiegereltern anstandslos erledigt hatte. Ein durchaus positiver Nebeneffekt durch den Hausbau. Ab sofort gibt es zu jeder Gelegenheit Werkzeug. Der Bedarf ist beim Hausbau nahezu unerschöpflich, und das wissen Schwiegerväter. Da irgendwann die meisten Bauherren selbst zu Schwiegervätern werden, schließt sich der Kreis, und es ergibt sich die Möglichkeit, in die Fußstapfen selbiger zu treten, wenn die Kinder selbst einmal bauen. Dann ist man selbst Schwiegervater und hilft natürlich auch sehr gerne.

65. GRUND

WEIL DER MANN LERNT NACHZUGEBEN

Lars ist ein gestandener Kerl. 1,95 groß, Vollbart. Trägt mit Vorliebe Flanellhemden, vorzugsweise rot-blau oder blau-weiß kariert. Meist mit Jeans und Stiefeln. Keine Etepetete-Schuhe, sondern echte Stiefel. Stiefel von der Sorte, mit denen man auch mal ordentlich in den Matsch treten kann. Lars könnte einem Werbefilm entsprungen sein, in dem er die Reinkarnation eines Holzfällers verkörpert. Fast schon klischeehaft seine angehende Frau, ebenfalls gute 1,90 groß, blonde lange Haare. Im Gegensatz zu Lars immer perfekt gekleidet. Kaschmirmantel, die Handtasche passend zum restlichen Outfit, das Haar seidenmatt, Strähne neben Strähne, adrett geordnet. Beide könnten das jeweilige Stereotyp nicht besser repräsentieren.

Neben einem allradgetriebenen Geländewagen fährt Lars natürlich Motorrad. Alleine natürlich, denn das ist Männersache. Samstags hilft er im elterlichen Anwesen, die Pferdeställe sauber zu halten. Lars setzt sich durch. Bei den Freunden, der Familie und im Job. Er hat recht, auch wenn er unrecht hat. Lars lässt sich eben nicht unterkriegen. Lars ist ein Mann, und in den Augen von Lars geben Männer nicht nach.

Seit Kurzem steht es fest, er und seine Verlobte bauen ein Haus. Natürlich hat Lars Pläne. Zwei Garagen und ein Carport. Ein überdachter Stellplatz für sein Motorrad. Eine einfache Hütte im Garten für Werkzeug. Die Küche zweckdienlich, kein Schnickschnack. Eine Küche für Fleisch, Bier, Pommes. Alles, was Männer eben so benötigen. Eine ähnliche Haltung hat er in Sachen Bäder. Lars genügt eine Dusche, eine Badewanne verbraucht seiner Meinung nach nur zu viel Wasser. Den rechnerischen Nachweis, dass nach sieben Minuten Duschen mehr Wasser den Abfluss entlangrinnt, als für ein einziges Vollbad verbraucht wird, ignoriert er. Fakten sind für Weicheier. Lars hat eben recht. Außerdem soll ins Männerklo natürlich ein Pissoir. Das macht vieles einfacher. Ins Männerzimmer kommt ein großer Fernseher, Blu-Ray-Player, die von der neuen Sorte, hochauflösend. Sämtliche auf dem Markt befindlichen Spielekonsolen, er will ein Spielzimmer ohnegleichen. Ein Weinregal soll in den Keller, um sich vor Gästen zu profilieren. Im Männerzimmer reicht ein Kühlschrank für Bier. Der Kühlschrank muss nicht allzu groß sein, in der Küche gibt es ja auch einen. Der edle Gerstentrunk wird von seinen Freunden sowieso dem vergorenen Traubensaft vorgezogen. Eine der beiden Garagen möchte er als Trainingsraum nutzen. Klimmzugstange und Sandsack sind quasi schon bestellt, und an das Langhalteset kommt er mehr oder weniger umsonst. Sein bester Kumpel hat gerade eines abzugeben.

Pläne hat Lars also viele, allerdings hat er die Rechnung ohne seine Frau gemacht. Frauen haben ihre eigenen Pläne, wenn es um den Hausbau geht. Das ist nicht schlecht, manchmal sogar gut. In vielen Fällen ist es sogar das Beste. Und so hat auch seine Frau ganz eigene Pläne. In der Garage steht jetzt der Kleinwagen seiner Frau. Das Männerzimmer gibt es, allerdings nicht im Haus von Lars, sondern in der Wohnung seines besten Kumpels. Dort liegt auch das zweite Hantelset, in der Garage ist jetzt ja kein Platz mehr dafür. Anstelle des Männerzimmers ist nun ein Kinderzimmer geplant. Die Tapete in Hellblau, die hat Frau schon rausgesucht. Das Weinregal wurde auf einen kleinen Ständer im Wohnzimmer reduziert. Im Keller ist nun die Waschküche. Daran hatte Lars gar nicht mehr gedacht. Eine zusätzliche Gefriertruhe und ein Wärmepumpenkondenstrockner thronen nun an der Stelle des ehemalig geplanten Weinregals. Zumindest weiß Lars nun, was ein Wärmepumpenkondenstrockner ist. Hinsichtlich des Fernsehers, ja da konnte sich Lars durchsetzen. Bei den Spielekonsolen musste er sich jedoch auf eine beschränken. Der TV-Schrank, für den sich seine Frau entschieden hat, besitzt nur Platz für eine einzige Spielekonsole. Viel Zeit wird Lars nach dem Hausbau sowieso nicht mehr haben. Das Kinderzimmer muss schließlich möbliert werden, bevor der Nachwuchs einzieht. Seine Frau bekommt übrigens eine Badewanne, und auf das Pissoir wird gänzlich verzichtet. In der nach Lavendel duftenden Wohlfühloase der jungen Familie wird zukünftig nur im Sitzen gepinkelt. Lars hat gelernt nachzugeben. Auch wenn die eine oder andere Entscheidung letztendlich nicht voll und ganz seinen Vorstellungen entsprochen hatte. Das Haus ist jetzt schön eingerichtet. Viel besser als die von ihm geplante Junggesellenbude. Das Wohnzimmer macht etwas her, Gäste können eingeladen werden und sich wohlfühlen. Das Kinderzimmer kann auch als Gästezimmer genutzt werden, auch wenn die Gäste nicht mehr die Kumpels von Lars sind. Wenigstens in der Küche musste Lars keine Kompromisse eingehen. Hier hatte er am Ende nämlich überhaupt nichts zu sagen.

Ganz so schlimm war es bei uns nicht. Aber auch bei unserem Hausbau wurde der einen oder anderen pragmatischen Männeridee zugunsten der ästhetisch vorteilhafteren Variante der Bauherrin nachgegeben. Auch wenn nicht alles immer so einfach zu realisieren war, das Ergebnis überzeugt, und Männer sollten durchaus auf ihre Frauen hören und lernen, das eine oder andere Mal nachzugeben.

WEIL DIE FRAU IHREN MANN STEHEN KANN

1791 forderte die französische Schriftstellerin und Revolutionärin Olympe de Gouges, dass Frauen die gleichen Rechte und Pflichten erhielten, die damals bereits für Männer galten. Menschen- und Bürgerrechte galten bis dato nämlich nur für Männer. Natürlich hatte de Gouges damals sicherlich nicht an Frauen auf der Baustelle gedacht. Überhaupt sind Frauen auf dem Bau auch heute noch eher die Ausnahme. Und das, nachdem Frauen 1893 das erste Mal zum Abitur zugelassen wurden und ab 1899 im Großherzogtum Baden Frauen uneingeschränkt das Studium freistand – da müsste es doch eine Menge weiblicher Bauingenieure geben. Tatsächlich hat es etwas länger gedauert. Erst 1994 wurde die Gleichberechtigung von Frauen und Männern in das Deutsche Grundgesetz aufgenommen. Die gesetzliche Anpassung ändert jedoch nichts an der Tatsache, dass die Arbeit auf dem Bau ein gewisses Maß an Robustheit und manchmal einiges an Kraft und Ausdauer fordert. Was Frauen auf einer Baustelle tatsächlich leisten können, das stellen Bauherrinnen tagtäglich unter Beweis. Bis gestern noch die Wäsche gewaschen, für den geliebten Ehemann gekocht und abends die Kinder ins Bett gebracht. Nein, nicht hauptberuflich. Alles vor und nach der Arbeit. Frauen haben oftmals zwei Jobs. Allerdings erst seit den 1920ern, denn erst 1918 erhielten Frauen in Deutschland das Recht auf Erwerbstätigkeit. Trotzdem lassen die meisten Frauen ihren Mann nicht im Stich, wenn es sich um das Thema Hausbau dreht. Vielmehr wird die Frau so einiges mitreden, wenn nicht gar bestimmen wollen. Und wer ein eigenes Haus baut, der packt mit an – egal ob es sich dabei um Mann oder Frau handelt.

Meine Frau ließ mich beim Streichen der Holzfassade nicht im Stich. Anstatt in acht Tagen konnten wir es in der Hälfte der Zeit erledigen. Auch das Spachteln und Schleifen der Wände haben wir zu zweit gemeistert. Und als es endlich an den Umzug ging, war sie auch dieses Mal ganz vorne dabei. Kartons schleppen, Möbel verladen, keine Arbeit war zu schwer. Beim Tapezieren durfte ich dann noch nicht einmal helfen. Die Emanzipation im Hausbau ist weit fortgeschritten. Dabei war unser Hausbau keine Ausnahme. Es scheint fast, als ob für Frauen der Hausbau eine ganz eigene Art der Selbstverwirklichung darstellt. Auf Gerüste klettern, Baumaterial schleppen, schmutzig werden. Alles Dinge, von denen man zunächst annehmen möchte, dass die Frau damit überhaupt nichts zu tun haben möchte. Beim eigenen Haus wird aber eine Ausnahme gemacht. Und das war nicht nur bei uns so. »Mann« kann wirklich froh sein, dass sich über die vergangenen Jahrhunderte die Emanzipation bis hin zum Hausbau durchgesetzt hat, selbst wenn man auch heute noch nur sehr wenige Bauarbeiterinnen sieht.

67. GRUND

WEIL ES ZWEI WASCHBECKEN GIBT

Vor nicht allzu langer Zeit durften wir Zeuge nahezu epischer Unentschlossenheit werden. Mittelpunkt des unterhaltsamen Hin und Her war die Ausstattung eines Bades. Ein Pärchen hat sich im Sanitärfachhandel gestritten. Lauthals. Wir hofften nur, sie haben sich danach versöhnt. Schon des Hauses wegen. Sucht man eine neue Wohnung, gefallen einem vielleicht die Fliesen nicht, oder die Farbe der Wände. Aber da geht man Kompromisse ein. Bei einem eigenen Bad, im eigenen Haus, dessen Grundriss man festlegen muss und für das alle Sanitärobjekte ausgewählt werden müssen, stoßen viele Bauherren an ihre Grenzen. Da gibt es keine Kompromisse. Das muss so sein, wie man es sich vorstellt. Aber es ist eben nicht jeder ein ausgebildeter Innenarchitekt. Hohe Duschwanne oder eine begehbare Dusche? Toilette mit Vorbau, ein Waschbecken oder zwei?

Dabei steht noch gar nicht die Wahl der Sanitärobjekte zur Frage. Hier geht es erst mal nur um deren Platzierung. Dann gibt es noch zusätzlich gestalterische Elemente: Wände, halbhohe Wände, Absätze und Podeste. Im konkreten Fall ging es noch um den Grundriss. Während die Bauherrin zwei Waschbecken wollte, gefiel ihr die Platzierung der Dusche nicht. Der Bauherr hingegen gab sich mit einem Waschbecken zufrieden, wollte das WC jedoch an einer anderen Stelle. Zuvor holte sich das verzweifelte Paar Rat im Internet. Dort gibt es eine eingeschworene Gruppe von Hausbauwütigen, angehenden und ehemaligen Bauherren, die ihre Meinung mehr als gerne kundtun. Dabei ist es nicht das Schlechteste, sich zum einen oder anderen Thema Anregungen zu holen. In diesem Fall wurden jedoch so viele Varianten vorgeschlagen, dass selbst unser Hauseigentümer in spe nicht mehr wusste, wo nun hinten und vorne ist. Am Ende hat es doch geholfen, die Frau konnte sich durchsetzen. Es wird zwei Waschbecken geben. Der Mann hingegen bekommt die Dusche in eine andere Ecke. Das Haus ist gerettet, die Ehe wohl auch.

Das Bad scheint dabei tatsächlich Ursprung der größten Konflikte im Hausbau zu sein. Der Raum, an dem man in Mietwohnungen am wenigsten ändern kann, führt an anderer Stelle, dem Hausbau, vermutlich zu den größten Diskussionen. So meinte vor einiger Zeit eine Bekannte: »Also ich hatte mir ja die Fliesen in Betonoptik rausgesucht. Die gefallen meinem Man nicht, aber das ist mir egal.« Wenn es um die Badausstattung geht, gilt es anscheinend, zuerst den eigenen Wünsche Folge zu leisten. Die anderen sind erst einmal außen vor. Schon fast so, wie es auch später mit einem Bad ist. Rein, Schlüssel umdrehen, die anderen müssen warten. Genau das macht aber das Bad im eigenen Haus aus. Es sind eben nicht nur die Wanne, Dusche und das Waschbecken, sondern auch die Tatsache, dass man außer der eigenen Familie niemanden stört. So hat einst das Oberlandesgericht in Düsseldorf entschieden, dass, sollte nichts anderes im Mietvertrag geregelt sein, nächtliche Geräusche beim

Baden und Duschen auf maximal 30 Minuten zu reduzieren sind. Auch wenn das Baden und Duschen im Mietvertrag nicht verboten werden kann, eingeschränkt kann es durchaus werden und ist somit ein potenzieller Herd für Konflikte. Im eigenen Heim kann man auch ohne Bedenken nachts um drei Uhr ein Vollbad nehmen. Gestört wird nur die eigene Familie. Die lässt sich jedoch einfacher beschwichtigen als der aufgebrachte Nachbar in der Wohnung nebenan. Wer nun nicht alleine seine Zeit im Bad verbringen möchte, kann ein doppeltes Waschbecken einplanen und so morgens die gemeinsame Zeit beim Zähneputzen nutzen. Bei der Gelegenheit gilt es dann noch, eine größere Dusche und eine große Badewanne einzuplanen. Von zwei Waschbecken und der eigenen Wanne schwärmen doch nahezu alle, die sich ein eigenes Haus bauen.

68. GRUND

WEIL DER KAFFEE SONNTAGS BESSER SCHMECKT

Es ist Sonntagmorgen, wärmende Sonnenstrahlen schleichen sich langsam durch das Schlafzimmerfenster, klettern langsam über die Bettdecke, bis sie sanft das eigene Gesicht streicheln. Auf den Bäumen vor dem Haus zwitschern die Vögel. Nicht die von der nervigen Sorte, sondern ein angenehmes Trällern, bei dem einem fast die Augen wieder zufallen. Im Schlafzimmer breitet sich der Duft nach frisch aufgebrühtem Kaffee und aufgebackenen Brötchen aus. Nur noch fünf Minuten …, denkt man sich mit einem Lächeln auf dem Gesicht. In diesem Moment ein lauter Schlag, ähnlich einem Meteor, der das Haus gestreift hat. Auch die das Bett durchdringenden Schwingungen lassen im Halbschlaf eine Katastrophe vermuten. Glücklicherweise kein fehlgeleiteter Himmelskörper, sondern nur die Mieter aus der Wohnung eine Etage tiefer, die mit Schwung, Elan und etwas zu viel Kraft die Haustür nachdrücklich geschlossen haben. Schon einmal wach, kann man sich nun auf den Weg zum frisch gedeckten Frühstückstisch machen. Den ersten dampfenden Kaffee auf dem Tisch, übertönt das nervige Quietschen der Nachbarskinder das angenehme Trällern der putzigen Vögel auf den Bäumen vor dem Haus. Es war nur ein Traum. Der gedeckte Frühstückstisch: der dampfende Kaffee, frische, knusprige Brötchen und goldglänzende Croissants. Ein strahlendes Paar Augen, das durch den Raum schweift. Die gleichen Sonnenstrahlen, die zuvor bereits das Bett gestreift haben, durchfluten nun den Essbereich und streifen sanft den Frühstückstisch. Die Sonnenstrahlen brechen sich dabei ganz vorsichtig im Rauch der Kerze, die in der Mitte des Tisches brennt. Keine zufallenden Türen, keine quietschenden Nachbarskinder, nur das sanfte Zwitschern der Vögel auf dem Baum. Ein Baum im eigenen Garten. Ein Garten hinter dem eigenen Haus, und den Kaffee in der Hand. Im eigenen Haus schmeckt er sonntags doch gleich viel besser.

69. GRUND

WEIL MAN MUSIK SO LAUT HÖREN KANN, WIE MAN WILL

Die Lautstärke bis an den Anschlag gedreht, der Bass auf Maximum. Den Drang nach einem intensiven Musikerlebnis in den eigenen vier Wänden verspürt nicht nur das von Herbert Grönemeier besungene Mädchen in *Musik nur wenn sie laut ist*. Dabei hat es Grönemeier besungen, es gibt immer einen, den es stört. Auch sein Diskotheken-Hit aus den 1980ern kommt ohne die lieben Nachbarn einfach nicht aus.

Jeder kennt es, das Klischee des verbitterten Rentners im gestreiften Morgenmantel und karierter Pyjamahose, der, in seiner Ruhe gestört, verdrossen und entnervt mit dem Besenstiel an die Decke seiner Wohnung klopft. Und die Beschwerde wegen zu lauter

Musik durfte sich wohl schon jeder anhören. Gerade in den späten Abendstunden ist dies kein seltener Grund für Zwistigkeiten, die nur noch durch Hinzuziehen der Polizei geregelt werden können. Dabei ist ein Verstoß gegen die Immissionsschutzbestimmung nur eine Ordnungswidrigkeit und von Stadt zu Stadt unterschiedlich geregelt. Nicht selten endet die Streitigkeit dann in einer Strafe im dreistelligen Eurobereich. Dem nachbarschaftlichen Miteinander dürfte das wohl nur wenig zuträglich sein. Wer also oft genug vom Nachbarn gepiesackt und zurechtgewiesen wurde und, trotz aller Beanstandungen, nicht auf den Musikgenuss verzichten möchte, der kann der Situation entkommen. Ein Haus! Zwar eine im Verhältnis kostspielige, aber für die Seelenruhe perfekte Lösung. Auch die von Herbert Grönemeier Besungene hätte so keine Probleme mit den Nachbarn – oder eben umgekehrt.

Auch wir sind dem ständigen Twist, den Beschwerden und den regelmäßigen Zurechtweisungen entflohen. Dabei dauert es einige Zeit im eigenen Haus, bis man sich tatsächlich traut, die Anlage bis zum Gehtnichtmehr aufzudrehen. Zu sehr ist man noch auf die Rücksichtnahme auf die Mitbewohner konditioniert. Am Ende merkt man schnell, es ist nicht nur Musik. Ob es der ausgelassene Filmabend mit den Freunden, die Familienfeier bis spät in die Nacht, das sonntägliche Werkeln in Garage oder Keller oder, wie man so schön sagt, der Austausch von Zärtlichkeiten ist. Es stört keinen nebenan. Niemanden. Weder nebenan, noch über oder unter einem. Natürlich kann der Lärmpegel nicht bis ins Unermessliche angehoben werden. Irgendwann gelangen die Schallwellen über die eigenen Grundstücksgrenzen hinweg bis hin zum Nachbarn. Je nachdem, um welche Lärmquelle es sich handelt, können diese dann aber einfach zur Feier eingeladen werden, proaktiv, sodass das Kriegsbeil schon gar nicht ausgegraben wird.

WEIL DIE FRAU DANN ENDLICH PLATZ FÜR NIPPES HAT

Seit wir begonnen hatten, uns für ein eigenes Haus zu interessieren, haben wir uns exzessiv mit sozialen Medien im Internet auseinandergesetzt. Facebook, YouTube, Instagram, einfach alles, was derzeit so »in« und »hip« ist, versorgt einen unentwegt mit Informationen, Bildern und Filmen, wie man es sich in den eigenen vier Wänden noch heimeliger gestalten kann. Auf der Suche nach Ideen wurde eines klar: Häuser werden gebaut, um jeglichen Stellplatz mit Nippes und Tinnef zu füllen. Auf den unzähligen, unter die Massen gestreuten Bildern und Fotos zeigen die Dekowütigen, wie auch der letzte Millimeter Platz unter Zuhilfenahme von allerlei Staubfängern optimal ausgenutzt werden kann. Der Einzelhandel unterstützt dies natürlich mit Nachdruck und liefert in einem unentwegten Strom von Nachschub neue Einrichtungsaccessoirs und Wohndeko in die Hände der willigen Hausbesitzer. Inzwischen gibt es ganze Handelsketten, die sich ausschließlich dem Vertrieb von Stellplatz verbrauchenden, nicht zwingend notwendigen, aber dennoch hübsch anzuschauenden Wohnraumaufwertern verschrieben haben. Weder der Kaminsims noch die Fensterbank sind dabei vor der Invasion der kleinen Dekorationsutensilien sicher.

So gilt es für die Hausverschönerer, sich auf den Ideenaustausch im Internet zu stürzen oder auf einschlägige Fachliteratur in Heftform zurückzugreifen, die vorzugsweise im Zeitschriftenregal im ortsansässigen Supermarkt erhältlich ist. Erst mit dem Hausbau wurde uns so richtig bewusst, wie viele Zeitschriften sich dem Thema Hausverschönerung und Inneneinrichtung widmen. Wer hier nicht als Außenseiter gelten möchte, ist beinahe gezwungen, sich dem Wahn schnellstmöglich hinzugeben. Bei all den Möglichkeiten stellt sich dann aber auch bald die Frage nach dem Wohin. Wer sich also ausleben möchte, der benötigt ein Haus. Da können Fenster dekoriert, allerlei Unnützes aufgehängt, montiert, geschraubt und geklebt werden. Ja geklebt. »Kleben statt Bohren!«, der neuste Trend für handwerklich Unbegabte, um Dinge an Wänden und Decken zu befestigen. Angeblich haften diverse, im Hausbau verwendeten Montagekleber heutzutage so gut, dass mehrere Hundert Kilogramm durch den Kleber getragen werden können. Vorbehaltlich des Untergrundes. Meist vergisst der Möchtegernhandwerker, dass gerade dieser Untergrund nicht die gleichen Eigenschaften wie der Kleber teilt. Da kann der Kleber noch so gut sein – die mit Kleister an die Wand geklebte und danach überstriche Raufasertapete wird sich von der schlecht haftenden, weil nicht fachgemäß grundierten Wand lösen. Das Teil klebt dafür jedoch mit immenser Kraft an was auch immer, an der jetzt in der Wand klaffenden Lücke in der Tapete und dem darunterliegenden Putz. Sollten extrem schwere Teile montiert werden, dann vielleicht doch mit Dübeln in die Wand. Auch wenn der Erfinder der Fischer Dübel im Jahr 2016 verstorben ist[39], mit Dübeln kann man auch in Zukunft noch alles Mögliche an den Wänden befestigen. Mit Hohlraum- oder Kippdübeln geht das sogar über Kopf an der Decke, selbst bei Trockenbauweise. Mit Bohren und Dübeln lässt sich somit noch mehr Platz im eigenen Haus schaffen. Ablagen, Regale, Simse. Und wer später keinen Platz mehr hat, kann schlicht und ergreifend anbauen. Raumvergrößerung, mehr Platz für Nippes. Im fünften OG in der Stadtwohnung klappt das nicht so ohne Weiteres. So etwas geht einfach nur mit einem eigenen Haus.

WEIL MAN ZU ZWEIT LEICHTER BAUT

Unsere Nachbarn haben sich für den Hausbau so einiges vorgenommen. Größer ist besser. Das Baufenster auf dem Grundstück ist so ziemlich ausgeschöpft. Der Garten leidet zwar darunter, aber wenn man eh keine Lust auf Gärtnern hat, dann passt das. Zwei Vollgeschosse, drei Dachgiebel, Pultdach, Keller, zwei Garagen. Das volle Programm. Da muss eine kleine Familie zusammenhalten. Und manchmal ist es auch mit zwei Jobs pro Kopf nicht getan. Das muss man natürlich auch erst einmal schaffen. Aber wer will, der kann. Da weiß man auch, wofür man arbeiten geht. Die Finanzierung ist natürlich nur ein Aspekt beim Hausbau.

Zu zweit fällt grundsätzlich alles leichter. Das meiste zumindest. Einzig die Entscheidungsfindung kann zeitweise komplizierter werden. Aber auch in diesem Fall, bei Unschlüssigkeit, hilft eine zweite Meinung. Als Bauherr oder Bauherrin ist man öfter in Gefilden unterwegs, in denen sich überwiegend Gleichgesinnte tummeln. Beim Sanitärfachhandel, im Fertighauscenter, beim Tag der Offenen Tür des Bauträgers, bei Messen und Ausstellungen. Überall findet man Bauherren und solche, die gerade im Begriff sind, es zu werden. In aller Regel tritt die besondere Spezies der Bauherren in Paaren auf. Das Auftreten in Rotten ist dagegen selten. Speziell bei diesen Paaren ist eine bewundernswerte Dynamik zu beobachten. Streit, Kompromiss oder eine kurz darauffolgende Entscheidungsfindung liegen oftmals nur Sekunden voneinander getrennt. Hass und Liebe, so sehr unterschiedlich, liegen beim Hausbau so nahe zusammen. Kompromisse, also das Zugeständnis und der beiderseitige Verzicht, treten dabei eher seltener auf. Meist ist eine gemeinsame Sicht das Ergebnis – oder eine Hälfte gibt nach. Auch das würde alleine auf diese Art nicht funktionieren.

Abgesehen von der Möglichkeit, Entscheidungen zu zweit anzugehen, gibt es viele Dinge, bei denen während des Baus zu zweit vieles einfacher wird. Termine auf der Baustelle nehmen hierbei den ersten Platz ein. Auf viele Termine hat man während der Bauphase keinen Einfluss. Architekt, Bauleiter, Handwerker, Lieferanten, alle schauen auf der Baustelle vorbei. Kurzfristige Besuche gibt es mehr als genug, und auch der eine oder andere Termin wird ins Wasser fallen. Absagen gibt es nicht immer zwingend, und so ist es gut, wenn es ein Back-up gibt. Der Ersatzspieler im Hausbau-Team, der auf der Ersatzbank wartet, um im Notfall einzuspringen.

Wir hatten mehr als einmal das »Glück«, dass Handwerker oder Bauleiter kurzfristig, früher als vereinbart, Zeit hatten. Eigentlich ist das super, denn allzu oft wartet man beim Hausbau. So wie einer unserer Nachbarn, der mehr als einmal im noch nicht fertigen Haus saß und wartete. Und wartete. Dann also besser früh als spät. Und noch besser ist es natürlich, wenn man diese Termine auch wahrnehmen kann. Ein gewisses Maß an Spielraum bei Familie und Arbeit sind natürlich Voraussetzung. Wer den Hausbau aber vernünftig plant, spart sich ein paar extra Urlaubstage an oder baut entsprechend Gleitzeit auf. Hilft das alles nicht, gibt es eben immer noch den Ersatzmann, als Retter in der Not.

Wer so zu zweit die Hürden des Hausbaus meistert, darf sich dann auch gemeinsam freuen, wenn es endlich vollbracht ist. Im eigenen Heim feiert es sich dann gleich doppelt so gut, wenn man nicht alleine feiern muss.

72. GRUND

WEIL MAN SICH AUFS KOCHEN FREUT

Vor unserem Hausbau haben wir sehr auf unsere Ernährung geachtet. Vier bis fünf Mal in der Woche Sport, eine kohlehydratreduzierte Paleo-Ernährung[40] und möglichst immer nur frische Zutaten. Viel frisches Obst und Gemüse, keine künstlichen Zusatzstoffe, kein Zucker, keine Fertigprodukte, nichts vom Bäcker, keine Pizza, keine Pasta. Für Liebhaber der italienischen Küche nicht einfach, aber machbar. Kurzum, keine industriell verarbeiteten oder vorgefertigten Lebensmittel. In der heutigen Zeit benötigt diese Art der Essenszubereitung jedoch nahezu so viel Zeit wie das Jagen und Sammeln in der Steinzeit. Unbehandelte Nahrungsmittel, möglichst ohne Zucker und künstliche Süßstoffe, sind im Einzelhandel kaum zu finden. Ähnlich müssen sich unsere Vorfahren auf der Suche nach Nahrung gefühlt haben. Da alles selbst zubereitet wird, benötigt man natürlich auch noch etwas mehr Zeit. Außerdem entfällt die Möglichkeit, »mal schnell« ein belegtes Brötchen vom Bäcker, eine Currywurst oder einen Burger zu kaufen. Mit einem halbwegs geregelten Tagesablauf und einer Küche lässt sich dies ohne Probleme bewerkstelligen. Bis der Hausbau kommt …

Fast jeden Tag auf der Baustelle, abends nach der Arbeit noch schnell etwas auf dem Bau erledigen, wenn möglich Samstag und Sonntag auch noch. Am besten noch den ganzen Tag. Von frühmorgens bis spätabends. Da kommt der Abstecher zur Burger-Bude oder zum Sandwich-Laden mehr als gelegen. Auch die auf die Baustelle bestellte Pizza, ungelogen, Pizzalieferanten liefern auch dorthin, ist eine schnelle und einfache Art, dem Körper die ach so dringend benötigte Energie zuzuführen. Von der benötigt man während der Bauphase so einiges, sei es für den Körper oder auch für die Nerven. Selbst in der ländlichen Gegend sind heute die Umwege bis zur nächsten Fast-Food-Kette überraschend kurz. Nach der Arbeit gibt es also noch ein Sandwich für »auf dem Bau« oder auch einmal ein komplettes Menü in braunen, fettigen Papiertüten, klassisch mit Burger, Pommes und Cola. Für die Tage auf der Baustelle haben wir uns außerdem regelmäßig beim Bäcker mit belegten Brötchen und süßen Stückchen eingedeckt. Man wusste ja nie, wann man abends auf der Baustelle fertig ist.

Unser neuer Nachbar hat es sich bereits nach wenigen Tagen zur Gewohnheit gemacht, mittags zu grillen. Pünktlich um zwölf wird der Gasgrill angeworfen, die Biergarnitur aufgebaut und zum Mittagstisch geläutet. Jeden Tag. Der Hausbau ist wohl nur ein Vorwand für die regelmäßigen Grillfeste. Vielleicht sein ganz persönlicher Grund für den Hausbau.

Auch wir haben die zwölf Monate, während der wir gebaut haben, die uns selbst auferlegten Regeln ohne schlechtes Gewissen gebrochen. Der Hausbau war ein perfekter Grund, nochmals über die Stränge zu schlagen, Unmengen von Fast Food zu verputzen, keine Kalorien zu zählen und nach Herzenslust die Supermarktregale zu plündern. Die Hausbauzeit ist nun vorüber, und aus Bauherren sind Eigentümer geworden. Nach exakt zwölf Monaten und drei Tagen war unser Hausbau vorbei. 368 Tage haben einmal ausgereicht, um jedes Fest, jede Feier und jede Möglichkeit mitzunehmen, den selbst auferlegten Ernährungsregeln mit einer Ausnahme zu kontern. Der Hausbau kommt da immer gelegen. In dieser Beziehung war die Bauphase eine tolle Zeit. Aber unsere neue Küche ist nun fertig, und ein Küchenblock mit massiver Arbeitsplatte aus Eichenholz wartet nur darauf, dass ab sofort wieder ordentliches Essen zubereitet wird. Und wie mit jedem neuen Abschnitt im eigenen Haus freuen wir uns auch jetzt auf das gemeinsame Kochen. Die Umstellung auf unseren ganz eigenen Ernährungsplan ist daher nicht allzu schwer. Morgan Spurlock, Protagonist und selbst ernanntes Versuchskaninchen der US-amerikanischen TV-Dokumentation *Super Size Me*, hatte es da durchaus schwerer. 30 Tage ausschließlich Fast Food und dem Angebot einer XXL-Portion nie abgeneigt, benötigte er Wochen und Monate, sein normales Essverhalten wiederherzustellen. Mit einer neuen Küche im eigenen Haus ist das eine Sache von nur einem Tag. Hätte er nur gewusst, wie sehr man sich aufs Kochen im eigenen Haus freuen kann.

WEIL MAN GASTGEBER WIRD

Fast genau ein Jahr nach der Richtung unseres Hauses war es endlich so weit. Das erste Osterfest stand vor der Tür. Aber dieses Jahr war alles anders als die Jahre zuvor. Normalerweise waren die Osterfeiertage streng durchorganisiert. Familienbesuche. Ostersonntag 100 Kilometer zu den Eltern pünktlich zu Kaffee und Kuchen am Nachmittag, Abendessen und zurück. Ostermontag zu Besuch bei den anderen Eltern. Kaffee und Kuchen. Grundsätzlich ist gegen Kaffee und insbesondere gegen Kuchen überhaupt nichts einzuwenden. Ebenso wenig gegen das Feiern mit der Familie. Allerdings: jedes Jahr der gleiche Ablauf. Nur der Kuchen wechselte von Jahr zu Jahr.

Das erste Jahr nachdem wir unser Haus gebaut hatten, haben wir mit dieser Tradition gebrochen. Das erste Mal konnten wir mit stolzgeschwellter Brust die gesamte Familie in unser neues Heim einladen. Nicht, dass Eltern und Schwiegereltern und Geschwister nicht bereits mehrfach zu Besuch waren. Neben Richtfest und Umzug wurden wir kräftig bei vielen Arbeiten am und um das Haus unterstützt. Die erste offizielle Einladung zu Ostern ist jedoch eine Klasse für sich. Das erste Mal kann man seine Familie und Freunde in das fertige Haus einladen. Natürlich zu Kaffee und Kuchen. Man möchte ja keine allzu großen Abstriche zur bisherigen Tradition machen. Und der Kuchen wäre ein herber Verlust. Da sind wir durchaus ehrlich. Man lädt also ein, verabredet sich und organisiert, dass die gesamte Familie pünktlich vor Ort ist.

Als Gastgeber ist man nicht nur dafür verantwortlich, seine Gäste einzuladen, auch für den Kuchen hat man nun zu sorgen. Darüber hinaus gilt es, die Gäste zu unterhalten, auf Fragen zu antworten, Gespräche zu führen, auf die Bedürfnisse seiner Besucher einzugehen. Nicht ganz ohne Grund verwendet Wolf Lasko in seiner Kurzgeschichte ein Gleichnis vom Gastgeber und den Gästen und zeigt die Parallele auf, dass eine Führungsperson wie ein Gastgeber im eigenen Haus sei[41]. Das mit dem Führen ist wortwörtlich zu nehmen. Die Gäste werden durch das Haus geführt. Jedes Zimmer wird besichtigt und begutachtet. Man darf die Hintergründe erzählen, das Warum und Wieso darlegen.

Nach vollzogener Gastgebertätigkeit gehen die Gäste auch irgendwann wieder. Dann gilt es nur noch, das Haus in Ordnung zu bringen. Manch einer macht es noch am selben Tag, andere lassen sich dafür Zeit bis zum nächsten Morgen. Im eigenen Haus nimmt einem das keiner übel. Wir gehören zur Sorte der Soforterlediger, sodass es am nächsten Morgen wieder top aussieht. Nun verstehen wir, weswegen wir so oft von den Eltern und Schwiegereltern eingeladen werden. Es geht nicht nur um den Kuchen, der zugegebenermaßen sehr lecker ist. Es geht um das Gefühl, Gastgeber im eigenen Haus zu sein. Gäste einzuladen und zu bewirten, sich um die Gäste zu sorgen.

Unter dem Strich beschert uns das Haus einen extra freien Tag. Anstatt alle familiären Außenstellen an mehreren Tagen abzufahren, können wir nun alle an dem einen zentralen Ort zusammentrommeln. Wir für unseren Teil werden es an Weihnachten auf jeden Fall wieder versuchen, dann auch da wittern wir einen extra Tag, den wir uns durch die Gastgeberrolle im eigenen Haus verdienen können.

74. GRUND

WEIL HAUSBAUER TRENDSETTER SIND

Das Internet macht es möglich. Hausbauer sind Trendsetter. In den vergangenen Jahren hat sich eine ganz eigene »Community« rund ums Hausbauen gebildet. Plattformen wie Instagram sind da ganz vorne mit dabei. Hier wird vom ersten Spatenstich bis zur Hausübergabe alles penibel dokumentiert und geteilt. Früher teilte man den Hausbau vielleicht mit der Familie und guten Freunden. Heute mit der ganzen Welt. Rohbau, Ausbau, Fertigstellung, Fauxpas auf der Baustelle, alles wird geteilt. Eine nicht stoppende Flut visueller Eindrücke – und gleichzeitig Quell zahlreicher Ideen für den eigenen Hausbau. Früher musste man unzählige Stunden in Fachmärkten verbringen und einen Halbmarathon durch nicht endende

Ausstellungen bewerkstelligen. Heute reicht ein Blick ins Internet. 1.000 Menschen beglücken wir regelmäßig mit Bildern unseres Baufortschritts. 1.000 Menschen, die von unserer Arbeit inspiriert und motiviert werden. Das hoffen wir zumindest. Und so geht es jedem. Viele Bauherren haben so viel Spaß daran, dies auch nach dem Hausbau fortzusetzen, sich oftmals dem Thema Lifestyle rund ums Haus, Innenarchitektur, Einrichtung und Dekoration zu widmen. Die Spitzenreiter haben es hier schon auf 35.000 Interessenten gebracht, die sich regelmäßig für die neusten Trends informieren. Das eigene Heim dient eben doch der Selbstverwirklichung, und sei es nur in der digitalen Welt.

Aber auch ohne Internet ist das eigene Haus eine perfekte Gelegenheit, sich zu offenbaren. Wer ist noch nicht durch ein Neubaugebiet geschlendert und hat Haus für Haus betrachtet? Besonders schöne Häuser werden sogar fotografiert. Da wird man schnell zum Paparazzo. »Wie haben die den Vorgarten?« oder »Lass uns mal schauen, wie das die anderen machen ...«, das sind Sätze, die man bei den Streifzügen durch die Neubaugebiete des Öfteren hört. Auch wir können uns hier nicht herausreden. Fast in jeder nahe gelegenen Ortschaft haben wir die Wochenenden damit verbracht, schöne, hässliche und manchmal auch ganz schön hässliche Häuser zu begutachten. Stadtvilla? Landhausstil? Was sind die eigenen Vorlieben? Mit dem aktuellen Trend oder dagegen gehen? Sich selbst verwirklichen oder so bauen, dass es in die Nachbarschaft passt? Wohin geht der Trend?

75. GRUND

WEIL MAN FREUNDE EINLADEN KANN

Eines der größten Probleme beim Hausbau: Es dauert viel zu lange. Ein Hausbau, das ist nichts für Ungeduldige. Egal ob Massivbau oder

Fertighaus. Von der Entscheidung, dem Kaufvertrag, der Hausübergabe, dem Einzug, bis endlich die Außenanlage fertiggestellt ist, vergeht viel Zeit. Ein Jahr oder mehr darf man hierbei schon kalkulieren. Nicht nur Bauherr und Bauherrin sind ungeduldig, auch Freunde und Verwandte reihen sich in die Schlange derjenigen ein, die sich nicht mehr gedulden können. »Die nächste Teamfeier gibt's dann bei euch im Garten«, haben die Kollegen schon wenige Tage, nachdem sie von unserem Bauvorhaben erfahren haben, ausgemacht. Seither gibt es in regelmäßigen Abständen die Nachfrage: »Wie weit seid ihr denn mit dem Garten?«, »Klappt das mit dem Grillen im Sommer?« Von Subtilität keine Spur. Hier ist man direkt und kann es kaum abwarten. Verständlich, denn die vergangenen Jahre haben die anderen Kollegen die Feier ausgerichtet. Sie haben bereits Haus und Garten. Im eigenen Haus mit Garten feiert es sich um einiges einfacher als in der Mietwohnung. Eine der ersten Anschaffungen für unser Haus waren zwei Festzeltgarnituren, zwei Tische mit je zwei Bänken. Sie haben nicht nur ihr Soll während unseres Richtfestes erfüllt, sondern werden auch bei zukünftigen Gartenpartys ihren Dienst verrichten. Von Platzmangel kann keine Rede sein. Nur noch das Wetter könnte einem einen Strich durch die Rechnung machen, aber in diesem Fall feiert man einfach im Wohnzimmer weiter. Der Grill bleibt unter dem Vordach stehen. Mit einem Haus ist man flexibel.

Nach dem Einzug bietet sich also die Gelegenheit, neue und alte Freunde nach und nach einzuladen. Feste gibt es in der Regel genügend. Gründe zu feiern, gibt es auch. Und wenn nicht, dann lädt man einfach ein, weil man sich lange nicht mehr gesehen hat. Während der Bauphase bleiben manche Kontakte auf der Strecke. Baustress, Termindruck, Eigenleistung. Bei Zeitmangel leiden erst einmal die Freunde, außer man schafft es, diese zum Helfen zu bewegen. Die nächste Gartenparty steht also, und im Gegensatz zu einer Mietwohnung kann einem niemand das Grillen im Garten verbieten. Auch wenn es grundsätzlich in einer Mietwohnung erlaubt ist, kann laut dem Deutschen Mieterbund per Mietvertrag das Grillen auf Balkon oder Garten verboten werden. Wer das Verbot missachtet, dem kann durch den Vermieter mit Abmahnung oder Kündigung gedankt werden. Kein schönes Ende für eine Feier mit Freunden. Im eigenen Haus ist das kein Thema. Und damit wir alle unsere Freunde einladen und bewirten können, haben wir bereits einen Grill der Luxusklasse als Geschenk erhalten. So ausgestattet, können wir es kaum noch erwarten, alle Freunde einzuladen und dem Wunsch der Kollegen nachzukommen, die nächste Feier bei uns abzuhalten.

76. GRUND

WEIL DIE EHE DANN EWIG HÄLT

Versprechen kann man nichts, aber die Chancen stehen gut, dass eine Ehe, die einen Hausbau überstanden hat, auch so einiges andere überdauern kann. Am einfachsten ist es dabei, offen und ehrlich zu sein. Ein Hausbau geht ins Geld, dauert lange und zehrt an den Nerven. Wer seine bessere Hälfte in dieser Situation gut kennt, kann natürlich vorbeugen und auf ein glückliches Miteinander in der »Nachhausbauphase« hinwirken. Nicht umsonst sagt der Volksmund »Baue ein Haus, und du siehst, wie stabil deine Beziehung ist«[42]. Während die Frau zu Hause sitzt und sich um den Haushalt und die Kinder kümmert, verbringt der Mann jede freie Minute auf der Baustelle. Nach Feierabend, am Samstag und selbst sonntags ruft der Bau. Auch wenn diese Phase nur vorübergehend ist, kann sie selbst einer gestandenen Partnerschaft an die Substanz gehen. Während des Hausbaus ist, aus Sicht der Partnerschaft, der Ausnahmezustand ausgerufen. Während der bauwütige Bauherr es als den ultimativen Liebesbeweis erachtet, bis spät in die Nacht zu mauern, zu betonieren und Fliesen zu legen, kontert die entnervte und zwischenzeitlich ungeduldig gewordene Bauherrin salopp mit dem Kommentar »Was, das ist alles, was du heute geschafft hast?« oder »Ich hätte das anders gemacht ...«. Das gleicht dem Speer, den Hagen zwischen Siegfrieds Schulterblättern hindurchtrieb. Dabei gibt es keinen Grund, dass eine Ehe aufgrund des Hausbaus auf eine ähnlich tragische Art und Weise wie das *Nibelungenlied* endet.

Wer den gleichen Geschmack teilt, vermeidet unnötige Konfliktsituationen. Ein Hausbau oder besser die damit verbundenen Detailfragen – und davon gibt es wahrhaft unzählige – können mitunter zu nicht endenden Debatten führen. Mit Diskussionen, begonnen beim Grundriss, über die Baumaterialien, die Lichtschalter und die Inneneinrichtung, kann das bisher so besinnliche Beisammensein sehr schnell in eine Beziehungssackgasse manövriert werden. Immer nachgeben hilft hierbei auch nicht zwingend. Dieses Phlegma gilt es, unter Umständen viele Jahre mit Zins und Zinseszins abzuzahlen, während man, wie in so manchem Fall, die gehasste Fassadenfarbe, tagein, tagaus betrachten muss. Vielleicht hätte da eine offene und ehrliche Aussprache geholfen. Die Geschmäcker sind eben unterschiedlich, und im Hausbau gibt es nahezu unendlich viele Gelegenheiten, diese gegeneinander antreten zu lassen. Am Ende können bereits die kleinsten Dinge das emotional angespannte Fass zum Überlaufen bringen. Da genügt es, wenn die gelieferten Fliesen später einen anderen Farbton haben als damals im Fliesenfachgeschäft, die Holzmaserung der Treppe nicht so ist wie gewünscht oder die Handwerker während der letzten Arbeiten versehentlich ein anderes Gewerk beschädigen. Sowieso sind fremdverschuldete Ursachen ein häufiger Konfliktherd, der in der angespannten und stressigen Lage schnell zu einem Flächenbrand wird. Diesen aufkeimenden Schwelbrand gilt es dann geschickt im Keim zu ersticken. Mit Humor, Verständnis, Nachsehen. Hier sind alle Mittel erlaubt. Auch eine Auszeit vom Bau kann da helfen. Man wäre nicht das erste Paar, das mitten in der hitzigen Bauphase alles stehen und liegen lässt und Urlaub macht. Wenn auch dem Bau nicht zwingend zuträglich, der Partnerschaft ist diese Auszeit sicherlich bekömmlich. Wenn kein Stein auf den anderen passt, das gelieferte Material das falsche ist und die Handwerker die Termine nicht halten, kann man sich so aus der Gleichung nehmen, bevor der Traum vom Haus zum partnerschaftlichen Albtraum wird. Wer sämtliche Krisen gemeistert, sich auf alles verständigt und einen gemeinsamen Nenner gefunden hat, sollte dann nichts mehr zu befürchten haben. Die Chancen stehen gut, dass die Ehe dann ewig hält, zumindest nicht bis zum nächsten Hausbau.

WEIL ES AUCH BEIM HAUSBAU ROMANTISCHE MOMENTE GIBT

Beim Hausbau bleibt die Beziehung ab und an auf der Strecke. Während »er« sich abends auf der Baustelle vergnügt, bleibt »sie« zu Hause und kümmert sich um die Kinder und den Haushalt. Es muss nicht immer so extrem sein, aber ein Haus zu bauen ist für alle anstrengend. Eine Zeit der Ungeduld ist die Trockenzeit des Estrichs. Hier wartet man mehrere Wochen, bis der Estrich seine Belegreife erreicht hat. Als Faustregel nimmt man hier die Dicke des Estrichs in Zentimetern im Quadrat, multipliziert mit 1,6. Bei sieben Zentimeter ergibt das gute zwölf Wochen, in denen der Estrich trocknet und hierfür auch gelüftet werden muss. Mit chemischen Beschleunigern lässt sich diese Zeit zwar verkürzen, wobei sich dem Laien durchaus die Frage stellt, wohin denn die Tausende Liter Wasser, ins so kurzer Zeit entschwinden. Einzig und alleine nur dadurch, dass dem Estrich Chemikalien beigemischt wurden. Das war uns suspekt. Wir sind also bei der traditionellen Art geblieben. Lüften und Heizen. Gelüftet wird dabei mindestens zwei Mal täglich. Besser ist drei Mal oder öfter. Dabei wird immer fünf bis zehn Minuten gelüftet. Stoßlüften, also alle Fenster und Türen auf und warten. Bei vielen Bauträgern, insbesondere bei Fertighäusern, gehört der Lüftungsfrondienst zur Pflicht des Bauherrn. Da bei Fertighäusern der Bauträger oftmals nicht vor Ort seinen Sitz hat und die Monteure kreuz und quer durch das Land reisen, hat der Bauherr den schwarzen Peter gezogen. Glücklich darf sich dabei jeder schätzen, der nahe der Baustelle wohnt oder auf Familie und Freunde im Umkreis zurückgreifen kann.

Bei uns dauerte es zwölf Wochen lang. Vor und nach der Arbeit einen Abstecher zum Haus, 30 Kilometer eine Strecke. Mittags wurde einmal durch unsere Eltern gelüftet, und wenn es Zeit und Wetter zuließen, haben wir nachts noch einen Ausflug auf die Baustelle gemacht. So hat es sich dann auch zugetragen, dass wir auch im August eines Nachts auf der Baustelle waren. Zufällig sollte in dieser Nacht ein großer Perseidenschauer über uns auftauchen. Zwei Campingstühle befanden sich schon auf der Baustelle, und so haben wir es uns gemütlich gemacht. Besser als das erste Date. 15 Sternschnuppen konnten wir in einer einzigen Stunde über unserem zukünftigen Haus an dem lauen Sommerabend ausmachen. Heute können wir jedes Jahr im August in unserem Garten sitzen, während die Bruchstücke des Kometen 109P/Swift-Tuttle über unserem Haus vorbeiziehen. Aber kein Abend wird so romantisch sein, wie der erste gemeinsame Abend auf der Baustelle im ersten Jahr.

78. GRUND

WEIL KINDER IM EIGENEN HAUS AUFWACHSEN SOLLEN

Kinder und Wohnungen in Mietshäusern sind regelmäßig Mittelpunkt juristischer Auseinandersetzungen. Grundsätzlich ist Kinderlärm in Mietwohnungen erlaubt. Kinderlärm gehört zur kindgerechten Entwicklung der kleinen Menschen. Da wird gerufen, geschrien, geweint. Gegenstände fallen auf den Boden und auch die erhobene Stimme der Eltern gehört zur Lärmkulisse. Kinderlärm gehört zum vertragsgemäßen Gebrauch der Mietsache. Selbst die Aufsässigkeit pubertierender Jugendlicher ist von den Mitbewohnern zu dulden. Trotzdem sind gerade Kinder immer wieder Ursache zahlreicher Streitigkeiten. Obwohl Eltern angewiesen sind, die Lärmbelästigung gering zu halten und auf die Kinder erzieherisch einzuwirken, haben Gerichte bereits entschieden, dass das Trampeln und Lärmen von Kindern im Vorschulalter nach 20 Uhr nicht mehr geduldet werden muss[43]. Da bleibt kaum ein Ausweg, vor den TV oder ab ins Bett, Hauptsache keinen Lärm mehr machen. So möchte man sein Kind ganz sicherlich nicht großziehen. Auch der Kinderwagen, das neuzeitliche Ungetüm zum Transport von Kleinkindern, ist für erschöpfte und des Tragens müde Eltern nicht mehr wegzudenken. Leider achtet man beim Mieten einer Wohnung selten auf genügend Stellplatz für die Kinderkleintransporter, wodurch diese oftmals im Hausflur enden. Für die Eltern praktisch, für die Etagenmitbewohner ein wahrer Graus. Egal, wie man es dreht und wendet, als Eltern gilt es entweder, die Freiheit der Kinder einzuschränken, oder den Nachbarn auf die Füße zu treten. So oder so, der Konflikt ist vorgezeichnet. Entweder als Nachbarschaftsstreit oder als ausgewachsener Familienkrach.

Kinder sollten im eigenen Haus aufwachsen. Lärmen und lautes Toben stört dort keine Nachbarn, bei gutem – manchmal auch bei schlechtem – Wetter raus in den Garten. Ein Klettergerüst, vielleicht ein kleines Baumhaus, Spielzeug einfach liegen lassen, ohne dass die Nachbarn darüberstolpern. Das macht das Leben leichter, nicht nur aufgrund der für die Nachbarn verminderten Sturzgefahr. Mit einem eigenen Haus scheint es, als ob Kinder anders aufwachsen. Unsere Nachbarin freut sich mit ihren vier Jahren jedes Mal, wenn sie uns sieht. »Hallo Nachbar!«, ruft sie uns zu und winkt. Manchmal beginnt sie sogar zu erzählen, was sie heute erlebt hat, welche Schürfwunden sie sich beim Spielen zugezogen hat, oder warum ihre Gummistiefel nass waren. Auch bei den anderen Nachbarn freut sich die Kleine. Sie winkt den Autos zu, und sie bekommt im Geschäft gegenüber bei jedem Besuch eine kleine Tüte Gummibärchen. Im Garten des Nachbarn werden im Sommer Kirschen gepflückt. Auch wir haben das machen dürfen, als wir im Elternhaus aufgewachsen sind. Es liegt also weniger an der Zeit, in der wir leben, sondern daran, wo man groß wird – und natürlich daran, dass beim Nachbarn ein Kirschbaum steht.

WEIL MAN NETTE MENSCHEN KENNENLERNT

»Auf dem Bau geht es ruppig zu«, wurde uns berichtet. Das stimmt bisweilen. Die Ausdrucksweise auf dem Bau ist direkt und bildhaft. Hier wird kein Blatt vor den Mund genommen. Das kennt jeder, der in seiner Jugend einmal auf dem Bau sein Taschengeld aufgebessert hat. Das will aber nicht heißen, dass man auf dem Bau keine netten Menschen kennenlernen kann oder gar neue Freundschaften schließt. Über Ecken haben wir unseren Garten- und Landschaftsbauer kennengelernt. Er hat bei einem Nachbarn geholfen, das Gelände zur Straßenseite zu befestigen. Die unglückliche Hanglage des Grundstücks hat dies notwendig gemacht. Einheimische haben ihn uns daraufhin empfohlen. Einmal im Jahr kümmert er sich um eines der Grundstücke in unserer Straße und richtet es her. Niemand sonst bringt so schnell Schotter, Kies und anderes Schüttgut auf die Baustelle. Außerdem verfügt er über alle möglichen Maschinen, die man so bei der Gestaltung einer Außenanlage benötigt. Ein Anruf genügt und Hilfe naht, egal, ob es sich um die Rüttelplatte, den Bagger, eine Ladung Kies oder den Lastwagen handelt. Mit der Zeit ist eine Bekanntschaft entstanden, die nicht nur auf Arbeit basiert, sondern einem freundschaftlichen Miteinander. Auch nach den Bauarbeiten hält er auf dem Weg nach Hause gerne auf einen Plausch an, wenn wir anzutreffen sind. So erfährt man aktuelle Neuigkeiten aus dem Ort, wer, wo, was, wann macht, in welchen anderen Gemeinden gerade gebaut wird, oder an wen man sich wenden kann, wenn man etwas anderes benötigt. Letzten Sommer fanden wir ab und an eine Tüte an der Haustüre: frisches Gemüse – Tomaten, Gurken, Zucchini und Peperoni. Besonders lecker und aus der eigenhändigen Aufzucht unserer neuen Bekanntschaft.

80. GRUND

WEIL SICH DANN DIE WAHREN FREUNDE ZEIGEN

Der britische Dichter und Historiker Thomas Fuller sagte einst: »Reich sind nur die, die wahre Freunde haben.« Freunde und Hausbau, ein spannendes Thema. Während des Hausbaus, des Umzugs bis hin zur Einweihungsfeier vergehen Monate. Monate, in denen es schwerfällt, seine normalen Aktivitäten mit Freunden auszuüben. Gleichgültig, ob Mann oder Frau, der Hausbau spannt einen ein. Körperlich, psychisch und zeitlich steht man immer unter Druck. Der Hausbau verfolgt den Bauherrn auf Schritt und Tritt. Anrufe von Bauunternehmen bei der Arbeit, Planen und Organisieren nach Feierabend. Da weiß man schnell nicht mehr, wo einem der Kopf steht. Ein Abend mit guten Freunden wäre eine perfekte Gelegenheit, sich vom Stress der Baustelle abzulenken. Allerdings müssen abends noch dringend Angebote verglichen werden, oder es steht noch etwas Arbeit auf der Baustelle an. Hier eine Umplanung, dort eine Änderung. Ganz normal bei einem Hausbau. Die jüngeren Bauherren werden viel selbst erledigen. Hier finden sich immer ein paar Freunde, die gerne auf dem Bau helfen. Kies und Erde schaufeln, Fliesen tragen, vielleicht auch streichen. Auch qualifizierte Hilfskräfte finden sich immer im Freundeskreis. Die Arbeiter sind überdies meist mehr als günstig. Die abendliche Grillfeier ist oft

Entlohnung genug. Für den Bauherrn die perfekte Gelegenheit, die freundschaftlichen Beziehungen zu pflegen. Die Freunde vom Typ Baustellenhelfer kommen gerne mehr als einmal. Vermutlich des Grillens wegen. Eine weitere Art von Freunden sind die Umzugshelfer. Kisten und Möbel auf Lkw und Anhänger verladen, Treppen runter und wieder hoch schleppen. All das machen die Umzugshelfer. Manchmal geht auch das eine oder andere zu Bruch. Der Vorteil: Freunden sieht man das gerne nach. Die dritte Variante sind die Freunde mit wertvollem Fachwissen. Maurer, Maler, Schreiner, Klempner, Fliesenleger – alles Berufe im Freundeskreis, die beim Hausbau gerne gesehen werden. Unschätzbarer Expertenrat und unentgeltliche Hilfe auf der eigenen Baustelle. Solche Freunde hat man gerne. Dauereinsätze können die Freundschaft jedoch durchaus belasten. Die wahren Freunde sind jedoch jene, die man vor und während der Bauphase sträflich vernachlässigt und die sich trotzdem nicht abwenden. Kein Anruf, kein Fußballabend, kein Bier in der Stammkneipe, in der von den Freunden zwischenzeitlich eine Vermisstenanzeige des Bauherrn aufgehängt wurde. Diese Freunde warten geduldig, bis der Hausbau vorbei ist und man endlich wieder Zeit und Ruhe findet, seine alten Freundschaften zu pflegen. Verständnis wird hier ganz, ganz groß geschrieben. Gänzlich ohne Baustress, Termindruck und Freundschaftsdienste kann dann zum geselligen Abend im neuen Zuhause geladen werden. Themen für den geselligen Abend findet man nun unentwegt, schließlich hat man in den vergangenen Monaten einiges erlebt.

WEIL SMALL TALK LEICHTER WIRD

Small Talk, eine beiläufige Konversation ohne Tiefgang. Es ist nicht immer einfach, ein gemeinsames Gesprächsthema zu finden. Da sitzt man nichts ahnend im Zug. Aus einem belanglosen Grund kommt man mit dem Sitznachbarn ins Gespräch. Da der Zug Verspätung hat, beschwert man sich über die Zuverlässigkeit der Zugverbindungen. Dummerweise ist der Arbeitgeber des Sitznachbarn die Deutsche Bahn. Unter Umständen ein Fettnäpfchen, aus dem es sich nun erst einmal geschickt herauszumanövrieren gilt. Es gibt zahlreiche Bücher, die sich mit dem Thema beschäftigen. Wer sich also in die Thematik einarbeiten möchte, findet mehr als genügend Literatur, um sich das hierfür notwendige Wissen anzueignen. In der Theorie. Natürlich gibt es auch Naturtalente, die immer das Richtige sagen können. Wir gehören definitiv nicht dazu. Je nach Situation benötigt man ganz unterschiedliche Gesprächsthemen. Bei der Arbeit, beim Geschäftsessen, mit den Nachbarn, mit der Verkäuferin beim Bäcker und natürlich für die nächste Familienfeier, auf die man eingeladen wird. Mit allen sollte man ein freundliches Wort wechseln, da, gegenseitiges Anstarren eine höchst ineffiziente Art der Kommunikation darstellt.

Seit unserem Hausbau geht der Small Talk wie von ganz alleine. Ganz vorne dabei: die Nachbarn. Alle selbst mit dem Hausbau beschäftigt, dreht sich sowieso alles nur um das eine Thema. Auch Passanten, die am Haus vorbeispazieren, aber auch andere Einheimische kann man stets mit einem kurzen Update über das Bauvorhaben beglücken. Phrasen wie »Geht voran« oder »Bei dem Wetter kommen wir mit der Außenanlage nicht so vorwärts wie geplant« passen immer. Aber auch bei der Arbeit hilft der Hausbau beim Small Talk. Geschäftspartner haben mitbekommen, dass wir bauen. Seither wird immer freundlich nach dem Baufortschritt gefragt, Verständnis für die Belastung während der Bauphase gezeigt und auch das eine oder andere Wort über die eigenen Wohnverhältnisse kundgetan. »Ich wünsche mir ebenfalls, dass wir bald bauen können. Leider lässt es die Arbeit aber noch nicht zu, zu viele Reisen …«, berichtete ein Geschäftspartner am Telefon. Der Einstieg ins Gespräch wurde dadurch wesentlich einfacher. Das Thema Hausbau ist, obwohl auf einen selbst bezogen, doch so generell, dass fast jeder etwas dazu beitragen kann. Selbst dann, wenn er nicht die geringste Ahnung vom Hausbau hat. Auch auf einer Abteilungsfeier wurde ich vor einigen Monaten im Kreise ehemaliger Bauherren gleich freundlich aufgenommen. Den ganzen Abend wurden Tipps und Ideen ausgetauscht, Geschichten vom Bau erzählt und das eine oder andere Problem erörtert. Auch die Kollegen, die bereits vor einigen Jahren gebaut hatten, waren mit von der Partie. Jeder konnte dem Thema etwas abgewinnen.

Mit dem Hausbau hat man alles an der Hand, sich sein Leben lang aus jeglicher Small-Talk-Affäre geschickt herauszuwinden, und immer genügend Geschichten und Erfahrungen, um stets mitreden zu können. Small Talk wird leichter, und das alles ohne das Studium von Büchern und die Teilnahme an teuren Small-Talk-Coachings.

82. GRUND

WEIL SEX IM EIGENEN HAUS VIEL BESSER IST

Wer kauft eigentlich verbeulte Dosen im Supermarkt oder einen neuen Blu-Ray-Player in einer zerfledderten Verpackung? Unsere Gesellschaft ist ungemein wählerisch, was die Unversehrtheit der Verpackung von Gütern angeht. Flohmärkte sind nicht jedermanns Sache, und erst mit eBay und Co. wurde der Gebrauchtwarenmarkt massentauglich. Und jetzt stellt man sich einmal vor, man kauft sich ein Haus. Ein Haus, in dem man alt werden möchte. Und all die Jahre hinweg hat man nur einen Gedanken im Kopf: In dem Haus hatten wildfremde Menschen Sex. Da macht man sich besser keine Gedanken über das Was, das Wie oft und Wo. Die Einbauküche wurde zum günstigen Preis übernommen. Ein Schnäppchen, bedenkt man die große Arbeitsplatte in der Mitte der Küche. Was man jedoch nicht weiß: Auf der Arbeitsplatte wurde nicht nur der Salat angemacht. Ach, und gekauft hat man direkt vom Vorbesitzer. Zumindest weiß man nun, wer sich denn auf der Küchenplatte gerekelt hat. Bei wem jetzt das Kopfkino einsetzt, der sollte sich ernsthaft Gedanken über den Hausbau machen. Ein Haus bietet hier viele Vorteile. Keine Mietparteien über, unter oder neben der eigenen Wohnung, die sich von zu lautem Treiben stören lassen oder vice versa, keine schlaflosen Nächte, weil die Mieter der Wohnung nebenan lautstark ihre Versöhnung feiern. Da möchte man ja auch nicht unbedingt hineinplatzen. Vor einigen Jahren durften wir selbst Zeugen eines unvergleichlichen Besuchs werden. Ein 5. Dezember, das vergisst man nicht. Die Nacht vor Nikolaus. Der Besuch, ein Stockwerk unter uns, ist unüberhörbar – in vielerlei Hinsicht. Die hohen Absätze geben bei Schritt und Tritt über den Verbleib des Besuchs Auskunft. Unverkennbar. Küche, Wohnzimmer, Küche, Bad, Schlafzimmer, Bad, Küche. Laminat und Fliesenboden sorgen für eine einwandfreie Trittschallübertragung durch das Mauerwerk. Stöhnen wechselt sich durch eine Reihe schneller Schritte ab und beginnt von Neuem, begleitet durch Rütteln an den Möbeln, die rhythmisch, ansteigend bis zum Klimax, in einem paukengleichen Poltern von Einrichtungsgegenständen endet. Bis zum nächsten Akt. Bis das mehrstündige Duett am kommenden Morgen um fünf Uhr endet, stellt man sich des Öfteren die Frage: Anrufen, eine SMS schreiben oder gar an die Wohnungstür klopfen? Man möchte nun ja wirklich nicht stören. Man möchte auch niemanden in Verlegenheit bringen und das zwischenmieterliche Verhältnis belasten. Man muss sich ja noch eine ganze Zeit lang über den Weg laufen. Also lieber nichts sagen und das verlegene

Schweigen ertragen, auch wenn es schwerfällt. »Not my business«, wie es so schön heißt.

Das ist im eigenen Haus einfacher, viel unkomplizierter. Da stört niemand, und man selbst stört auch keinen. Man weiß, die Küchenplatte ist unbenutzt. Genauso wie das Wohnzimmer, das Schlafzimmer und der Abstellraum. Jedem eben nach seinen Vorlieben. Das ist im eigenen Haus viel ungezwungener. Hier macht man sich dann auch keine Gedanken, ob es jemand mitbekommt oder nicht. Nur im Garten sollte man sich zurückhalten. Denn selbst im eigenen Garten kann dies, nach §118 des Ordnungswidrigkeitengesetzes, als Belästigung der Allgemeinheit ausgelegt werden. Also gleich beim Planen berücksichtigen, dass der Garten möglichst nicht einsehbar ist, um hier Ärger mit den neugierigen Nachbarn von vornherein zu vermeiden.

83. GRUND

WEIL MAN MIT DEN HERAUSFORDERUNGEN WÄCHST

Keine Frage, ein Hausbau ist anstrengend, zeitaufwendig, nervenaufreibend und stressig. Und mehr als eine Beziehung wurde bei so manch einem Hausbau bereits auf die Probe gestellt. Für die meisten dürfte ein Hausbau etwas vollkommen Neues sein. Da gibt es viel zu erledigen. Von Notarterminen, Schreiben von Ämtern, Gängen zur Bank und vieles mehr. So einiges ist unter Termindruck zu erledigen. Und Überraschungstermine gibt es zuhauf. Bereits im Vorfeld gilt es, viele Entscheidungen zu treffen, sei es nun hinsichtlich des Bauträgers, der Bauweise, der beteiligten Firmen oder der Farbe der Fliesen und der Wände. Der Aufwand für die Entscheidungsfindung und die Möglichkeit, sich hier falsch zu entscheiden, schreckt so manch einen vom Hausbau ab. Hier gilt es, sich dann immer zu sagen: Das haben schon andere geschafft!

Letztendlich war genau dieser Punkt für uns das letzte Argument, die Herausforderung des Hausbaus auf uns zu nehmen. Da gab es so einiges, von dem wir damals noch nicht wussten, dass es auf uns zukommen würde. Seien es die zahlreichen Telefonate, die spontanen, aber weitreichenden Entscheidungen, die einem Tag für Tag abgerungen werden, oder die Notwendigkeit, Termine zu jonglieren, als sei man ein alteingesessener Projektmanager. Es gibt viele Situationen, an denen der ungeübte Bauherr verzweifeln kann. Hier hilft es, sich Rat zu suchen. Der Architekt, der Bauleiter, Freunde und Bekannte, andere Bauherren und solche, die es einmal waren, können einem immer helfen. Professionellen Rat, wenn auch nicht kostenlos, gibt es von Gutachtern und dem Bauherrenschutzbund. Außerdem gibt es einiges an Fachliteratur, speziell für den Laien, sodass man sich das Grundwissen aneignen kann, um zumindest vorbereitet in die Gespräche zu gehen.

»Auch aus Steinen, die einem in den Weg gelegt werden, kann man Schönes bauen«, sagte einst Johann Wolfgang von Goethe. Auch wenn Goethe sich nicht den Herausforderungen eines modernen Hausbaus und dem damit verbundenen Verwaltungsakt stellen musste, er trifft den Nagel auf den Kopf. Aus allem beim Hausbau kann man Schönes bauen. Selbst wenn nicht alles so klappt wie geplant. Wer schnell lernt, mit dieser Situation umzugehen, ist bestens gewappnet. »Was kann ich aus dieser Situation lernen?«, ist eine Frage, die man sich immer wieder stellen sollte. Dadurch kann man auch den stressigen Situationen im Hausbau etwas abgewinnen[44]. Der Stress beim Hausbau, der ist endlich. Außerdem sollte man beim Hausbau öfter einmal mit den Schultern zucken und es den Architekten, Bauleitern und Facharbeitern überlassen. Man kann und muss sich nicht um alles auf dem Bau kümmern. Vielleicht möchte man auch gar nicht alles wissen. In vielen Fällen ist es vielleicht sogar besser. Das Endergebnis interessiert. Ein Gutachter prüft ja auch nur das Endresultat. Das Gute am Hausbau: Man kann alles richten. Auch wir durften das lernen, als ein falsch gemauerter Fassadenabschnitt vollständig zurückgebaut werden musste. Aber auch so etwas klappt. Und irgendwann hat man es geschafft. Die Erleichterung, die sich ausbreitet, wenn man das erste Mal im neuen Haus einschläft, aufwacht oder frühstückt, lässt einen alles vergessen. Eines kann man sich dann aber sicher sein: Wer einmal gebaut hat, begegnet allen Herausforderungen wesentlich gelassener.

84. GRUND

WEIL ES DIE ELTERN STOLZ MACHT

Stolz, ein Gefühl größter Zufriedenheit, oftmals ausgedrückt durch ein hoch erhobenes Haupt und eine geschwellte Brust. Stolz kann Mitmenschen zur Weißglut bringen, einen aber auch in der ganz eigenen Weltanschauung bestärken. Stolz drückt Selbstbewusstsein und Freude über Besitz und seine eigene Leistung aus[45]. Wer ein Haus baut, der darf also stolz sein. Haupt hoch, Brust raus. Schließlich hat man einige Jahre dafür gespart. Das schafft nicht jeder, das Geld so lange beisammen zu halten, bis mindestens die erforderlichen 20 bis 25 Prozent Eigenkapital zusammengespart sind. Zu groß ist die Versuchung, Auto, Urlaub, noch ein Auto. Auf dem Weg zum notwendigen Eigenkapital warten viele Stolperfallen. Wer es geschafft hat, darf stolz sein. Auch nachdem die Entscheidung zugunsten des Hausbaus gefallen ist, gibt es viele Momente, in denen man stolz sein darf. Da gibt es die Hürden der Bürokratie, die man mit Stolz gemeistert hat, die zahlreichen Verhandlungen mit Banken, Bauträgern und Handwerkern, von denen man sich nicht entmutigen lassen hat. Am Ende ist es natürlich der Hausbau selbst, der einen selbst, aber auch die Eltern stolz macht. Eltern freut es ungemein, wenn die eigenen Kinder es zu etwas gebracht haben. Allem voran, wenn die Kinder ein eigenes Haus bauen. Endlich sturmfreie Bude!, denkt sich da Mama wohl. Wobei, unsere eigenen Eltern waren zunächst einmal geschockt. Dabei genügte es, die reine Absicht zu formulieren, man ziehe eventuell in Betracht, vielleicht, wirklich nur vielleicht, ein eigenes Haus zu bauen. Das ist wohl der Moment, in dem Eltern klar wird, die Kinder sind jetzt selbstständig. Nicht, dass Jahre in einer eigenen Wohnung, eine Ausbildung und ein ordentlicher Beruf, Ehefrau oder -mann und vielleicht Enkelkinder, nicht schon Zeugnis genug von der Selbstständigkeit des Nachwuchses wären. Nein, ein Haus bauen zeigt: Wir schaffen das ohne euch. Der Schock weicht alsdann dem Stolz. Denn jetzt wird Eltern bewusst, was die Kinder geleistet haben, und was sie noch leisten werden. Einige Eltern lachen sich jetzt ins Fäustchen, lehnen sich entspannt zurück und denken sich: Wir werden sehen … Sie haben selbst gebaut, und sie wissen, was auf die Sprösslinge zukommt. Die meisten Eltern helfen beim Bau, manche finanziell, andere tatkräftig mit Arbeitskraft, Erfahrung und Fachwissen. Dieser eine Moment, wenn Eltern vor Stolz über die eigenen Kinder fast platzen, wird in vollen Zügen genossen. Eltern kennen viele Menschen, und so kommt es, dass alle, wirklich alle Menschen im näheren Umfeld wissen, dass gebaut wird. Vor dieser Neuigkeit gibt es kein Entrinnen. Verwandte, alte und neue Nachbarn, Freunde – alle werden informiert, und Eltern berichten vom Hausbau, als wäre es der eigene. »Mama, musst du das denn allen erzählen?«, entfährt es der entnervten Bauherrin. Sie gerät schon wieder in Zugzwang. Bilder vom zukünftigen Haus, vom Grundstück, der Familie, die sich zur Grundstücksbesichtigung einlädt, vorzulegen und sämtliche Informationen über den Hausbau in epischer Breite auszubreiten. Wie sieht es aus, wie ist der Innenausbau, welche Farbe hat das Dach? Alles Fragen, die die unter Stress geratenen Bauherren nicht immer beantworten wollen. Genau dies ist der Moment, in dem man sich besinnen sollte, was denn der Grund für all diese Aufmerksamkeit ist. Man hat seine Eltern stolz gemacht. Man hat etwas geschafft, etwas, worüber sich die eigenen Eltern, ganz uneigennützig, freuen.

Und darauf darf man selbst wieder stolz sein. Das eigene Haus, eine halbe Million, der Stolz der Eltern unbezahlbar.

WEIL MAN NACHHALTIGER LEBT

Konsum ist gut. Konsum fördert das Wirtschaftswachstum, Sparsamkeit ist für die Wirtschaft Gift[46]. Auch wenn sich einige Unternehmen in Nachhaltigkeit üben und versuchen, dem Kunden ein bewusstes Einkaufen zu ermöglichen[47], es gilt der Schlachtruf »Mehr ist besser«. Und viel mehr ist viel besser. Schlechte Konsumenten zeugen von Kaufzurückhaltung oder Konsumschwäche. Klingt beides wie eine Krankheit. Man weiß leider nur nicht, wie sie übertragen wird. Über die Luft oder durch Berührung? Die Virologen sind sich hier noch nicht ganz einig. Anders schaut es beim Virus Hausbau aus. Übertragen wird er rein optisch, rein durch den Anblick eines schönen Anwesens. Hochgradig ansteckend. Auch der Besuch in einem Neubau kann zur Spontaninfektion führen. Die gute Nachricht: Von diesem Virus gibt es keine Heilung. Die Wirtschaft kann sich daher nicht beklagen. Wer ein Haus baut, gehört zu den Spitzenkonsumenten. Gleichgültig, ob Baumaterial oder Dienstleistungen, Bauherren gehören zu den Spitzenkonsumenten. In Sachen Konsum können sich Bauherren zurücklehnen. Der Hausbau gleicht dem Lebenswerk in Sachen Konsum. Das Soll ist erfüllt. Manchmal, wenn auch in den meisten Fällen unbeabsichtigt, auch in Sachen Bankkonto. Dann heißt es den Gürtel enger schnallen. Allerdings sollte diese Situation tunlichst vermieden werden. Also aufgepasst bei der Kalkulation. Man sollte sich nach dem Hausbau nicht verbiegen müssen, da bleibt keine Freude am Haus. Wer also das eigene Einkommen, die Belastbarkeit und die Gesamtkostengrenze ermittelt hat, sollte hoffentlich in keine Kostenfalle laufen[48]. Ordentlich kalkuliert und finanziell, in sicheren Gefilden, kann man sich also nun voll und ganz wieder dem Konsum zuwenden. Die Zeit des Entbehrens während des Hausbaus ist nun schließlich vorüber. Aber Hausbesitzer sind nachhaltiger. Schon während des Baus lernt der Bauherr, auf Nachhaltigkeit zu achten. Anstelle von Mineralbeton kann Recyclingschotter verwendet werden. Das schont nicht nur die Umwelt, sondern entlastet auch das Baukonto. Und überhaupt achten viele Bauträger auf nachhaltige Baumaterialien. Das ist der letzte Trend. Umweltschonende Dämmmaterialien, effiziente Heizungsanlagen, den eigenen Strom erzeugen. Regenwasser soll nicht in die Kanalisation geleitet werden, Regenwasserversickerung, Rigolensysteme, Zisternen und die Regenwassernutzung für Toilettenspülung und Waschmaschine bieten eine Möglichkeit, nachhaltig mit dem wertvollen Nass umzugehen.

Das alles scheint abzufärben. Ehemalige Bauherren achten oftmals stärker auf die Umwelt als zuvor. Reinigungsmittel werden bewusster gewählt. Zu scharfe oder schädliche Reiniger werden vermieden. Schließlich möchte man, dass das eigene Haus gut erhalten bleibt. Aggressive Reinigungsmittel greifen Fugenmörtel an, das falsche Reinigungsmittel lässt die schöne Holztreppe matt wirken. Niemand möchte in seinem Haus in wenigen Jahren Fugen auskratzen, das Holz abschleifen und all die anderen hübschen Dinge wieder anfassen, die man mühe- und liebevoll während des Hausbaus, teil mit eigenen Händen, Schweiß und manchmal sogar Blut, geschaffen hat. Vielleicht sind Hausbesitzer aber einfach nur zufriedener. Mit sich selbst und mit dem, was sie geschaffen haben. Vielleicht ist das neue Heim auch ein Punkt der Ruhe. Vielleicht ändert sich mit dem Haus die Einstellung zu Konsum. Vielleicht benötigt man nicht mehr so viel, vielmehr achtet man, im wahrsten Sinne des Wortes darauf, was ins Haus kommt.

KAPITEL 5

DER SCHNÖDE MAMMON

WEIL MAN EIN HAUS ABSETZEN KANN

Ein Haus, nennt man es erst einmal sein Eigen, kann trotz all der Kosten langfristig einen steuerlichen Vorteil bedeuten. Bei einem ausführlichen Gespräch mit unserem Steuerberater haben wir das ungefähr so verstanden: » Blabla, alle Belege sammeln, blabla kommendes Jahr einreichen, blabla zwei Prozent Abschreibung von den gesamten Herstellungskosten!« Die zahlreichen, für uns unverständlichen Fachbegriffe, Paragrafen und Gesetzesverweise konnten wir nicht wirklich erfassen. Natürlich hat die Sache einen Haken: Die Abschreibung funktioniert so nur, wenn man selbstständig ist oder einen Betrieb besitzt und ein Arbeitszimmer im eigenen Haus hat. Aber auch an anderer Stelle gibt es erfreuliche Nachrichten. Als zukünftiger Eigentümer einer Photovoltaikanlage, Sinn oder Unsinn seien einmal dahingestellt, wird man früher oder später damit konfrontiert sein, den überschüssigen Strom in das Netz des Betreibers einzuspeisen. Auch wenn zwischenzeitlich durch Wegfall sämtlicher Subventionen und das seit 2014 gültige Erneuerbare-Energien-Gesetz, kurz EEG, die Entlohnung dafür nahezu zu vernachlässigen ist, wird sich der Netzbetreiber früher oder später dafür interessieren, ob der Entlohnung Mehrwertsteuer zuzurechnen ist. Jetzt ist die Geschichte mit der Umsatzsteuer bzw. Vor- und Nachsteuer nicht jedermanns Sache, sollte aber schon zu Beginn des Baus geklärt sein. Wer später Umsatzsteuer an den Fiskus abführt, kann diese im Gegenzug auch geltend machen. Und das schon bei den Anschaffungs- und Installationskosten der Photovoltaikanlage. Gerade in der Bauphase freut es den Bauherrn durchaus, wenn unter Umständen mehrere Tausend Euro wieder auf das Konto gespült werden. Wer größer baut und vielleicht eine Einliegerwohnung plant, hat gänzlich andere Möglichkeiten. Das Haus muss ja ständig in Schuss gehalten werden, und viele Kosten können steuerlich geltend gemacht werden. Selbst Zins und Grundsteuer können in diesem Fall als Werbungskosten geltend gemacht werden. Das hat sich unser Nachbar auch gedacht und im Keller eine Einliegerwohnung gebaut.

Damit einem hier keine Fehler unterlaufen, macht es durchaus Sinn, sich Rat bei einem steuerkundigen Fachbetrieb zu erkaufen. Mit über 200 Gesetzen und über 100.000 Verordnungen schlägt das deutsche Steuergesetz mit hoher Wahrscheinlichkeit jedes andere Steuersystem auf der Welt, auch wenn Prof. Johannes Schmidt dies anders sieht. In Hinsicht auf die Bearbeitungszeit scheint das deutsche Steuerrecht nicht allzu schlecht dazustehen[49]. In anderen Ländern warten die Steuerzahler wohl wesentlich länger auf die Bearbeitung. Damit der, auf seinen Vorteil bedachte, Hausbesitzer nun auch tatsächlich die zuvor genannten Vorzüge genießen darf, gilt es demnach alles richtig zu planen. Mithilfe eines Steuerberaters sollte das allerdings kein Problem sein.

Das Sammeln von Belegen und Rechnungen in der Bauphase stellt sich, im wörtlichen Sinne, als durchaus schwergewichtiges Unterfangen dar. Die vom Fiskus erwartete Papiersammlung kann nach einem Jahr Baustelle gute zwei Kilogramm wiegen und einen ganzen Aktenordner umfassen. So etwas wird nicht mehr als Brief zum Steuerberater oder zum Finanzamt geschickt, sondern besser gleich als Paket. Nicht nur des Portos wegen, auch weil herkömmliche Umschläge für solche Massen an Dokumenten nicht geeignet sind. Da hilft nur ein stabiler Karton, um die kostbaren Belege dem Empfänger zuzustellen. Die Arbeit, die Belege zu sichten, auszuwerten und zu bearbeiten, hat glücklicherweise jemand anderer, und das ist auch gut so, denn während des Baus hat man ja genug um die Ohren. Letztendlich darf man sich aber hoffentlich über das eine oder andere Sümmchen freuen, das der Fiskus nach dem Hausbau erstattet.

WEIL DIE ZINSEN NIEDRIG SIND

Im März 2016 ist für alle, die bauen wollen, etwas Großartiges geschehen. Notenbankchef Mario Draghi hat verkündet, die Europäische Zentralbank senke den Leitzins auf null Prozent. Für Banken bedeutet dies, sie können sich bei der Zentralbank Geld kostenlos leihen[50]. Abgezahlt werden also nur die Raten, ganz ohne Zinsen. Ähnlich der Situation, wenn sich Kinder einige Euro von den Eltern leihen. Auch hier wird meist kein Zins verlangt. Natürlich wird keine Bank der Welt das Geld an Privatkunden zu diesen Konditionen verleihen. Da möchte man noch immer etwas verdienen. Aber immerhin spiegelt sich eine solche Entwicklung in Finanzierungskrediten wider. Unter zwei Prozent Zins zahlt man 2016 für geliehenes Geld. 2006 waren dies noch fünf und zur Jahrtausendwende sogar noch über sechs Prozent. Geld für ein Haus zu leihen war damit noch nie so günstig. Finanziell macht es durchaus einen Unterschied, ob pro Jahr 18.000 oder 6.000 Euro an Zinsen gezahlt werden. 12.000 Euro Differenz, die abbezahlt werden können. Grob gerechnet zehn Jahre, die ein Kredit schneller beglichen werden kann, und im Umkehrschluss somit wieder weniger Zinsen, die anfallen. Selbst wenn die Zinsen in den kommenden Jahren wieder steigen, lohnt sich die Überlegung bei solchen Zinssätzen allemal. Wer also geschickt verhandelt und einen guten Zins für eine lange Laufzeit herausschlägt, erntet im schlimmsten Fall neidische Blicke von all jenen, die noch auf Krediten mit mehr Prozentpunkten sitzen. Sich aufgrund der Zinsen für die Kreditaufnahme und somit den Hausbau – oder umgekehrt – zu entscheiden, hängt also immer vom jeweiligen Standpunkt ab. Die Entscheidung kann heute genauso richtig oder falsch sein, wie sie es in drei oder fünf Jahren sein kann. Die Überlegung wird man sich in den Folgejahren immer wieder stellen müssen, denn Zinsbindungen enden, und

Kredite werden verlängert, neu ausgehandelt oder umgeschichtet, auch wenn das Haus schon längst steht. Hier darf man es jedoch frei nach Johann Wolfgang von Goethe halten, der Mephistopheles zu Faust schon sagen lies: »Solang' der Wirt nur weiter borgt, sind wir vergnügt und unbesorgt.« So ähnlich verhält es sich auch mit den Banken. Die Banken werden bemüht sein, auch weiterhin ihr Geschäftsverhältnis zum Kunden aufrechtzuerhalten, auch, oder vielmehr erst recht, sobald die erste Zinsbindung abgelaufen ist.

Das Geldleihen ist nicht jedermanns Sache, und der Gang zur Bank wird von dem einen oder anderen gescheut. Nun stammt das Wort »Zins« vom lateinischen »census« ab und bedeutet doch nicht mehr als Vermögensschätzung. Bietet die Zentralbank nun ihr Geld für null Prozent an, bedeutet dies doch im Umkehrschluss, das Vermögen sei nichts wert. Und selbst wenn die Bank das Geld für zwei oder weniger Prozent verleiht, heißt das im Grunde nichts anderes, als dass das verliehene Geld kaum etwas wert ist. Ein Häuschen hingegen hat einen gewissen Wert, und das nicht nur auf emotionaler Ebene. Mit etwas Glück hält sich der Wertverlust über die Jahre in Grenzen. Mit etwas mehr Glück gibt es sogar eine Wertsteigerung. So betrachtet, macht der bauwillige Kreditnehmer aus dem quasi wertlosen Geld eine wertvolle Sache. Ein Vorhaben, an dem Alchemisten seit Anbeginn der Zeit scheitern. Der Bauherr hingegen macht es möglich. Dank niedriger Zinsen.

88. GRUND

WEIL GRUND UND BODEN ENDLICH SIND

2016 befand sich das Baugewerbe in einer Hochkonjunktur. Pro Monat wurden 2016 im Schnitt 10.000 Neubauten genehmigt. 90 Prozent dieser Baugenehmigungen entfielen dabei auf Ein- oder Zweifamilienhäuser. Der Trend zum eigenen Heim scheint also ungebrochen. Die damit verbundenen Baukosten betrugen dabei pro Monat 2,5 Milliarden Euro. Ausgeschrieben also 2.500.000.000 Euro. Als Ergebnis entstand dabei pro Monat neue Wohnfläche von fast 2.000.000 Quadratmeter. Geht man dabei davon aus, dass die meisten Ein- und Zweifamilienhäuser ein bis zwei Stockwerke besitzen, werden pro Monat 1.000.000 Quadratmeter Grund und Boden mit Häusern verbaut. Mit Garten, Garage und Einfahrt dürften es dann gut und gerne 5.000.000 Quadratmeter monatlich sein. Fünf Quadratkilometer pro Monat. Mit den neuen 200.000 Wohnungen pro Jahr ist es aber nicht getan. Laut der Pestel-Studie zum Sozialen Wohnungsbau würden pro Jahr 400.000 Wohnung benötigt, wobei seit 2009 bereits 700.000 Wohnung zu wenig gebaut wurden[51]. Im Jahr 2016 sind wir also bereits zwei Jahre in Verzug. Je nachdem, wie man es auslegen möchte, heißt dies, ran an den Spaten und ein Haus bauen. Denn eigentlich warten wir schon viel zu lange.

Obwohl die Nachfrage ungebremst ist und niedrige Zinsens auch den kleinsten Funken in noch unentschlossenen Bauwilligen entfachen können, kommen die Gemeinden kaum nach, neue Baugebiete auszuweisen. Die Erstellung von Flächennutzungsplänen durch die Gemeinden ist ein langwieriger Prozess, eingeleitet durch Baulandumlegung und die Erschließung von zukünftigen Wohngebieten. Ein Prozess, der durchaus mehrere Jahre in Anspruch nehmen kann. Der verfügbare Platz wird weniger, auf neue Baugebiete muss man mitunter Jahre warten, und der Abriss existierender Häuser ist eben auch nur möglich, wenn diese nicht mehr bewohnt werden.

Grund und Boden sind also nicht uneingeschränkt verfügbar. Zu unser aller Glück ist es heute auch nicht mehr üblich, bei den Nachbarn einzufallen und deren Grund zu rauben oder besser gesagt zu besetzen. Auch im großen Stil wird diese Art der Eroberung nicht mehr oder nur selten betrieben. Während das heute zu Frankreich gehörende Elsass mehr als ein halbes Dutzend Mal die politische Zugehörigkeit wechselte, dürfen die Grundbesitzer heute recht zuversichtlich sein, dass dieses ehemalige Hin und Her auf absehbare Zeit ein Ende hat. Die 8.000 Quadratkilometer Grundfläche könnten, unter Betrachtung der zuvor genannten Werte, innerhalb von 130 Jahren flächendeckend zugebaut werden. Kein schlechter Scherz, erst unlängst wurde auf einer niederländischen Architekturkonferenz dargelegt, dass Holland im Vergleich kein dicht besiedeltes Land, sondern eher eine »leere« Stadt sei[52]. Bei mehr als 16 Millionen Einwohnern könnte man der Idee verfallen, dass in Sachen Siedlungsdichte das in Europa auf Platz 30 liegende Land durchaus gut bewohnt ist. Mit den 41.626 Quadratkilometern Fläche ist es jedoch nur wenig größer als die 34.490 Quadratkilometer umfassende Region von New York, die mit mehr als 23 Millionen Einwohnern fast die doppelte Besiedlungsdichte pro Quadratkilometer gegenüber den Niederlanden aufweist. Auch im Verhältnis »kleinere« Städte wie Los Angeles, Chicago, aber selbst London oder das Ruhrgebiet weisen, zumindest der Fläche nach, eine ähnliche Ausbreitung auf. Wer sich die Mühe macht und die entsprechenden Karten übereinanderlegt, erkennt schnell, dass in diesen Relationen »aufs Land ziehen« somit eine ganz andere Bedeutung erhält.

Während also der Bedarf an Wohnraum fortlaufend steigt oder zumindest in naher Zukunft nicht weniger wird, sorgen niedrige Zinsen dafür, dass mehr und mehr Mitmenschen die Möglichkeit in Betracht ziehen, ein eigenes Haus zu bauen. Auch Vulkanausbrüche, die wie Hawaii neues Land entstehen lassen, sind zum einen eher selten und definitiv keine kurzfristige Lösung. Grund und Boden werden einfach weniger, und wer sein Traumgrundstück gefunden hat, der sollte unter diesen Gesichtspunkten nicht zu lange zögern, denn die Wahrscheinlichkeit auf ein zweites erscheint wohl eher gering.

WEIL MAN DAS GELD GESCHENKT BEKOMMT

Wer baut, bekommt das Geld geschenkt. Fast zu schön, um wahr zu sein, aber gleichzeitig auch nicht falsch. Wer heutzutage baut, lebt in einer Art Schlaraffenland der Finanzierungsunterstützung und Förderung. Wer sich vor und während des Hausbaus nicht allzu ungeschickt anstellt, kann an der einen oder anderen Stelle ein vier- bis fünfstelliges Sümmchen an Förderungen, Subventionen oder Zahlungserlassen herausschlagen. Dabei muss man nicht einmal sonderliches Geschick in Sachen Verhandlungen aufweisen.

Unabhängig von Finanzierung und Förderung gilt es immer, das Zahlungsziel im Auge zu behalten. Manchmal rechnet es sich, Rechnungen schnell zu begleichen. So bieten viele Lieferanten oder Händler Skonto an, wenn die Ware innerhalb einer bestimmten Frist bezahlt wird oder gar abgebucht werden kann. Wer drei Prozent Skonto auf eine Lieferung erhält, nur, weil die Rechnung unverzüglich beglichen wird, sollte ruhig den Taschenrechner quälen. Drei Prozent bei 50.000 Euro bedeuten immerhin 1.500 Euro Ersparnis. Wer einen Kredit für drei Prozent abgeschlossen hat, kann diesen somit ohne Gewissensbisse in die Begleichung der Lieferschulden umschichten. Denn für den Monat, den man früher auf den Kredit zugreift, werden lediglich knappe 84 Euro an Zinsen fällig. Das macht 1.416 Euro auf der Habenseite. 1.416 Euro, die für andere Dinge verwendet werden können. Die Pflastersteine für Terrasse und Hofeinfahrt, ein Garagentor, einen Schlafzimmerschrank, einen neuen Backofen samt Herdplatte oder die Tapete für das ganze Haus. Mit 1.416 Euro lassen sich so einige Dinge anschaffen, die man beim Hausbau immer gebrauchen kann.

Nicht nur beim Bezahlen, bereits beim Geldleihen, lässt sich der eine oder andere Cent sparen. Der Vergleich verschiedener Banken und Finanzierungsinstitute ist verpflichtend. Einmal für einen

Finanzdienstleister entschieden, gilt es, das Maximum an Einsparmöglichkeiten von selbigem zu beziehen. Seriöse Anbieter erkennt man hier schnell, denn hier wird das Bestmögliche geboten, um die beste Kombination an Angeboten zusammenzustellen. Es gilt also, eine Art Warenkorb der Finanzdienstleistungen zusammenzustellen. Ähnlich wie im Supermarkt, liegen manche Produkte eben in der untersten Reihe, ganz oben auf dem Regal oder in einer Ecke des Kaufhauses, in der man unter normalen Umständen auf keinen Fall zu suchen wagte. Die wohl am häufigsten genutzte Variante der Förderung sind die Kredite der KfW Bankengruppe. Die Für selbst genutztes Wohneigentum gibt es 50.000 Euro geliehen. Für besonders energieeffiziente Häuser werden seit 2016 bis zu 100.000 Euro zu günstigen Zinssätzen angeboten. Obendrein gibt es einen Tilgungszuschuss. Bis zu 15.000 Euro bekommt man, abhängig von der Energieeffizienzklasse seines Hauses, dann geschenkt.

Neben den großen Batzen kann man vor und während des Hausbaus an vielen Stellen profitieren. Das Bundesamt für Wirtschaft und Ausfuhrkontrolle unterstützt Bauherren seit 2016 mit einem Zuschuss von 400 Euro bei der Energieberatung. Hierfür ist es lediglich notwendig, dass der Energieberater ein gutes Wort einlegt, beziehungsweise den entsprechenden Antrag stellt. Und falls es einmal so weit kommen sollte, unterstützen die Verbraucherschutzzentralen mit günstigen Tarifen den geplagten Bauherrn bei der Beratung. Selbst bei den Gemeinden kann eine Förderung

herausspringen. Hier muss man sich lediglich erkundigen. Fragen kostet nichts, und mehr als eine Absage riskiert man dabei nicht. Die Angebote ändern sich von Jahr zu Jahr, und da gilt es, sich im Vorfeld ein wenig zu informieren. Selbst kleine Beträge summieren sich beim Hausbau. Da kann sich selbst der Rabattgutschein im Baumarkt rentieren, sollte man das Gartenhäuschen für 500 anstatt 600 Euro ersteigern können. So sind nämlich aus den zuvor 1.416 jetzt schon ein wenig mehr als 1.500 gesparte Euro geworden.

90. GRUND

WEIL AM DAS HAUS IM ALTER ERHALTEN BLEIBT

Viele Deutsche bauen mit dem Ziel, im Alter abgesichert zu sein. Im Alter keine Miete mehr zu zahlen. Keine Abhängigkeit vom Vermieter und der Wohnung. Keine Gefahr mehr, im Alter die Wohnung zu verlieren. Auch Bausparkassen werben mit dem Slogan »Eine Altersvorsorge, in der man heute bereits wohnen kann«. Allerdings ist dies nur die halbe Wahrheit. Finanziell gesehen, hat man mit dem eigenen Haus immer die Möglichkeit, dieses wieder zu verkaufen. Ob nun gewinnbringend oder nicht, entscheiden bekanntlich drei Faktoren: die Lage, die Lage und letztendlich die Lage. Ob man mit der Immobilie im Alter tatsächlich durch den Verkauf einen Gewinn erzielen kann, hängt stark von der Nachfrage ab. Das Haus zu verkaufen und das Geld zu verleben, ist aber sichtlich kein Grund, das Haus zu bauen. Wer spekulieren möchte, kann auch kaufen. Hierfür ist es sicherlich nicht nötig, sich den Qualen, aber auch den Freuden des Hausbaus hinzugeben. Auf der anderen Seite ist der Verkauf auch immer eine Hintertür. Auch wenn der erzielte Verkaufspreis nicht die Rendite widerspiegeln würde, die man für andere Finanzanlagen erhalten hätte, die Möglichkeit des Verkaufs besteht immer.

Eine gewiefte Variante, mit dem eigenen Haus im Alter abgesichert zu sein, ist die »Leibrente mit Mietrecht«. Dabei wird das eigene Haus zwar verkauft, als Verkäufer erhält man jedoch das lebenslange Wohnrecht und obendrein noch eine monatliche Leibrente bezahlt. So hat man ausgesorgt und braucht sich im Ernstfall keine Sorgen über den Verbleib des Hauses zu machen. Außerdem bleibt man in seinem eigenen Haus wohnen, das man aus so vielen Gründen selbst gebaut hat. Vielleicht hat man auch vor, das Haus seinen eigenen Kindern zu überlassen. Auch in diesem Fall kann man eine ähnliche Lösung anstreben und die Immobilie bereits zur Lebenszeit übertragen, sodass man auch im hohen Alter noch in seinen eigenen vier Wänden wohnen kann[53].

Natürlich kann man auch bis ins hohe Alter im eigenen Haus wohnen bleiben, ohne sich Gedanken über all dies zu machen. Und um ehrlich zu sein, viele tun dies auch. Speziell in der ländlichen Gegend finden sich viele Paare, die noch im hohen Alter in ihrem gemeinsamen Heim wohnen, das Gemüsebeet im Garten bestellen, sich um die Blumen im Vorgarten kümmern und gemeinsam den Frühjahrsputz bestreiten. Und früher, als alles besser war, haben die Menschen auch schon bis ins hohe Alter im eigenen Haus gewohnt. Altenheime im großen Stil gab es erst nach den 1950ern. Früher war es eher die Ausnahme, dass man im hohen Alter nicht mehr im eigenen Heim lebte. Wer also alte Traditionen wiederaufleben lassen will oder einfach auch im Alter zu Hause wohnen möchte, kann sich ein eigenes Haus bauen. Natürlich sollte man darauf achten, dass im Alter die Kredite abbezahlt sind und der Unterhalt des Hauses gewährleistet ist. Auf der anderen Seite muss auch keine Miete mehr bezahlt werden. Wer im Alter noch fit ist, kann sich auch dann noch um Haus und Hof kümmern. Wer beim Hausbau viel selbst gemacht hat, darf sich im Alter auch den Luxus gönnen, Reparaturen und Wartungen durchführen zu lassen.

WEIL GELD ALLEIN NICHT GLÜCKLICH MACHT

»Es ist das Glück ein flüchtig Ding«, das wusste schon der Lübecker Stadtdichter Emanuel Geibel. Wobei es belegt zu sein scheint, dass in unseren heimischen Gefilden eine Art Glücksplateau entstanden ist. Das Glücksgefühl diffundiert weniger schnell als anderswo. Die Deutschen sind zufrieden und glücklich. Seit 2010 werden wir wohl nicht mehr wesentlich glücklicher[54]. Was aber macht eigentlich diese Zufriedenheit aus? Es wird postuliert, die vier »Gs« des Glücks, Geld, Gesundheit, Gemeinschaft und genetische Disposition, sind hierfür verantwortlich. Letzteres ist lediglich eine Umschreibung für den Charakter einer Person, allerdings beginnt das Wort »Charakter« wohl nicht mit einem »G«. Ungeachtet dessen wurde unlängst erforscht, dass auch Geld alleine nicht glücklich macht. An der US-amerikanischen Universität Princeton wurde auf Basis einer groß angelegten Umfrage ermittelt, dass ab einem Nettoeinkommen von umgerechnet 60.000 Euro keine Steigerung des Glücksgefühls mehr zu erwarten sei. Die Vermutung liegt nahe, dass es über dieser Schwelle kaum mehr möglich ist, sich auf die wirklich wichtigen Dinge zu fokussieren. Zeit mit der Familie verbringen, sich der Gesundheit erfreuen, diese beibehalten oder einfach seine freie Zeit genießen. Auch wenn man für den Hausbau nicht entlohnt wird, können die meisten Bauherren dies sehr gut nachvollziehen, denn gerade beim Hausbau kann man lernen, was wirklich wichtig ist. Bei all den Dingen, die schiefgehen können und auch schiefgehen werden, lernt man, sich zu entspannen, sich trotz holpriger Umwege auf das Endergebnis zu freuen und gemeinsam an einem Ziel zu arbeiten. Da Geld nun bewiesenermaßen nicht glücklich macht, ist das durchaus ein Grund, in eine Immobilie zu investieren. Anders als das flüchtige Gefühl des Glücks steckt es schon im Wort »Immobilie«. Zumindest muss man sich dann keine Gedanken mehr machen wohin damit. Die Immobilie, nicht bewegbar, bleibt an Ort und Stelle. Und das macht wiederum glücklich. Laut der *Welt am Sonntag* sind zwei Drittel aller Hausbesitzer mit Haus glücklicher als ohne, und mehr als ein Drittel der Mieter denkt, sie würden sich glücklicher im eigenen Haus fühlen. In Summe macht das mehr als die Hälfte aller Befragten aus, die sich mit einem eigenen Haus glücklicher schätzen. Wer sich also nicht sicher ist, hat immerhin eine 50-prozentige Chance, dass er mit dem Haus glücklicher ist also ohne. Es gibt übrigens keine Studie, die aussagt, dass ein eigenes Haus unglücklich macht. Natürlich wird es immer wieder Momente geben, wenn einem im wahrsten Sinne des Wortes das Dach über dem Kopf zusammenbricht, die marode Wasserleitung platzt, die elektrischen Rollläden versagen, das Garagentor blockiert oder durch zuvor besagtes Dach der Regen tropft. Solche Momente sind jedoch vergänglich und spätestens nach der Reparatur schnell wieder vergessen. Das »Unglücklichsein« ist also nicht von fortwährendem Bestand, das eigene Haus hingegen sehr wohl. Wer sich als Mieter im Sicheren wägt, der sei gewarnt, auch in Mietwohnungen und Häusern können Rohrleitungen platzen, Dächer undicht werden oder die elektrischen Installationen versagen. Hier gesellt sich lediglich die Dimension des Vermieters oder der Hausverwaltung hinzu. Wer einmal mit selbigen im Streit über anstehende Reparaturen lag, weiß es zu schätzen, im eigenen Haus Reparaturen schnell und ohne Abstimmungsbedarf zu erledigen. Je schneller die Probleme aus der Welt geschafft sind, desto weniger Nährboden für negative Gefühle. Anders ausgedrückt, im eigenen Haus lässt es sich viel schneller wieder glücklich sein.

WEIL EIN NEUBAU WIRTSCHAFTLICH IST

Bauen, kaufen, renovieren? Zugegeben, alte Gemäuer haben ihren ganz eigenen Reiz. Ein altes Fachwerkhaus modernisieren oder ein altes Bauernhaus ausbauen: der Traum für Heimwerker und Hobby- renovierer. Wer viel Zeit, Nerven und auch einiges an finanziellen Mitteln zur Verfügung hat, zieht durchaus diesen Schritt in Erwä- gung. Eine Kernsanierung sollte jedoch nicht unterschätzt werden. Bei alten Bauwerken steht bei einem solchen Vorhaben einiges an Arbeit an. Marode Elektro- und Sanitäranlagen raus, mit Schilf ab- gehangene und vergipste Decken abreißen, ganze Fußböden müs- sen raus. Wer kernsaniert, sollte viel, sehr viel Zeit mitbringen. Als Beschäftigung für langweilige Feierabende und Wochenenden die perfekte Lösung – über Jahre hinweg. Nichts für investitionsscheue Gemüter. Der Vorteil gegenüber dem Hausbau: Die Kosten fallen in Etappen an. Der Nachteil: Am Ende verliert man schnell den Über- blick. Der Rückbau verschlingt einen stattlichen Teil der Bausum- me. Container für Container kann die alte Bausubstanz abgefahren werden. Ob ein altes Bauernhaus, ein Haus aus der Jahrhundert- wende oder ein altes Mehrfamilienhaus. Jedes Haus bringt so seine eigenen Tücken mit sich. Insbesondere in Sachen Energiesparen ist die Altbausanierung kein leichtes Unterfangen[55]. Sind erst mal alle Decken und Fußböden aus dem Haus, ist der Ausblick vom Dach- boden in den Keller sicherlich ein einmaliges Erlebnis. Eine flüch- tige Entlohnung für geplagte Teilzeithandwerker. Trotz alledem, Kernsanierung ist also nicht jedermanns Ding. Nach dem Abriss kommt der Aufbau, und der kostet auch wieder Zeit, Geld und Ner- ven. Ohne Renovierung geht beim Hauskauf oftmals nichts. Auch wenn keine Komplettsanierung notwendig ist, müssen doch oft die Heizungsanlage modernisiert, Dämmung eingebracht oder ande- re Energiesparmaßnahmen umgesetzt werden. Der Wärmeschutz nimmt inzwischen einen großen Teil der Renovierungskosten ein. »Ein Neubau ist in diesen Fällen oft wirtschaftlicher, wenn man alle Folgekosten berücksichtigt. Zugleich lassen sich individuelle Wohnwünsche somit viel besser verwirklichen, während eine Sanierung oft nur Flickwerk ist«, sagt Reiner Pohl von der Initiative Massiv Mein Haus[56]. Aufgrund der steigenden Energiekosten holt einen dieses Thema irgendwann ein. Selbst dann, wenn man sich nicht sofort nach dem Kauf für die Renovierung entscheidet. So gesehen ist der Neubau durchaus wirtschaftlicher.

KAPITEL 6

HAUS UND GARTEN

WEIL AUCH ALPAKAS IN DEN GARTEN PASSEN

Als kleine Kinder sind wir öfter die Hauptstraße entlanggelaufen, an einem ganz besonderen Garten vorbei, ein kleines Mysterium, das jedes Mal von Neuem die Neugierde erweckte. Die Mauer, grün gestrichen, viel zu hoch, als hätte man als Halbwüchsiger über das Bollwerk hinüberblicken können. Aber ab und an wurde man von den Erwachsenen hochgehoben und konnte einen Blick in den fremden Garten erhaschen. Rehe! Vermutlich das erste Mal, dass wir als Kinder echte Rehe gesehen haben. Und jedes Mal aufs Neue ein besonderes Erlebnis. Den Garten gibt es noch. Die Rehe gibt es dort seit vielen Jahren nicht mehr. Vielleicht wurden die Rehe ausgewildert und leben jetzt glücklich bei ihren Freunden und Familien im Wald. Vermutlich ist es heute nicht mehr erlaubt, Rehe im eigenen Garten zu halten. Vielleicht war es früher schon nicht erlaubt. Faszinierend war es für uns als Kinder aber auf alle Fälle.

In Gärten findet man so allerlei. Da gibt es große Volieren mit Wellensittichen, Papageien oder anderem Geflügel. Hühner sind eher auf dem Ländlichen anzutreffen, einschließlich eines krähenden Hahns samt zugehörigem Misthaufen. Wenn auch weniger spektakulär, werden in manchen Gegenden Kaninchen oder gar Schildkröten im Garten gehalten. Darüber hinaus gab es 2015 fast zwei Millionen Gartenteiche in Deutschland, die vermutlich auch mit allerlei Tieren bestückt waren.

Auch wir haben in der Nachbarschaft zahlreiches Getier. Darunter Hunde, Katzen, Hühner und Gänse. Außerdem sieht man öfter einen Fuchs am Haus vorbeischleichen. Der gehört aber wohl niemandem. Der Nachbar hat nach dessen Besuchen auch meist ein oder zwei Hühner weniger. Erst nach unserem Umzug haben wir festgestellt, dass zwei Straßen weiter Alpakas im Garten leben. Das funktioniert wohl und ist auch erlaubt. 6.000 Alpakas sind in

Deutschland registriert. Zehn davon wohnen nebenan. Die wuscheligen Zeitgenossen überzeugen durch ihre niedlichen, schwarzen Knopfaugen im kugelrunden Kopf. Öfter sieht man dann die Alpakakarawane an unserem Haus vorbeiziehen. Da spart man sich den Gang in den Zoo. Egal ob nun große oder kleine Tiere, im Garten kann so einiges gehalten werden. Wer also genügend Platz hat, kann durchaus Pferde, Esel oder eben Alpakas in Betracht ziehen. Ein Unding, hätte man nur einen Balkon in einer Eigentumswohnung.

94. GRUND

WEIL KANINCHEN AUSLAUF BRAUCHEN

Kaninchen sind beliebte Haustiere. Das weiche Fell, die schwarzen Augen, die niedliche Nase und die langen Ohren machen die kleinen Gesellen zu unwiderstehlichen Mitbewohnern. Wenn sich die kleinen Racker strecken oder faul in ihrem Stroh liegen, möchte man sie am liebsten zu Tode kuscheln. Kinder drücken sich in den Zoogeschäften ihre Nasen an den Glasscheiben der Kaninchengehege platt und würden am allerliebsten in die Gehege klettern. Die Haltung, von Kaninchen, nicht von Kindern, ist relativ einfach, und die kleinen Hasenartigen bereiten eine überschaubare Menge an Arbeit. Man muss nicht wie mit einem Hund mehrmals am Tag Gassi gehen, und in der Regel zerkratzen Kaninchen auch nicht wie Katzen die Tapete oder das Sofa. Das seit dem 16. Jahrhundert domestizierte Wildtier wurde schon bei den Römern gehalten. Damals vorzugsweise als Pelz- und Nahrungslieferant. Heute sind Kaninchen eher ein Zeitvertreib und können aufgrund des geringen Platzbedarfs auch in einer Stadtwohnung gehalten werden. Was ein Kaninchen aber wirklich glücklich macht, ist Auslauf, über die grüne Wiese hoppeln und an frischem Löwenzahn nagen. Kaninchen haben einen ungeheuren Bewegungsdrang. Wenn schon in Gefangenschaft, gehören Kaninchen am besten in ein Gehege im Garten. Wer den kleinen Weggefährten nicht traut, oder wenn ein Fuchs in der Nachbarschaft wohnt, kann sie abends aus Sicherheitsgründen wieder in ihren Käfig setzen. Laut Deutschem Tierschutzbund wird eine Fläche von sechs Quadratmetern für das Gehege empfohlen. Eine Größe, die in den meisten Fällen nur mit einem eigenen Garten möglich ist, außer man hat sich versehentlich einen Deutschen Riesen zulegt. Die bis über elf Kilo schweren Kolosse benötigen ein wenig mehr Platz im Garten. Vielleicht fürchtet sich dann auch die eigene Katze vor ihm, und vielleicht gilt es auch den Gartenzaun zu verstärken. Aber das ist, wie wir alle wissen, im eigenen Haus alles kein Problem. Und wer sich am Ende total vertan hat und überhaupt kein Kaninchen, sondern ein Alpaka besitzt, hat zwar von Haustieren keine Ahnung, aber auch in diesem Fall zumindest mit dem Vermieter kein Problem.

95. GRUND

WEIL SICH AUCH DER HUND ÜBER EIN EIGENES HAUS FREUT

Sam vom Bärenbrunnerhof ist ein waschechter Rassehund. Mit Stammbaum, wie der vermeintliche Adelstitel suggeriert. Mit seinem langen, goldblonden, wuscheligen Fell und dem treuen Hundeblick möchte man ihn andauernd knuddeln. Geboren und aufgewachsen ist Sam in der Nähe des Bärenbrunnerhofs. Der Name hat es schon verraten. Der Hof liegt in einer schönen Gegend und ist heute ein Biobauernhof. Im Alter von einem Jahr ist Sam in die Stadt gezogen. Weniger Bäume, weniger Gras, spazieren nur im Park. Insgesamt musste er ganze vier Mal umziehen. Zwei Mal in der Stadt, ein Mal in einem Vorort und letztendlich aufs Land. Der letzte Umzug war für Sam der spannendste. Von Anfang an war er beim Hausbau dabei. Am ersten Tag, als der Bagger auf dem

Baugrund stand, später, als die Zimmerleute das Dach deckten, und schließlich fast jeden Tag beim Innenausbau. »Das muss wohl etwas Besonderes sein«, hat er sich wohl gedacht. »Wenn meine Dosenöffner …«, so nennt er uns scherzhaft, »… hier regelmäßig herkommen und für einige Stunden bleiben, ist das wohl wichtig.« Irgendwann waren wir so lange auf der Baustelle, dass Sam auch hier gegessen hat. Baustelle gleich Essen. Essen gleich gut. Hundelogik, einfach, einleuchtend, selbsterklärend. Tatsächlich hat er seine Rolle als Hüte- und Wachhund sehr ernst genommen. Auf der Baustelle hat er Alarm geschlagen, sobald sich jemand näherte, und auch dafür gesorgt, dass sich der Postbote nur bis zum provisorisch am Straßenrand aufgestellten Briefkasten traute. Zumindest ab dem Zeitpunkt, als beide sich sehr, sehr nahe kamen, waren die Grenzen abgesteckt. Der Postbote darf nur bis zum Briefkasten, das hatte ihm unser Wachhund klargemacht. Sam hatte schnell gelernt, dass das Haus sein neues Zuhause ist, und damit auch, wie weit sich Fremde auf das Grundstück wagen dürfen.

An der Sache mit dem eigenen Haus ist etwas dran. Nicht nur dem Menschen, auch dem Hund scheint es zu gefallen. Das Grundstück wird patrouilliert, Eindringlinge werden angekündigt, und es wird Wache gehalten. Natürlich wird auch viel geschlafen. Sam schläft gerne in »seinem« Haus. Der Schlaf scheint entspannter zu sein als in den Mietwohnungen zuvor. Der Hund scheint es wohl recht schnell verstanden zu haben. Das Haus samt Grundstück gehört ihm. Insbesondere Letzteres scheint einleuchtend. Schließlich haben auch Wölfe ein Revier. Leider können wir nicht eine wie für Wölfe normale Reviergröße von 350 Quadratkilometern bieten, aber bereits mit dem kleinen Garten hinter dem Haus scheint der Hund glücklich zu sein. Es hat einen besonderen Charme, die Terrassentür zu öffnen, sodass sein geliebter Vierbeiner in den Garten kann. Früher patrouillierte Sam regelmäßig auf dem Balkon. Er kannte jeden Blumenkübel beim Namen. Bei seinen kurzen Rundgängen hatte er seine Nase in jeden Strauch, in jeden Blumentopf und jede Pflanze gesteckt. Die Rundgänge dauerten meist nur ein, zwei Minuten. Heute weiß Sam nicht, wo er im Garten anfangen soll zu schnuppern. Meist ist er müde, bevor er es einmal rund ums Haus schafft. Glücklich, mit einer Nase voller Blütenstaub, lässt er sich dann mit einem Seufzer auf seinen Platz im Erker sinken, von wo er eine einmalige Aussicht in seinen Garten hat.

WEIL JEDER EINEN GARTEN MÖCHTE

Mehr als 450 Quadratkilometer Fläche werden in Deutschland von Kleingärten, auch Schrebergärten genannt, bedeckt. Dabei kommt jeder einzelne Schrebergarten auf eine durchschnittliche Größe von 300 bis 400 Quadratmeter. Die Kleingartenbesitzer organisieren sich in der Regel in Vereinen, derer es 15.000 in Deutschland gibt. In Städten ist die Nachfrage nach Kleingärten derart groß, dass diese Vereine Wartelisten führen. Es scheint also, also möchte jeder einen Garten haben.

Der Garten selbst wird während des Hausbaus meist nachrangig betrachtet. Verständlich, da hat man ganz andere Sorgen. Aber irgendwann geht es an die Gartenplanung, da müssen Wege angelegt, Bäume gepflanzt und Rasen gesät werden. Anders als beim Kleingarten, sind die Wege vom Haus zum eigenen Garten nicht allzu weit. Tür auf, und schon steht man im grünen Glück. Umgerechnet verbringt jeder, der einen Garten hat, im Schnitt fünf ganze Jahre seines Lebens mit Gartenarbeit. Im Gegensatz dazu stehen acht Jahre, die aufgewendet werden, um genügend Geld für das eigene Leben zu verdienen. Die unbezahlte Gartenarbeit steht demnach nicht allzu weit hinter der entlohnten Arbeitszeit an. Und das, obwohl man hierfür keinen Cent erhält. Gar nicht eingerechnet sind hier die schönen Stunden, die man mit Freunden und Familie an warmen Sommerabenden oder alleine in der Hängematte verbringt. Das Bedürfnis nach einem eigenen Garten scheint also ungebremst. Der englische Autor und Gartenspezialist Alan Tichmarsh hat dies unlängst erkannt. Mit Büchern und TV-Sendungen bringt er die Gartenarbeit dem unbedarften Gartenbesitzer näher. In seinen rund 30 Büchern gibt es alles nachzulesen. Vom kleinen Vorstadtgarten bis hin zum ausschweifenden Englischen Garten. Gestaltungselemente, Anordnung, Pflanzenkombinationen – in einem Garten gibt es so allerlei zu berücksichtigen, möchte man sich vom herkömmlichen, langweiligen Fußballplatzgarten unterscheiden.

Beim Bau oder besser bei der Finanzierung kann oder sollte man den Garten und die Außenanlage durchaus berücksichtigen. Mit zwölf bis 18 Prozent der Bausumme soll man für einen ordentlichen Außenbereich kalkulieren. Das macht gut und gerne 50 bis 100 Euro pro Quadratmeter Gartenfläche. Natürlich sind dies Richtwerte, denn die Geschmäcker sind unterschiedlich und die Ansprüche eben auch. Das Schöne am eigenen Garten: Man kann ihn nach den eigenen Ansprüchen formen. Daher lohnt es sich unter Umständen auch, mit der Gartengestaltung etwas zu warten. Manches wird erst mit den Gewohnheiten klar. Wer vor dem Bau seinen Garten bis in kleinste Detail plant, kann letztendlich durchaus überrascht sein. Die Wegführung ergibt sich nach den Gewohnheiten. Vielleicht liegt der geplante Weg drei Meter neben dem zwischenzeitlich festgetretenen Trampelpfad, und vielleicht ist die geplante Ecke für die Terrasse überhaupt nicht der Platz, an dem man später, Tag für Tag, sitzen möchte. Vielleicht ist es dort zu zugig oder zu viel Sonne, oder vielleicht genügt der Dachüberstand nicht, sodass bei Regen genau diese Ecke der Terrasse immer nass wird. Den perfekten Weg oder die perfekte Sitzecke findet man vielleicht erst nach ein paar Monaten. Aber selbst wenn der Plan nicht optimal war, im eigenen Garten kann man das ja jederzeit umgestalten.

WEIL ES VIELES ZUM SELBSTBAUEN GIBT

Ist das Haus erst einmal gebaut, kann man sich gelassen zurücklehnen und entspannen. Weit gefehlt. Nachdem ein Bekannter aus seiner Wohnung aus- und in sein neues Haus eingezogen war, wurde die Garage kurzerhand in eine Werkstatt umfunktioniert. Im Leben des versierten Heimwerkers bietet das Haus nahezu unbegrenzten Spielraum, dem Trieb des Praktikus nachzugeben. Do-it-yourself ist das Zauberwort, das den unermüdlichen Hobbyhandwerker von einem in das nächste Projekt treibt. Zwei Dutzend Heimwerkermagazine und 10,2 Millionen Quadratmeter Verkaufsfläche in Baumärkten sorgen für nahezu unerschöpflichen Nachschub an Bau- und Bastelmaterial[57]. Angefangen vom Vogelhäuschen bis hin zur eigenen Feuerstelle im Garten, es wird alles gebaut, was gebaut werden kann. Hoch im Trend stehen allerlei Gartenobjekte und Einrichtungsgegenstände aus Europaletten. Egal ob es sich um einen Tisch, ein Regal, ein Hochbeet oder eine Gartenbank handelt, dem Palettenwahn sind keine Grenzen gesetzt. Da es hiervon beim Hausbau mehr als genügend gibt, ist das Basteln mit Paletten mit der beste Einstieg ins Heimwerkerdasein. Auch wir haben die Paletten recycelt und zu Holzunterständen und einem Kompost umgebaut.

Unser Bekannter hat in seiner Garage zwischenzeitlich das eine oder andere Projekt umgesetzt. Neben einem kleinen Segelboot, das auf dem benachbarten See seine Runden dreht, hatte er einen Schuhschrank geschreinert. Genervt ließ er verlauten: »Alles, was es zu kaufen gibt, hat nicht gepasst.« Zum Glück gab es das gesamte Material im Baumarkt, und dank des Hausbaus war das erforderliche Werkzeug auch schon zur Hand. Nach dem Hausbau gibt es also genügend Gelegenheiten, dem Kreativitätsdrang nachzugeben. Platz und Gelegenheiten gibt es mehr als genug.

Dabei kommt die Hobbybeschäftigung in Heim und Garten von knapp 23 Millionen Deutschen wohl recht gut bei Frauen an. Elf Millionen Frauen arbeiten mehrmals im Monat am eigenen Heim. Die Hälfte der deutschen Frauen findet das Hobby Heimwerken bei Männern angeblich attraktiv, verraten es den Männern anscheinend jedoch nicht. Allerdings scheint das Hobby nicht ganz ohne zu sein. Mehr als 800 Unfälle beim Heimwerken verzeichnet man hierzulande im Schnitt pro Tag. Immerhin, die Zahl entspricht zehn Prozent der täglich erfassten Verkehrsunfälle. Da hilft nur eine persönliche Schutzausrüstung. Die von Insidern PSA genannte Ausstattung hilft auch schon beim Hausbau. Schutzbrillen sind Gold wert. Arbeitsschuhe der Sicherheitsklasse S2 mit Stahlkappen und Stahleinlagen in der Sohle sind zwar schwer, aber auf jeden Fall besser als eine Zehe weniger. Da sollte man übrigens nicht sparen und zu Markenprodukten greifen. Mit Billigprodukten sind laut Hörensagen zahlreiche Unglücke geschehen. Handschuhe, Jacke, und so weiter, auf der Baustelle ist das cool, total trendy. Baustellenkleidung ist inzwischen gesellschaftstauglich. Die coole Arbeitsjacke einschlägiger Berufskleidungsproduzenten ist eine echte Alternative zu herkömmlichen Marken geworden. Obendrein sieht man aus wie ein Profi, selbst wenn man von der Materie keine Ahnung hat.

98. GRUND

WEIL MAN DANN DIE STRASSE MIT DEM EIGENEN BESEN FEGT

Hätte einmal jemand behauptet, Straße kehren würde Spaß machen, ich hätte behauptet, er lügt. In unserer Jugend haben mein Bruder und ich versucht, uns gegenseitig den schwarzen Peter zuzuschieben. Ein Eckhaus mit einem halben Dutzend Kugelrobinien, die den Weg säumen. Das gesamte Jahr über verlieren die Scheinakazien ihre kleinen, fingernagelgroßen Blätter. Ein bis zwei

Dutzend solcher Blätter wachsen dabei an einem zehn Zentimeter langen Stiel, fallen jedoch alle einzeln ab. Die kleinen Stiele machen das Fegen kaum möglich. Kreuz und quer stecken sie im Besen. Das Laub wird damit mehr auf der Straße verteilt als zusammengekehrt. Die Natur hat das erfunden, um uns zu ärgern. Verständlich, keine Aufgabe im Haus, um die sich Kinder streiten. Auch in anderen Mietwohnungen stellte sich die Kehrwoche nicht anders dar. Ausnahme war die Weltmetropole Frankfurt am Main. Im Stadtteil Sachsenhausen wurde einfach überhaupt nicht gekehrt, zumindest nicht in der Straße, in der unsere Wohnung war. Wer mit der Zeit geht, kann das Kehren outsourcen, an einen Reinigungsdienstleister übergeben oder einfach selbst erledigen. Und zwar mit dem eigenen Besen. Wir haben unseren zum Richtfest geschenkt bekommen und konnten ihn gleich einweihen. Unser Haus, gegenüber der Straße Felder, ein wunderschöner Ausblick ins goldgelbe Kornfeld im Spätsommer, ein Schlachtfeld ohnegleichen im Frühjahr und Herbst. Tagein, tagaus verteilen Traktoren das braune Sand-Lehm-Gemisch auf der Straße. Und doch, wir kehren die Straße Woche für Woche, mit dem eigenen Besen. Das mag nun auch an der Nähe zu Württemberg liegen, da die Kehrwoche, ursprünglich »Schwäbische Kehrwoch« genannt, dort im 15. Jahrhundert begründet wurde. Ungeachtet dessen, Straßen und Fußwege, vor Häusern in eigenem Besitz, weisen in aller Regel eine besondere Ordnung auf. Da gibt man sich Mühe, hegt und pflegt den Vorgarten und fegt eben auch den Bürgersteig. Das eigene Heim ist es einem wert, und daran dürfen sich auch andere erfreuen.

WEIL MAN EIN SCHILD »BIN IM GARTEN« BRAUCHT

Einer der Vorzüge bei Mehrfamilienhäusern, Mietwohnungen und Wohnblocks: Es ist immer jemand im Haus, der Post und Pakete entgegennimmt. Außerdem wird man es vermutlich nicht überhören, wenn der Paketbote klingelt, klopft oder die Eingangstür des Hauses voller ungebremster Wucht zuschlägt. Mit einem eigenen Haus und vielleicht einem Garten wird natürlich alles anders. Da kann der Postbote so lange klingeln, wie er möchte. Wenn man entspannt im Garten sitzt und die ersten Sonnenstrahlen am arbeitsfreien Samstag mit einem selbst angerichteten Latte macchiato genießt, überhört man das Leuten des Postboten leicht. Da ist niemand, der die Haustüre aufmacht und den Paketdienst davon abhält, unverrichteter Dinge wieder abzuziehen. Eine Variante, die diese oder ähnliche Situationen zu vermeiden hilft, ist ein Schild, auf dem in großen Lettern der Satz »Bin im Garten!« prangt. Unser Nachbar hat eines, und auch wir haben davon schon Gebrauch gemacht. Während mit Spaten und Rechen der Garten hergerichtet wird, kann dem hilflosen Handwerker oder Lieferdienst somit signalisiert werden, wo nach dem Bauherrn oder Hausbesitzer gesucht werden kann. Normalerweise wird der impliziten Anweisung auch gerne Folge geleistet. Nur manchmal gönnen wir uns den Spaß, verstecken uns auf dem Dachboden und beobachten durch das nur einen kleinen Spalt geöffnete Dachfenster die verwirrten Besucher, die durch den Garten waten, in die Gartenhütte schauen und mehr oder weniger verwirrt mit suchenden Blicken leicht verunsichert überlegen, ob sie noch warten oder sich heimlich aus der Affäre ziehen sollen. Wenn es nur um den Postboten oder Paketdienst geht, gibt es inzwischen alternative Lösungen. Paketboxen, überdimensionale Briefkästen, die, einmal verschlossen, nur noch durch den Hausbesitzer geöffnet werden können, sind eine Variante. Allerdings kann hier nicht nur der Lieferdienst die bestellte Ware abliefern, auch garstige Nachbarskinder können die hilflose Katze auf diesem Weg dem neuen Besitzer zustellen. Die »Leichtvariante« ist die Abstellerlaubnis, da wird das Paket einfach auf der Terrasse abgelegt, in einer Gartenlaube versteckt oder in die Regentonne gesteckt. Und gerade das ist der Vorteil am eigenen Haus. Den Ort sucht man sich selbst aus, muss ihn nicht teilen und ist in gewissen Rahmen sicher, dass das hinterlegte Paket nicht vor dem eigenen Eintreffen geplündert wird. Wer der ganzen Sache trotzdem nicht traut, kann ja immer noch das Schild »Bin im Garten« aufhängen und die Sendung persönlich in Empfang nehmen.

100. GRUND

WEIL DER KOMPOST NICHT STINKT

Gut und gerne 15.000.000 Tonnen Bioabfall sind 2013 in Deutschland angefallen[58]. Umgerechnet entspricht das 75.000 Blauwalen. In Walen gerechnet, entspricht dies der vier- bis achtfachen Walweltbevölkerung von geschätzten 10.000 bis 20.000 Exemplaren. Über vier Millionen Tonnen unseres Bioabfalls sind auf Inhalte von Biotonnen zurückzuführen. Die gleiche Menge wird in Form von Grünzeug in Gärten und Parks produziert und ebenfalls als Bioabfall entsorgt. Angesichts dieser Unmengen scheint ein eigener Kompost ein Tropfen auf den heißen Stein zu sein. »Das ändert eh nichts!« oder »Was soll das schon bringen?« sind typische Aussagen, wenn es um den eigenen Kompost geht. Natürlich wird auch der Geruch stets als Gegenargument aufgeführt, den das verrottende Biomaterial angeblich ausströmt. Verständlicherweise will sich niemand einen Komposthaufen oder, wir es in der Fachsprache heißt, eine Miete auf dem eigenen Balkon anlegen. Das macht auch wenig Sinn, auch wenn es diverse Kompostbehälter im Handel gibt, die

auch auf dem Balkon die Kompostierung von Biomasse zulassen. Klassischerweise müssen dazu eine oder besser noch zwei Mieten her. Diese wird abwechselnd mit strukturarmen und strukturreichen Bioabfällen aufgebaut. Mal Laub, mal Küchenabfälle. Ähnlich einem Schichtsalat, wechseln sich auf diese Art mehr oder weniger appetitliche Sorten von Grünzeug ab. Nicht zu sonnig, nicht zu schattig, vorzugsweise auf einer Drainage aus Rindenmulch oder Reisig aufgebaut, sollte binnen sechs Monaten der Abfall zu einem wertvollen Dünger für den eigenen Gartenboden verkommen sein. Wer sich an die wichtigsten Grundregeln beim Kompostieren hält, sollte auch von unangenehmen Geruchsbelästigungen verschont bleiben. Verrotten bedeutet nämlich nicht vor sich hin faulen, und wenn der Kompost erst einmal zu stinken beginnt, kann man sicher sein, etwas falsch gemacht zu haben. Da hilft manchmal schon die richtige Bewässerung oder ein Standortwechsel. Auch hilft es, die Zusammensetzung des Komposts zu prüfen, denn ungespritzte Zitrusfrüchte und Kaffeesatz gehören nur bedingt auf die Miete, und gekochtes Essen ist sowieso ein Tabu.

Für die Miete im eigenen Garten muss es kein teurer Designerkompost aus Beton und hochwertigem Regenwaldholz sein. Während des Hausbaus fallen mehr als genügend Paletten an. Vier gleich große Paletten, als Viereck angeordnet, verschraubt oder genagelt, erfüllen diesen Zweck. In der Zeit, in der Schlammgarten und Matschwege vor dem neuen Haus dominieren, ist ein Palettenkompost absolut ausreichend. Die vorderste Palette wird in der Höhe noch halbiert, so sieht das Ganze gleich viel professioneller aus. Richtung Boden darf jedoch keine Palette verwendet werden. Die Kompostwürmer, so sehr sie sich auch bemühen, hätten dadurch ungeahnte Schwierigkeiten, das für sie so leckere Grünzeug zu erreichen. Neben dem Effekt, dass der Restmüll sich merklich verringert, verfügt man für die anstehende Gartensaison über einen exzellenten und vor allem kostengünstigen Biodünger für den eigenen Garten.

WEIL MAN AUCH DEN GARTEN PLANEN KANN

Bereits mit dem Bauantrag wird ein Plan für die Außenanlagen eingereicht. Dinge wie die überbaute Fläche und der Grad der Versiegelung sind dabei anzugeben. Vorrangig ist dies für die Gemeinde wichtig, denn danach werden die örtlichen Abwassergebühren berechnet. Während Haus und Garage als vollversiegelt gelten, sind gepflasterte Wege, je nach Art und Weise der verwendeten Pflastersteine, anteilig berechnet. Begrünte Dächer auf einer Garage werden vielerorts mit 90 Prozent angerechnet. Eine Wissenschaft für sich, deren Studie man sich glücklicherweise nur ein einziges Mal zu Beginn des Hausbaus widmen muss. Ist erst einmal bekannt, wo Dächer, Wege, Carports und Garagen stehen, kann man sich endlich den schönen Dingen im Garten widmen. Wohin kommen die Bäume, die Sträucher, Blumen, welche Pflanzen, vielleicht ein Teich? Wer ein Haus baut, wird zum Gartenplaner. Das wiederum freut die örtlichen Gartencenter, die es in Form von überdimensionalen Einzelhandelsketten in jeder Stadt gibt. Eine Industrie für sich. Mit 3.300 Filialen werden dem Gartenplaner auf über fünf Millionen Quadratmetern so allerlei Dinge angeboten, die man für den Garten benötigt. 6,3 Milliarden gaben die Deutschen 2010 für Gartengeräte und andere leblose Dinge aus, 2012 waren es bereits 8.2 Milliarden. In den Garten wird also so einiges investiert[59].

Vor, während und nach dem Hausbau haben wir unseren eigenen Garten bereits 22 Mal geplant, überarbeitet, verworfen und neu geplant. Plan und Realität, beide können sich nicht immer leiden. Während unser Garten- und Landschaftsbauer bei uns arbeitete, berichtete er von einer anderen Baustelle samt gefrusteten Bauherren. Als er für die Gartengestaltung bei besagtem Bauherren eintraf, hatte dieser in akribischer Detailarbeit seine Außenanlage geplant. Feinsäuberlich, maßstabsgetreu auf Millimeterpapier. Der

Landschafsbauer Bauer sagte nichts, schüttelte nur den Kopf. 40 Jahre Berufserfahrung haben ihn eines Besseren belehrt. »Das wird so nichts. Das sieht nachher ganz anders aus als auf deinem Zettel«, versuchte er einzulenken. Egal wie viel geplant wurde, die Optik, der Linienverlauf, der Untergrund, so viele Faktoren, die die Planung zunichte machen sollten. Nach wenigen Stunden landete der mühevoll gezeichnete Ausdruck zerknüllt in der Ecke. »Du hast recht«, gestand der eines Besseren belehrte Bauherr ein und begann, an seiner Gartengestaltung aktiv zu arbeiten. Auch bei uns war so einiges im Garten nicht geplant. Die Änderungen gehören zu den vielen Überraschungen beim Hausbau und sind schließlich die Ursache für die 23. Planung unseres Gartens.

102. GRUND

WEIL MAN EINE EIGENE TERRASSE HAT

Meine Ehefrau wohnte vor einigen Jahren in der Mannheimer Innenstadt. Einmal in einer Wohnung mit Balkon und wunderschönem Ausblick auf einen typischen Mannheimer Hinterhof, in einer anderen Wohnung einmal ganz ohne Balkon. Es gibt viele Wohnungen ohne Balkon und Terrasse. Und viele Menschen wollen wohl auch keinen Balkon oder eine Terrasse, denn sonst würden sie die Wohnungen ohne diese vermutlich nicht nehmen. Vielleicht finden sie aber auch keine Wohnungen mit Terrasse oder Balkon, weil es nicht genügend davon gibt. Das bleibt wohl auf ewig ein Geheimnis. Betrachtet man jedoch die unzähligen Fotos und Aufnahmen, die Bauherren, oder solche die es einmal waren, im Internet auf Facebook, Instagram und anderen Plattformen veröffentlichen, erkennt man schnell, über keinen Fortschritt des Hausbaus wird so detailliert berichtet wie über das Voranschreiten der Terrassenfertigstellung. Auskoffern, Einbringen des Schotters

als Tragschicht, das Verdichten mit der Rüttelplatte und das Auf-
bringen einer Schicht aus Splitt, in die die Steine gebettet werden.
Stolz wird präsentiert, wie nach einem Wochenende harter Arbeit
endlich die lang ersehnte Terrasse fertig ist. Dazu gehören meist
auch die Garageneinfahrt und der Weg zum Haus. Aber von wah-
rem Interesse ist letztendlich immer nur die Terrasse. Denn das
nächste Bild, das zu sehen ist, ist die wohlverdiente Ruhepause auf
der eigenen Terrasse mit ausgestreckten Füßen und einem kühlen
Getränk seiner Wahl in der Hand. Im halbjährlichen Rhythmus
gibt es dann wieder und wieder Fotos von der Terrasse. Das erste
Mal Steak auf dem Grill, der erste Schnee, wie das erste Mal der
Schnee schmilzt, wie der Sohnemann das erste Mal auf der Terrasse spielt. All die Ereignisse auf der Terrasse werden gerne geteilt.
Und natürlich auch die Aussicht auf den eigenen Garten. Ein Indiz,
dass an einer Terrasse etwas ganz Besonderes ist. Die ebenerdigen
Übergänge vom Wohnhaus in den Garten gab es bereits im alten
Rom. Das hat sich bis in die heutige Zeit gehalten. Es scheint, als
sei es etwas Gutes, sonst hätte sich das Konzept wohl nicht so lange
gehalten. Obendrein kann und wird die Terrasse oft in Eigenarbeit
gepflastert. Vielleicht liegt es aber auch daran, dass die Terrasse
als Abschluss vom Haus oftmals ganz am Ende fertiggestellt wird.
Darauf freut man sich die längste Zeit. Bei all der Freude sind die
Stunden voller Mühen, um die Terrasse anzulegen, schnell vergessen. Auch mit Freunden kann man auf der eigenen Terrasse
ganz gut feiern. Nicht nur, weil das Grillen im Wohnzimmer keine
besonders gute Idee ist, sondern weil draußen feiern einfach viel
mehr Spaß macht. Die Terrasse lässt sich schneller sauber machen
als die Wohnung, und wer die Gäste direkt durch den Garten auf
die Terrasse lotst, muss noch nicht einmal die Wohnung aufräumen. Wer am Ende mit dem Gedanken spielt, sein Haus in Zukunft
zu vermieten, der darf sogar die Hälfte der Terrassenfläche in die
Berechnung der Wohnfläche mit aufnehmen. Ein Grund mehr,
eine eigene Terrasse zu besitzen.

WEIL MAN EINEN BAUM PFLANZEN KANN

Bäume sind spitze. Bäume produzieren Sauerstoff. Dank Bäumen ersticken wir nicht. Ein alter, gesunder Baum produziert pro Stunde zwei Kilogramm Sauerstoff. Ein Mensch benötigt pro Tag zwei Kilogramm Sauerstoff. Die gleiche Menge an Sauerstoff wird beim Verbrennen eines Liters Benzin benötigt. Pro Baum im Garten kann man also einen ganzen Tag lang atmen und zusätzlich ein paar Kilometer mit dem Auto fahren. Bäume kann man, sind sie erst einmal alt genug, auch fällen, trocknen und im eigenen Kamin zum Heizen nutzen. Holz macht warm und knistert wunderbar, nicht nur an kalten, verschneiten Wintertagen. Allerdings produziert der Baum dann keinen Sauerstoff mehr. Zum Glück gibt es aber noch so viele Bäume, dass wir nicht zwischen Ersticken und Erfrieren entscheiden müssen. Auch beim Hausbau wird einiges an Holz benötigt. Fast alle Häuser werden mit einem Dachstuhl aus Holz gebaut, und Häuser in Holzständerbauweise benötigen, wie es der Name bereits erahnen lässt, im Gegensatz zu den gemauerten Häusern einiges mehr an Holz. Mit einem oder zwei Bäumen im Garten kann man hier der Natur einiges zurückerstatten, auch wenn die Bäume im Garten nicht für das nächste Haus geeignet sind. Wer ein Haus baut, kann einen Baum pflanzen, und sei es nur für das eigene Gewissen. Vermutlich wird diese Entscheidung von höherer Instanz abgenommen. In vielen Gemeinden ist ein Bepflanzungsgebot im Bebauungsplan verankert. Als Beispiel: pro begonnenen 300 Quadratmetern Grundstücksfläche ein Baum. Wer hier ein Grundstück mit 601 Quadratmetern bebaut, muss demnach auch drei Bäume pflanzen.

Ob man nun möchte oder muss, die Sache mit dem Baumpflanzen ist nicht so dramatisch, wie man denken möchte. Trotzdem, für großstadtgeplagte Gemüter kann ein solch intensives Naturerlebnis durchaus ein einschneidendes Erlebnis sein. Wer in der Stadt oder im urbanen Umfeld baut, kommt mit etwas Glück um ein solches Bepflanzungsgebot herum. Bauplatz ist rar, und für Garten und Bäume ist daher nicht in jeder Stadt Platz. Dabei verleiht ein ein Baum einem Haus erst eine Seele. Er macht das Haus unverwechselbar, er verleiht ihm seinen ganz eigenen Charakter. Ein Haus mit einem großen, alten Walnussbaum in der Einfahrt. Ein anderes mit einem alten, dickstämmigen Kirschbaum im Garten. Bäume stellen eine gewisse Verbindung zum Haus her und verleihen ihm Ausstrahlung.

Alles was benötigt wird, um dem Haus diese Ausstrahlung zu verleihen, sind ein Baum, ein Spaten, Rindenmulch, drei angespitzte Holzpfähle mit einer Länge von 2,50 Metern, Latten und ein Kokosseil. Nachdem das Pflanzloch in doppelter Größe des Wurzelballens ausgehoben wurde, kann der Baum eingesetzt werden. Danach das Pflanzloch mit Erde auffüllen und durch leichtes Antreten verdichten. Die Pfähle werden im Abstand von 30 Zentimetern um den Stamm gesetzt, und der Stamm wird mit dem Kokosseil fixiert. Die Latten wiederum dienen als Querstreben für die Pfähle. So steht der Baum sturmsicher, bis der er standfest angewachsen ist. Mit Rindenmulch wird ein Ring um den Stamm geformt. Das verhindert das Austrocknen der Erde und dient gleichzeitig als Gießrand. Das dauert alles nur 15 bis 30 Minuten. Je nachdem, wie geschickt oder ungeschickt der Bauherr mit Werkzeug umgehen kann, kann es durchaus länger dauern. Zeitdruck besteht jedoch nicht. Bis der Baum die stattliche Größe erreicht, um dem Haus den gewünschten Charakter zu verleihen, können durchaus mehrere Jahre oder gar Jahrzehnte ins Land ziehen. Geduld ist also angesagt. Ungeduldige können natürlich auch große Bäume pflanzen, hier helfen Gärtnereibetriebe mit Baumschulen, denn mit einem Spaten und reiner Muskelkraft ist es hier meist nicht getan. Egal für welche Variante man sich letztendlich entscheidet, der Baum macht das Haus einmalig, und das Gefühl, einen Baum neben dem eigenen Haus gepflanzt zu haben, ist etwas ganz Besonderes.

WEIL GRILLEN IM GARTEN MEHR SPASS MACHT ALS AUF DEM BALKON

Angrillen, Abgrillen, das ganze Jahr durchgrillen. Wintergrillen, oder sogar Eisgrillen, das ist der letzte Schrei. Mit ordentlich Glut auf dem Grill, gutem Fleisch und heißen Getränken lässt es sich auch eisigem Wetter und Schnee trotzen. Es gibt sogar Kochkurse, die sich einzig und alleine dem Eisgrillen widmen. 62 Kilogramm Fleisch haut jeder Deutsche pro Jahr in die Pfanne. So einiges davon landet mit Sicherheit auf dem Grill, egal ob im Sommer oder Winter. Grillen kann man natürlich auch auf dem Balkon. Im eigenen Garten macht es aber viel mehr Spaß. Während sich im Mietshaus die anderen Parteien belästigt fühlen, sei es durch das lecker duftende Grillgut, den Rauch oder die ausgelassene Runde, kann auch der Vermieter das Grillen unterbinden. Das muss nicht so sein, wir selbst waren bereits bei Balkongrillfesten zu Gast, die einen beinahe legendären Ruf hatten. Je nach Größe des Freundeskreises kann es dabei jedoch recht eng zugehen. Schichtwechsel auf dem Balkon gehören dann meist zum Tagesprogramm. Die Kinder bleiben dann in der Wohnung. Es gibt ja bereits für die Erwachsenen kaum Platz. Ein Haus wäre jetzt nicht schlecht. Dabei spielt nicht nur der Platz eine entscheidende Rolle. Im eigenen Garten, im eigenen Haus, da feiert es sich ausgelassener. Rein aus logistischer Sicht betrachtet, macht eine Feier im eigenen Garten wesentlich mehr Spaß als auf dem Balkon. Im Garten kann wesentlich mehr aufgetischt werden. Die Versorgungskette ist einfacher. Vom Auto direkt in den Garten. Von der Küche direkt raus auf die Terrasse. Es lassen sich verschiedenste Versorgungsstationen einrichten, sodass es niemandem an etwas mangelt. Getränke, Salate, und dann der Grill. Letzteren kann man nun auch recht weit vom eigenen Haus aufstellen, sodass auch die Türen geöffnet bleiben können – ein ungelöstes Problem beim

Balkongrillen. Die Gäste können sich im Garten verteilen, und auch die Kinder können nun im Garten spielen. Zu späterer Stunde ist es möglich, sich in geselliger Runde auf der Terrasse einzufinden. Und wenn sich die Nachbarn doch noch beschweren, lädt man sie einfach ein. Platz ist ja genug. Mit einem Großteil der Feier im Garten fällt am nächsten Morgen auch das Aufräumen viel leichter. Haus- und Gartenbesitzer können auch spontan der Grill anwerfen. Freunde sind nicht immer notwendig, der Grill muss nicht erst aus dem Keller oder vom Dachboden geholt werden. Auch nach Feierabend kann so kurzerhand am eigenen Grillplatz gegrillt werden. So lässt sich schönes Wetter optimal nutzen. Mit Haus und Garten bleibt man dann auch gerne abends länger draußen sitzen. Bequemer, und vor allem schöner, könnte man es kaum haben.

105. GRUND

WEIL DAS ERSTE GRAS BESONDERS GRÜN IST

Steht das Haus erst einmal, gilt es, die mit Kratern übersäte und einer Mondlandschaft gleichende Baugrube in einen ansehnlichen Garten oder Vorgarten zu verwandeln. Ob nun mit purer Muskelkraft oder durch den Einsatz von Maschinen, hier muss die Bauherrschaft noch einmal kräftig in die Hände spucken. Erdreich muss abgetragen und Mutterboden angefahren werden. Pflaster werden verlegt, Garageneinfahrten gepflastert und Carports errichtet. Zur Freude der Passanten wird oftmals ein schicker Vorgarten angelegt. Eine Art Visitenkarte für das neue Haus. Minimalistische Steingärten oder eine farbenfrohe Blumenpracht. Je nach Geschmack findet man hier alles. So manch ein Vorgarten wird mit einem kleinen Teich oder einem Wasserlauf gespickt. All das ist mit einem eigenen Haus möglich. Der wahre Stolz eines jeden Hausbesitzers ist jedoch ohne Frage der erste Rasen. Auf einen Rasen freuen sich wohl die meisten angehenden Hausbesitzer. Vielen kann es dabei gar nicht schnell genug gehen, die kleinen Grassamen um das Haus zu streuen. Vom ersten Rasen wird stolz berichtet. Man wird nicht müde, von den Mühen und der Liebe zu berichten, die in das angehende Grün investiert wurden. Der Rasen ist auch meist das Stückchen Garten, das der Mann, sich selbst über den grünen Klee lobend, plakativ präsentiert. Als hätte er jeden Grashalm einzeln, mit eigenen Händen gezogen. Auch unser Garten- und Landschaftsbauer hat uns die tadellose Rasenfläche auf einem Nachbargrundstück präsentiert, die er trotz schlechtester Bodenbedingungen geschaffen hat. »Das haben wir doch super hinbekommen!«, präsentierte er sein Kunstwerk. Die Symbolik eines Rasens um das eigene Haus sollte nicht unterschätzt werden. Signalisiert er doch, dass der Hausbau endlich abgeschlossen ist. Die letzten Spuren aus Matsch und Sand, Steinen und Bauschutt sind endlich verschwunden. Pragmatisch betrachtet, bedeutet der Rasen, endlich keine matschigen Schuhe mehr! Den eigenen Rasen zu säen ist nicht schwer, bedarf jedoch ein wenig Vorbereitung. Da muss der Boden umgegraben, Steine und Wurzelreste müssen aufgesammelt werden. Lehmiger Boden sollte mit Sand aufgelockert werden, damit sich keine Pfützen bilden. Pfützen im Rasen bedeuten Moos. Moos möchte niemand im Rasen. Vor der Aussaat gilt es, den Boden zu zu kalken. Aber nicht zu viel, denn basischer Boden fördert das Wachstum von Klee. Und Klee möchte man, ebenso wenig wie Moos, auch nicht im Rasen[60]. Doch nicht so einfach, wie man denkt. Auch die Auswahl des Rasens sollte man bedenken, da gibt es Zierrasen, Sport- und Spielrasen oder Schattenrasen. Damit es eine schöne, gerade Fläche gibt, wird der Boden außerdem gewalzt. Die Walze wird geschoben, nicht gezogen, damit es ordentlich Druck gibt. Wer keine Rasenwalze zur Hand hat, kann auch eine Palette, von denen es beim Hausbau bekanntlich mehr als genug gibt, beschweren und hinter sich über die zukünftige Rasenfläche ziehen. Das Ergebnis ist das gleiche. Nach der Aussaat benötigt man nur noch eine ordentliche Portion Geduld. Das Haus steht, und der Rasen ist eine der letzten größeren Aufgaben, die im Garten anstehen. Warten ist dann das Einzige, was es noch zu bewerkstelligen gilt. Nach ein bis zwei Wochen sollten dann die ersten Halme sprießen. Ein jeder, der bereits einmal einen eigenen Rasen angelegt hat, wird sich an diesen Moment erinnern, wenn die ersten Grashalme durch die braune Erde brechen. Die ersten sind besonders grün, da sie das Ende dieser Hausbauphase einläuten.

KAPITEL 7

NACH DEM HAUSBAU

DAS ERSTE HAUS BAUST DU FÜR DEINEN FEIND, DAS ZWEITE FÜR DEINEN FREUND UND DAS DRITTE FÜR DICH SELBST.

WEIL EINEN DANN NICHTS MEHR SCHOCKT

Anfangs verursachte jeder einzelne Brief Herzklopfen, und jeder Anruf wurde nervös entgegengenommen. Als Ersttäter in Sachen Hausbau weiß man nicht wirklich, was da alles auf einen zukommt. Auch die Besuche von Musterhäusern, beim Architekten, auf dem Amt oder die Termine auf der Baustelle können dem angehenden Hauseigentümer den Angstschweiß auf die Stirn treiben. Verständlich, denn in den meisten Fällen geht es um Entscheidungen, die unter Umständen lebenslange Auswirkungen haben oder gar eine direkte Verbindung in das Portemonnaie der Bauherren aufweisen. Der nervenaufreibende Job des Bauherrn hat aber auch etwas Gutes. Er härtet ab. Am besten kann man das von den guten Bauleitern und von den Handwerkern lernen. Letztere fluchen durchaus unter Verwendung anschaulicher Darstellungen, wenn etwas schiefgeht, schaffen es aber, alles zu reparieren. Bauleiter wiederum schaffen es, mit einer unendlichen Gelassenheit den Ungeschicken auf dem Bau erfolgreich entgegenzuwirken. Es wird normalerweise alles geregelt.

Warum sollte sich also der Bauherr selbst an den Rand des Nervenzusammenbruchs manövrieren, wenn es doch sonst jeder mit nahezu stoischer Gelassenheit nimmt? Nicht nur uns, auch Bekannte, die sich in die Abenteuer des Hausbaus stürzten, berichteten von ähnlichen Situationen. Da wächst einem alles über den Kopf, man sieht sprichwörtlich, wie das Geld im Erdboden versenkt wird, und es passt mal wieder kein Stein auf den anderen. Bei dem einen sind die Fenster zu klein, bei dem anderen ist ein Loch im Dach. So war es bei uns. Da hat kurz nach der Richtung ein heftiger Sturm die Abdeckung des noch nicht gedeckten Daches zerfetzt. Ein 50 Quadratmeter großes Segel aus Gewebeplane zerrte zwei Tage und Nächte am Haus, rüttelte am Dachstuhl und hielt mit ohrenbetäubendem Getöse die Nachbarschaft wach. Wochenende eben, keine Handwerker weit und breit. Das Ergebnis war ernüchternd: mehrere Zentimeter Wasser im nagelneuen Haus. Und das obwohl wir keinen Swimmingpool bestellt hatten. Die positive Seite war: Die Abdichtung der Bodenplatte war einwandfrei. Das Wasser blieb stehen. Da war kein einziges Loch im Bitumenanstrich. Immer das Positive daran sehen, das haben wir von unserem Bauleiter gelernt.

Bei nahezu orkanartigen Windböen kletterten zwei Tage später die Zimmerleute auf das Dach und dichteten es wieder ab. Das Wasser wurde aus dem Haus gekehrt, und die Arbeit ging weiter. »Da machste dir mal kene Sorgen!«, sagte uns der Polier. »Da ham wa schon bei schlechterem Wetter gerichtet. Wir mussten nur einmal aufhören, weil's dermaßen geschifft hatte. Dann ham wa einfach ne Plane über die Decke jezogen und einfach aufjehört.« Auch der Bauleiter kommentierte mit einem schlichten »Das trocknet wieder«. Manche Firmen haben für solche Fälle eigene Bautrupps, die Sturmschäden beheben, manchmal sogar, ohne dass es der Bauherr mitbekommt.

Das weiß man alles anfangs noch nicht. Also darf man sich dabei auch aufregen und sich Sorgen machen. Aber man wird gelassener, versprochen. Als die Heizungsmonteure den Heizungskessel falsch platzierten, haben wir ihn abends einfach an den richtigen Platz geschoben. Ohne große Aufregung und Aufsehen. Die Rohre wurden trotzdem am folgenden Tag verschweißt. Auch das Dachfenster konnte ursprünglich nicht an der vorgesehenen Position platziert werden. Hier war wider Erwarten plötzlich ein Dachbalken im Weg. Nach einem klärenden Anruf beim Statiker wurde der Balken kurzerhand durchgesägt. War laut Statik nicht nötig. Da war er trotzdem, zumindest bis die Kettensäge kam. Am Ende sitzt das Dachfenster genau am richtigen Platz. Inzwischen ist auch eines unserer Leerrohre zur Garage defekt. Vermutlich beim Verdichten zerbrochen. Beim Kabeleinziehen traten plötzlich Wasser und Sand ans Tageslicht. Über Öl hätten wir uns mehr gefreut. Dafür hätten wir jedoch tiefer graben müssen. Jetzt wird das Rohr einfach wieder ausgegraben, durch ein neues ersetzt, und fertig. Ganz ohne Aufregung, leider auch ohne Öl gefunden zu haben.

Je weiter es sich dem Bauende nähert, desto gelassener nimmt man Unvorhergesehenes. Das wollten wir nicht glauben, ist aber tatsächlich so. Ein Arbeitskollege, gestandener und gebrandmarkter ehemaliger Bauherr, gab uns immer wieder den Tipp: »Reg dich nicht auf. Nachher merkst du das gar nicht mehr.« Wie recht er hatte. Wir geben den Ratschlag nun an unsere Freunde weiter. Heute schockiert uns kaum mehr etwas, und wir schauen allem viel gelassener entgegen.

107. GRUND

WEIL MAN IMMER DREIMAL BAUT

»Das erste Haus baust du für deinen Feind, das zweite für deinen Freund und das dritte für dich selbst«, sagte einst der wohlbekannte chinesische Philosoph Konfuzius. Allerdings kannte Kong Qiu, wie der historische Denker mit bürgerlichem Namen hieß, nicht die heutigen Vorschriften und Auflagen, sobald es um einen Hausbau geht. »Ein zweites Mal tu ich mir das nicht an«, sagte eine Bekannte, die froh war, endlich all den Stress hinter sich zu haben. Ein Arbeitskollege möchte sogar den ersten Bauversuch vorzeitig aufgeben. Seit einem Jahr laufen bereits die Vorbereitungen. Das Grundstück, zum Glück aus Familienbestand, wurde eingemessen und alle nötigen Gänge zu den Ämtern erledigt. Während die Mühlen der Verwaltung langsam mahlen und Umschreibungen und die Eintragungen im Grundbuchamt auf sich warten lassen, wurden zahlreiche Angebote von Bauträgern eingeholt, eigene Ideen für das Grundstück entworfen und letztendlich auch der Entschluss gefasst, mit welchem Anbieter gebaut werden soll. Fast 10.000 Euro wurden bereits in die notwendigen Arbeiten investiert. Einmessungen,

Gebühren, Architektenleistungen, Bodengutachten. Letzteres hat dem Bauvorhaben den Beinahetodesstoß versetzt. Mehr als einen halben Meter Bodentausch, und eine Pfahlgründung auf vier Metern Tiefe. Damit hatte die junge Familie natürlich nicht gerechnet. Natürlich sind diese Maßnahmen wichtig; während Setzrisse das kleinere Problem wären, könnte das Gebäude ohne eine ordentliche Gründung einsturzgefährdet sein. »Zurück auf Start. Gehen Sie nicht über Los …«, heißt es nun für die beiden. Entweder von vorne beginnen und ein anderes Grundstück suchen, in den sauren Apfel beißen und eine Unsumme an Geld, im wahrsten Sinne des Wortes, im Boden vergraben, oder die Segel streichen. Von drei Mal bauen, kann hier nicht die Rede sein.

Wenn es dann doch endlich geklappt hat und man sich pudelwohl im eigenen Heim fühlt, kann es trotzdem passieren, auf den Ratschlag von Herrn Kong Qiu zurückzugreifen zu müssen. Genau das ist einem Paar nahe der französischen Grenze passiert[61]. Das erste Haus war schlicht zu klein. Nicht zu klein geplant, aber im Laufe der Zeit geschrumpft. Der Nachwuchs hat dafür gesorgt, dass sich Plan und Realität nach einiger Zeit nicht mehr vereinbaren wollten. Das zweite Haus war dann zu groß. Beinahe zu Tode geputzt hätte man sich, und die Heiz- und Nebenkosten für das große Haus haben die junge Familie finanziell beinahe ruiniert. Beim dritten Mal hat alles gepasst. Nicht zu klein und nicht zu groß. Endlich angekommen.

Die Umstände können sich ändern. Häuser nicht. Immobilie, das steckt im Namen. Das Ding bewegt sich nicht. Wer mehrmals baut, muss aber nichts falsch gemacht haben. Er kann es beim zweiten oder gar dritten Mal einfach besser machen. Oder er hat einfach Spaß am Bauen. Auch diese Art von Verrückten soll es geben. Vielleicht möchte man im Alter ein kleineres Haus, keine Treppe mehr, nicht mehr so viel putzen, einen kleinen Bungalow. Gründe kann es viele geben. Irrationale oder pragmatische. Wer einmal gebaut hat, der kann das wieder tun. Fehler, die man einmal gemacht hat, macht man nicht wieder. Jetzt kennt man ja all die Tricks und Kniffe, die einem vorher niemand verraten hat, man weiß nun, auf was man achten muss und was einem wichtig ist.

WEIL ES DIE PERFEKTE GELEGENHEIT ZUM AUSMISTEN IST

Der Umzug ins neue Haus ist eine perfekte Gelegenheit, um unnötigen Ballast loszuwerden. Gemeint sind dabei vorwiegend materielle Verpflichtungen. Bereits der schwedische Schriftsteller August Strindberg erkannte: »Nichts bindet den Geist so stark wie Besitz.« Also bietet sich mit dem Hausbau die einmalige Gelegenheit, auf- oder, besser gesagt, auszuräumen. Mit Ungeliebtem, nicht mehr Benötigtem, Überflüssigem oder einfach Unnötigem. Anders als beim Umzug von der einen in die nächste Wohnung, den man in aller Regel binnen weniger Tage hinter sich bringt, kann sich der Aus-, Um-, und Einzug ins eigene Haus längerfristig gestalten. Zum einen besteht immer das Risiko, dass der anvisierte Einzugstermin nicht gehalten werden kann. Bauverzug kann dabei viele Gründe haben. Schlechtes Wetter, Nichtverfügbarkeit der Arbeiterkolonnen, Probleme mit dem Material, falsch geliefertes Material, zu wenig geliefertes Material, Bauteile zu groß, zu klein, noch schlechteres Wetter. Die Liste lässt sich beliebig lange fortsetzen. Ein Puffer von zwei Monaten kann ohne schlechtes Gewissen eingeplant werden. Wird der Termin gehalten, hat man außer ein, zwei zusätzlichen Mieten nichts verloren. Wird der Termin überschritten, dann kann man den Tatsachen gelassen entgegenblicken. Mit einem Pokerface der Extraklasse sitzt man dann dem Verzug gegenüber, muss nicht sein eigenes Blatt zeigen und kann der Dinge, die da kommen, noch ein, zwei Monate harren.

So kann es also kommen, dass die Kartons vorab zwei Monate gepackt bereitstehen. Wer bereits beim Einpacken darauf geachtet hat, alles Unnötige auszusortieren, hat natürlich auch weniger im Weg herumstehen. Für alles, dessen man sich nicht sicher ist, ob man es denn im neuen Haus haben möchte oder nicht, lautet der Tipp, einfach nichts auf den Karton schreiben. Wer nach zwei Monaten noch weiß, was sich in den einzelnen Kartons befindet, hat es redlich verdient, diese mit in das neue Heim zu nehmen. Vermutlich stehen aber selbst dort die Kartons nochmals Wochen oder Monate, bis sie letztendlich ausgepackt werden. Bei uns waren es sechs Monate – und dabei liegen wir im Bekanntenkreis noch bei den Schnellauspackern und Turboeinräumern. Vereinzelt wurde von Einlagerungen in Keller und Dachboden von bis zu zwei Jahren berichtet, bis der letzte Kartons letztendlich ausgepackt war. Falls es sich in diesem Fall um beschriftete Kartons handelt, ist dies quasi der Jackpot des Ausmistens, der ultimative Befreiungsschlag aller im Besitztum Gefangenen. Den gesamten Karton einfach ungeöffnet entsorgen. Wer so lange Zeit ohne dessen Inhalt ausgekommen ist, wird auch die restlichen 30 Jahre ohne ihn überleben können. Natürlich muss das Ganze nicht zwingend auf dem Müll landen. Es gibt zahlreiche Wege, prall gefüllte Kartons in Bares zu verwandeln. Auf dem Flohmarkt und im Internet lässt sich solch ein Fund als überdimensionales Überraschungsei für Erwachsene anpreisen. Mit etwas Glück lässt sich damit ein kleines Vermögen für die Haushaltskasse erwirtschaften. Alles auf Basis von Dingen, von denen man sowieso nicht mehr weiß, dass man in ihrem Besitz war.

Die Abgebrühtesten unter den Hausbauern trennen sich nahezu von allem. Insbesondere von alten Möbeln und der alten Einbauküche kann man sich ohne schlechtes Gewissen verabschieden, sofern für den Neubau eine neue Einrichtung geplant ist. Oftmals verwirklicht man mit einem Hausbau seinen eigenen Stil, und da passt vieles aus dem Leben vorher nicht mehr. Die angehäuften Habseligkeiten, die Überbleibsel aus Jugendzimmern, Studentenbuden und der ersten Wohnungszusammenführung mit dem Partner. Wer es schlau anstellt, zieht nur mit dem Nötigsten um, wird so viel wie möglich vorab entsorgen oder einfach zurücklassen. Auch wenn man es nicht wahrhaben möchte – erst einmal im eigenen Haus angekommen, wird man sich zwangsläufig von vielem trennen, ob geplant oder nicht. Eine bessere Gelegenheit zum Ausmisten wird sich vermutlich niemals wieder ergeben.

WEIL FERIENHÄUSER AUCH IHREN CHARME HABEN

Jedes zweite Jahr versuchen wir, einen schönen Urlaub zu verbringen. Entweder in Skandinavien oder einfach nur in Deutschland. Letzteres ist nicht die schlechteste Ecke auf der Welt, und man spricht überall unsere Sprache. Im Urlaub ein wahrer Segen. Inzwischen fahren wir in den Norden, an die See. Wir stammen aus Süddeutschland. Hügel haben wir hier ja zur Genüge. An der Küste haben wir ein idyllisches Fischerdorf entdeckt, in dem es zahlreiche Ferienwohnungen und Ferienhäuser zu mieten gibt. Mehr durch Zufall hatten wir bei unserem ersten Besuch ein wirklich schönes Häuschen mit Garten erwischt. Damals wohnten wir noch zur Miete in einem Mehrfamilienhaus. Das wirklich Besondere an diesem Urlaub war nicht die Lage, das Wetter, die salzige Brise auf den Lippen oder die Umgebung mit ihrem ursprünglichen Charme. Das erste Mal waren wir gemeinsam mit unserem Hund in einem kleinen Häuschen. Für jemanden, der diese Art zu wohnen nicht kennt, ist es eine neue Art der Erholung. Ein kleines Stückchen Abgeschiedenheit, selbst wenn das Haus mitten in der Ortschaft liegt. Bäume und Hecken rund um den Garten. Vor dem Haus ein kleiner Wandbrunnen und eine Holzbank, auf der man sich nach einem langen Spaziergang ausruhen kann. Dabei sind wir noch gar nicht so alt. Wir freuen uns trotzdem über die Pause. Hinter dem Haus gibt es Liegestühle im Garten. An einem warmen Frühlings-

abend kann man hier getrost die Tür in der Küche zum Garten offen stehen lassen.

In einem der Ferienhäuser wohnte die Besitzerin selbst. Eine Art Dauerferien, eine tolle Idee. Jedes Haus mit Liebe her- und eingerichtet und schön dekoriert. Natürlich sollen die Häuser für die Feriengäste etwas hermachen. Gerade für Gäste aus den Großstädten ist dieses Erlebnis etwas Besonderes. Inzwischen sind es mehrere Ferienhäuser, die sich ungebremster Beliebtheit erfreuen. Die Besitzerin selbst ist zwischenzeitlich in ein neues Haus gezogen. Zugegeben, nicht gebaut, da es sich um einen ehemaligen Bauernhof handelt, dessen Charme man mit einem Neubau einfach nicht nachbilden könnte.

Wir haben unser Haus nach dem Vorbild der Ferienhäuser gebaut. Somit haben wir jeden Tag das Gefühl, nach der Arbeit in unser ganz persönliches Feriendomizil zu kommen. Abschalten nach der Arbeit einmal ganz anders. Jeden Tag Urlaub im eigenen Haus. Das Gefühl ist fast wie der Urlaub in einer schwedischen Stuga, den typisch rot gestrichenen, einfach gehaltenen Holzhäusern im skandinavischen Norden. Auch wenn ein holzbefeuerter Herd, ein eigener Brunnen in den hoch technisierten Zeiten einen gewissen Reiz ausüben, wir sind froh, im eigenen Heim mit Feriencharme einen elektrischen Herd und fließend warmes Wasser zu haben. Ein ganz besonderer Luxus, dessen man sich heutzutage überhaupt nicht mehr bewusst ist. Anstelle eines der 700.000 Ferienhäuser in Schweden haben wir uns also das ganz eigene Domizil gebaut. Und sollte uns eines Tages unser Traumhaus doch nicht mehr zusagen, besteht immer noch die Möglichkeit, die Unterkunft in ein echtes Ferienhaus zu verwandeln, dass auch andere auf den Geschmack kommen können und den ganz besonderen Charme eines Ferienhauses genießen dürfen.

WEIL AUS BAUHERREN HAUSLEUTE WERDEN

Die meisten Familien bauen ein Einfamilienhaus für sich selbst. Der Name ist verräterisch. Die Investition ist immens. Die Zinsbindung auf Jahrzehnte und die Ratenzahlungen bis kurz vor die Rente. So gesehen ist ein Hausbau eine Entscheidung bis ans Lebensende. Trotzdem kann es immer wieder passieren, dass etwas Unvorhergesehenes geschieht. Hoffentlich ein positives Ereignis, mehr Kinder als Zimmer, auch wenn statistisch eher unwahrscheinlich, ein Lottogewinn, ein neuer Job oder familiäre Gründe. Vielleicht kann man nicht für immer an dem Ort bleiben, an dem man gebaut hat. Vielleicht möchte man es auch nicht. Vielleicht ist der Arbeitsweg zu weit, vielleicht ist ein Nachbarschaftskrieg entfacht, oder vielleicht einfach, weil man etwas Neues möchte. Nun liegt es in der Natur eines Hauses, dass man es nicht so einfach wegwerfen kann. Konsumgesellschaft hin oder her. Das Haus geht nirgendwohin. Die naheliegende Lösung ist hierbei die einfachste. Aus den ehemaligen Bauherren werden Hausleute. Hausbesitzer, die das ganze Haus vermieten.

Da ist die Ratenzahlung in trockenen Tüchern, und mit etwas Glück ist auch ein wenig Rente gesichert. Der Verlust ist überwiegend nur emotional. Besonders beim ersten Haus. Aber das ist Plan B. Und mit dem Hausbau ist dieser Plan B inbegriffen. Das Gute daran: nur wenig Wertverlust, wenn überhaupt. Zumindest nicht solange man es nicht vollständig verkommen lässt. Vielleicht sind sogar steigende Mieten drin. Bei entsprechender Nachfrage in guter Lage könnte es in einigen Jahren sogar noch besser aussehen als heute. Da sollte man sich also keine Sorgen machen müssen. Diesen Plan hegt auch unser Bekannter. Obwohl glücklich mit Frau und Kind im neuen Heim, hat er vor, irgendwann einmal wieder ins das Elternhaus zu ziehen. Das eigene Haus wird dann vermietet.

WEIL MAN LERNT, WAS WIRKLICH WICHTIG IST

»Am Rande des Nervenzusammenbruchs«, »Das erste und das
letzte Mal«, »Wo sind all die Haare hin«, könnten Titel für Ver-
filmungen des Lebensabschnitts Bauherr sein. Pauschalisiert?
Von wegen, das Lied kennt jeder, der sich die vielleicht zunächst
durchaus zu großen Schuhe des Bauherrendaseins angezogen hat.
All diesen genervten Bauherren, widmete Renate Kronberg ihren
Klagevers »Einmal und nie wieder«. Wohlwollend liest der ehemalige Bauherr die Verse. »Das kenn ich doch von meinem Bau«
Verzug bei den Ämtern, Handwerker, die zum vereinbarten Termin
zu spät oder überhaupt nicht erscheinen, kurzfristige Terminän-
derungen, falsches Material auf der Baustelle, das sind noch die
kleineren Probleme. Ein Verzug beim Kellerbau, falsche Maße des
Fundaments oder Amok laufende Nachbarn, die einen Baustopp
bewirken, stellen da schon die größeren Herausforderungen dar.
Auch wir blieben nicht von dem einen oder anderen Beinahefiasko
verschont. Nachdem das örtliche Wasserwerk den Hausanschluss
vornehmen wollte, stellte sich heraus, dass das von der Gemeinde
verlegte Rohr einen falschen Außendurchmesser hatte. Der Elektriker, der die Telefon- und Kabelanschlüsse vornehmen sollte, wusste
nichts von seinem Glück, trotz mehrmaliger Benachrichtigung der
Zentrale und der Zusicherung, der Elektriker sei schon auf dem
Weg. Die Arbeiter, die die Schächte für die Leitungen zogen, waren
angehalten, den Graben innerhalb eines Tages wieder zu schließen,
da der Lehmboden bei starken Regengüssen allen Abstützversu-
chen zum Trotze gerne einbricht. Natürlich waren für diese Nacht
starke Gewitter vorhergesagt. Natürlich haben sie den Schacht nicht
verschließen können, und wie könnte es anders sein, ist der Schacht
eingebrochen. Solche Situation gibt es beim Hausbau immer wieder
einmal. Auch eine kurzfristige Vorbereitung des Hauswirtschafts-

raumes hatte uns einiges an Nerven gekostet. Für montags waren die Rohrinstallationen geplant. Freitags war der Raum erst für den Innenausbau fertig. Verputzen, Spachteln, Streichen. Alles in zweifacher Ausführung. Das erfordert Koordinierung. Einen Maler an einem Freitag für die Arbeit am Wochenende zu finden – eine schier unlösbare Aufgabe. Also wurde selbst angepackt, Material besorgt, verputzt, geschliffen, gemalt. 48 Stunden Dauereinsatz, unter Einhaltung der auf der jeweiligen Verpackung angegebenen Trocknungszeiten. Aufgrund des Verzugs beim Wasseranschluss gab es damals auch noch kein fließendes Wasser, alles wegen eines zu dicken Rohrs. Eine gänzlich neue Herausforderung in Sachen Säubern von Werkzeug. Hier ist Kreativität gefragt. Auch der dreimonatige Lieferverzug unserer Fliesen aus Italien, Werksurlaub und Absage des ortsansässigen Fliesenlegers hat nicht nur am Nervenkostüm, sondern auch am Umzugstermin gezerrt. An dem Termin war nichts mehr zu rütteln. Also ging es ohne Fliesen in das halbfertige Haus, und Papa ist für den ausgefallenen Fliesenleger eingesprungen. Bauherren lernen, damit umzugehen und sich dessen zu

besinnen, was wirklich wichtig ist. Seien es Frau und Kind oder die Eltern. Angesichts der großen Katastrophen, die permanent wie das Schwert des Damokles über den Bauherren schweben, erscheinen die vielen kleinen Unannehmlichkeiten doch eher unwichtig. Ob alleine oder gemeinsam, Bauherr sein, lehrt einen, die wichtigen von den unwichtigen Dingen zu trennen. Bauherren hören es immerzu, wenn Bauleiter, Handwerker und Bauträger mit den Worten »Wenn Sie erst einmal im Haus wohnen, haben Sie das ganz schnell vergessen« versuchen zu beschwichtigen. Aber im Nachhinein können es die meisten Bauherren bestätigen, im Nachhinein belächelt man diese Probleme und kann diese mit den Zeilen von Renate Kronenberg[62] bestätigen.

»Zum Richtfest, dieser schönen Feier,
kamen Hinzes, Kunzes, Meier,
um das Bauwerk zu beäugen
und dem Bauherrn mal zu zeigen,
was er alles falsch gemacht.

Hättest Du mich doch gefragt,
hätte ich's Dir gleich gesagt.
Guter Rat, der ist hier billig,
Hans hört zu und nickt ganz willig.«

QUELLEN

1 Leo Babuta, *The Power of Less: The Fine Art of Limiting Yourself to the Essential, in Business and in Life*, Hachette Books, ISBN 9781401309701

2 Thorsten Hadeler, Eggert Winter und Ute Arentzen, *Gabler Wirtschaftslexikon: Die ganze Welt der Wirtschaft: Betriebswirtschaft, Volkswirtschaft, Recht und Steuern*, Gabler Verlag, ISBN 978-3409303880

3 Jena-Lobeda (Bricks), *Infoblatt Die sozialistische Stadt – Aufbau, Struktur und Funktion der sozialistischen Stadt*, Ernst Klett Verlag

4 http://www.menshealth.de/artikel/muensteraner-sind-die-fleissigsten-haeuslebauer.240746.html

5 www.sketchup.com/

6 Roger Fisher, William Ury, Bruce Patton, *Das Harvard-Konzept: Der Klassiker der Verhandlungstechnik*, Campus Verlag, ISBN 9783593374406,

7 Statistisches Landesamt Rheinland Pfalz, *Kaufwerte für Bauland 2012*, Statistische Berichte 2013, ISSN 1430-5 16X

8 Erika Thimel und Karin Michaelis, *111 Gründe, aufs Land zu ziehen*, Schwarzkopf & Schwarzkopf, ISBN 9783862654581

9 Joachim Hellmer, *Beiträge zur Kriminalgeographie*, Dunker und Humblot, ISBN 3428049160

10 Klaus –Jürgen Bauer, *Entdämmt euch!: Eine Streitschrift*, edition lex liszt 12, ISBN 9783990160831

11 Gemeinde Ried, *Vergabekriterien für Bauplätze im Gebiet des Bebauungsplanes Nr. 23 »Am Lindenberg« in Hörmannsberg*, 2014

12 https://www.lbs.de/unternehmen/u/aktueller_tvspot/index.jsp

13 Lothar Weisser, *Triebe, Tricks & Täuschungen*, epubli GmbH, ISBN 978-3844289268

14 Die acht Schritte zum Spießertum – Eine Anleitung, Zeit online, www.zeit.de/zuender/2006/10/spiesseranleitung/

15 Kölner Studie, 2011, Polizeipräsidium Köln

16 https://www.bsb-ev.de/

17 www.bgbau-medien.de/bausteine/a_173/a_173.htm

18 https://www.destatis.de/DE/PresseService/Presse/Pressemit-
teilungen/2015/11/PD15_427_31111.html

19 Hubertus Kuhlmey und Wolf Thieme, *Kostenfalle Hausbau – Pfusch
vermeiden – Baukosten sparen*, Blottner Verlag, ISBN 9783893671072,

20 http://de.statista.com/

21 www.rtl2.de/sendung/bauexperte-im-einsatz-dem-pfusch-auf-der-
spur/person/manfred-heinlein

22 www.welt.de/finanzen/immobilien/article144153406/Warum-das-
eigene-Haus-in-Deutschland-so-teuer-ist.html

23 Dieter Nuhr, *Oman*, https://nuhr.de/kunst/oman

24 IMDb, *Downton Abbey*, www.imdb.com/title/tt1606375/

25 www.playmobil.de/bauarbeiter-moertelmischer/3562-A.html

26 www.bio-solar-haus.de/

27 Tobias Friedrich, *Konny Reimann: »... aber das ist eine andere
Geschichte«*, Moewig Verlag, ISBN 9783868032758

28 Max Frisch, *Homo Faber*, Rowohlt rororo Verlag, ISBN 9783499111976

29 RWE, RWE SmartHome, https://www.rwe-smarthome.de/

30 Apple Inc., Apple HomeKit, www.apple.com/ios/homekit/

31 n-tv Ratgeber, *Reparaturen in der Mietwohnung – Wer muss zahlen?*,
www.n-tv.de/ratgeber/Wer-muss-zahlen-article15597821.html

32 Thomas Nitz, Stadt-Bau-Geschichte, *Entwicklung der Stadtstruktur
und des Wohnbaus in Erfurt vom 12. bis zum 19. Jahrhundert*, Lukas
Verlag, ISBN 9783936872477

33 Joachim Schmitz, Ein Jogger stürmt die großen Stadionbühnen,
Neue Osnabrücker Zeitung, www.noz.de/deutschland-welt/medien/
artikel/482602/ein-jogger-sturmt-die-grossen-stadionbuhnen

34 www.swr3.de/-/id=47308/did=3668452/67pyjd/index.
html#utm_source=E-Mail&utm_medium=email&utm_
campaign=SWR3%2Ede%20like

35 Klaus Wagenbach, *Franz Kafka*, rowohlt Verlag

36 Kurth Jauch, *Die Ordnung des Schicksals – Das Leben nach Maß und
Zahl*, ISBN 9783863868079

37 www.focus.de/immobilien/finanzieren/in-20-schritten-zum-eigenen-haus-vorteile-und-nachteile-des-neubaus_id_3549265.html

38 www.bgbau.de/versicherte1/bauhelfer

39 www.spiegel.de/wirtschaft/unternehmen/artur-fischer-erfinder-des-fischer-duebels-ist-tot-a-1074609.html

40 Nico Richter, *Paleo – Power for life,* Christian Verlag GmbH, ISBN 978-3862445905

41 Wolf W. Lasko, *Die Wow-Präsentation: 72 Stories und Zitate für Ihren mitreißenden Auftritt,* Dr. Th. Gabler Verlag, ISBN 9783409189750

42 Elke Krüsmann, *Lovestory: Die 7 Geheimnisse gelingender Beziehungen,* Mosaik Verlag.

43 Ralf Mydlak, *Kinderlärm im Mietshaus – was muss man dulden,* www.123recht.net

44 Alena Hall, *An Herausforderungen wachsen: So überstehen Sie schwierige Situationen,* The Huffington Post, www.huffingtonpost.de/2014/06/09/an-herausforderungen-wachsen_n_5459934.html

45 DUDEN, www.duden.de/rechtschreibung/stolz

46 Die Welt, *Konsumverzicht ist Blödsinn und schadet allen,* www.welt.de/wirtschaft/article2799979/Konsumverzicht-ist-Bloedsinn-und-schadet-allen.html

47 dm-drogerie markt Gmbh + Co. KG, Nachhaltigkeit im Sortiment, https://www.dm.de/engagement/nachhaltigkeit/

48 Karl-Gerhard Haas, Rüdiger Krisch, Werner Siepe und Frank Steeger, *Unser Bauherren-Handbuch,* Stiftung Warentest, ISBN 9783868514001

49 http://steuermythen.de/mythos/das-deutsche-steuerrecht-ist-das-komplizierteste-der-welt/

50 www.spiegel.de/wirtschaft/soziales/europaeische-zentralbank-senkt-leitzins-auf-null-prozent-a-1081630.html

51 Perstel Insitut im Auftrag des Verbändebündnis Sozialer Wohnungsbau, *Kurzfassung der Studie Modellrechnungen zu den langfristigen Kosten und Einsparungen eines Neustarts des sozialen Wohnungsbaus sowie die Einschätzung des aktuellen und mittelfristigen Wohnungsbedarfs,* September 2015

52 5e Internationale Architectuur Biënnale Rotterdam (5e IABR), 2015, Rotterdam

53 Klaus Becker, Agnes Fischl, Thomas Maulbetsch, *Immobilienübergabe zu Lebzeiten*, Haus & Grund, ISBN 978-3-939787-60-0

54 Bernd Raffelhüschen, *Glücksatlas 2014*, Deutsche Post AG, 2014

55 Gottfried Haefele, Wolfgang Oed und Ludwig Sabel, *Hauserneuerung: Instandsetzen – Modernisieren – Energiesparen – Umbauen*, Ökobuch, ISBN 978-3936896497

56 Gute Gründe für den Neubau, www.bauratgeber-deutschland.de/hausbau-ratgeber/hausbau-baustoffe/umbau-modernisierung/1012-gute-gruende-fuer-den-neubau

57 http://de.statista.com/statistik/daten/studie/329115/umfrage/verkaufsflaeche-von-baumaerkten-in-deutschland/

58 www.umweltbundesamt.de/daten/abfall-kreislaufwirtschaft/entsorgung-verwertung-ausgewaehlter-abfallarten/bioabfaelle

59 Dähne-Gartenstatistik: Garten bleibt Wachstumsmotor, Dähne Verlag

60 Rasen Magazin, Advanco GmbH, www.rasen-magazin.de

61 Das Haus, Wir haben dreimal gebaut, http://hausideen.haus.de/community/hausideen/fertighaus-wir-haben-dreimal-gebaut.htm#

62 Renate Kronberg, *Einmal und nie wieder – Die Verzweiflung des Bauherrn*, Book-Rix GmbH

111 GRÜNDE, AUFS LAND ZU ZIEHEN

EINE LEKTÜRE FÜR DAS HERZ UND DEN VERSTAND, FÜR PARTNER UND FREUNDE, ALSO FÜR ALLE, DIE VON EINEM BESSEREN LEBEN TRÄUMEN

111 GRÜNDE, AUFS LAND ZU ZIEHEN
EINE LIEBESERKLÄRUNG AN DAS GUTE LEBEN
Von Erika Thimel und Karin Michaelis
256 Seiten, Taschenbuch
ISBN 978-3-86265-458-1 | Preis 9,99 €

Immer mehr Menschen sehnen sich raus aufs Land. Dafür gibt es gute Gründe: Auf dem Land leuchten die Sterne heller, die Liebe lebt länger und die gute Laune wächst quasi aus dem Boden.

Insgesamt 111 Gründe haben die Autorinnen Erika Thimel und Karin Michaelis gesammelt, in denen sie ausführlich und mit viel Humor erklären, warum sie auf dem Land leben wollen. Jeder einzelne ist auf Echtheit geprüft, auf Unterhaltsamkeit getestet und ökologisch einwandfrei.

Ein Buch zum Argumente sammeln, Ideentanken und Sich-Amüsieren, Aha-Erlebnisse inklusive. 111 GRÜNDE, AUFS LAND ZU ZIEHEN ist ein Stück Lebensqualität zum kleinen Preis. Nur die Umzugskosten sind nicht inbegriffen.

Eine charmante Liebeserklärung an die Provinz und das bessere Leben dort!

ANDREAS HEIL, * 1976, ist Bauherr in der dritten
Generation. Als promovierter Informatiker arbeitete
und wohnte er mehrere Jahre im Ausland und lernte
dort die Häuser kennen. Zurück in der Heimat, der
badischen Toskana, stellte er sich mit Frau und Hund
der ultimativen Herausforderung, ein eigenes Haus
zu bauen.

Andreas Heil
111 GRÜNDE, EIN HAUS ZU BAUEN
Eine Liebeserklärung an die eigenen vier Wände
Mit Illustrationen von Jana Moskito

ISBN 978-3-86265-603-5
© Schwarzkopf & Schwarzkopf Verlag GmbH, Berlin 2016
Idee und Vermittlung: Literaturagentur Brinkmann, München | Alle Rechte
vorbehalten. Dieses Werk ist urheberrechtlich geschützt. Jede Verwendung,
die über den Rahmen des Zitatrechtes bei korrekter und vollständiger
Quellenangabe hinausgeht, ist honorarpflichtig und bedarf der schriftli-
chen Genehmigung des Verlages. | Coverfoto: © seregam/depositphotos.de

KATALOG
Wir senden Ihnen gern kostenlos unseren Katalog.
Schwarzkopf & Schwarzkopf Verlag GmbH
Kastanienallee 32, 10435 Berlin
Telefon: 030 – 44 33 63 00
Fax: 030 – 44 33 63 044

INTERNET | E-MAIL
www.schwarzkopf-schwarzkopf.de
www.facebook.com/schwarzkopfverlag
info@schwarzkopf-schwarzkopf.de